陈春花管理经典丛书阅读地图

❶ 理解管理的必修课

- **《经营的本质》**

  理解经营的本质,让企业无论在顺境还是逆境中都能获得盈利和增长。

- **《管理的常识:让管理发挥绩效的 8 个基本概念》**

  走上管理岗位的第一课,写给所有下决心不在工作中折磨自己和下属的人。

- **《回归营销基本层面》**

  营销不能模仿和跟风,你需要回归营销的基本层面,面对市场,选择合适的时间、合适的点做合适的事情。

- **《激活个体:互联网时代的组织管理新范式》**

  个体崛起的时代,管理需要激活个人价值,这是当下企业保持活力的根本。

- **《中国管理问题 10 大解析》**

  作者甄选了对中国企业最重要的 10 个问题,结合经过验证的西方经典管理理论,从中国管理的实践出发,用全新的理解表达。

❷ 向卓越企业学习

- **《领先之道》**

  陈春花教授里程碑式作品，诺贝尔经济学奖得主迈克尔·斯宾塞倾力推荐。中国本土的《基业长青》。第一部不以西方管理模式为参考，专注于研究中国自身理论，正面展示中国极具代表性的企业从起步到领先的商业成功精髓。

- **《高成长企业组织与文化创新》**

  成功虽不可复制，但高速成长的企业背后都有其共性的核心要素：组织和文化构筑的内部能力。

- **《中国领先企业管理思想研究》**

  本书探讨了领先企业的本土管理思想基因、共性价值观，帮助中国企业扎根本土，迈向卓越。

❸ 构筑增长的基础

- **《成为价值型企业》**

  持续增长是企业面临的永恒话题，不管业绩如何，你都可以将企业打造成价值型企业，获得持续增长的动力。

- **《争夺价值链》**

  未来的竞争，不再是企业个体的单打独斗，而应联合上下游的合作伙伴，构筑一条资源共享的价值链，形成合力打天下。

- **《超越竞争：微利时代的经营模式》**

  过度关注竞争对手是很大的误区，竞争的目的是远离竞争、超越竞争。

- **《冬天的作为：企业如何逆境增长》**

  危机和增长是一对孪生兄弟，危机让市场富有变化，而变化正是增长的机遇。

- **《激活组织：从个体价值到集合智慧》**

  英雄辈出的时代，组织平台需要激活，它将聚合个体智慧，创造更大的集体价值，以应对变化，能留住人才。

- 《协同：数字化时代组织效率的本质》

    企业是一个整体，协同才能共生、共赢。内破"部门墙"，外拓"企业边界"，协同组织内外，以系统效率共创价值。

❹ 文化夯实根基

- 《从理念到行为习惯：企业文化管理》

    打造企业文化之前，先要理解什么是真正的企业文化，其一切努力就是将理念转化成行为。企业真正的存在并非财资的积累，而是拥有一支具有自觉行为习惯的员工队伍。

- 《企业文化塑造》

    一本企业文化修炼指南，从这些基本理论入手，构建属于自己的企业文化，或者进行一场实实在在的文化变革，使企业永葆竞争力。

❺ 底层逻辑

- 《我读管理经典》

    一部百年管理经典的导读，梳理了管理的根基和成长脉络，是学习管理经典的罗盘。

- 《经济发展与价值选择》

    本书既是一项哲学问题的研究，也是一场与作者的心灵对话，将帮助你走出价值困惑，积极探寻人生的价值。

❻ 企业转型与变革

- 《改变是组织最大的资产：新希望六和转型实务》

    转型是企业保持生命力的必然选择，既要保持公司现有业务竞争力，又要为长远发展奠定基础，这种改变将成为一个组织很大的资产。

- 《共识：与经理人的九封交流信》

    唯有上下同欲，才会取得转型的效果，因此必须找到达成共识的方式，让上上下下的同事可以完全、清晰以及无误地倾听到公司的声音。

陈春花管理经典 **修订版**

经营的本质

The Essence of
Business Operations

陈春花◎著

机械工业出版社
China Machine Press

图书在版编目（CIP）数据

经营的本质（修订版）/陈春花著．—北京：机械工业出版社，2016.9（2022.8重印）

（陈春花管理经典）

ISBN 978-7-111-54935-2

I. 经… II. 陈… III. 企业经营管理－研究 IV. F272.3

中国版本图书馆CIP数据核字（2016）第226364号

经营的本质（修订版）

出版发行：机械工业出版社（北京市西城区百万庄大街22号 邮政编码：100037）	
责任编辑：程 琨	责任校对：殷 虹
印　　刷：三河市国英印务有限公司	版　　次：2022年8月第1版第20次印刷
开　　本：170mm×242mm 1/16	印　　张：17.25
书　　号：ISBN 978-7-111-54935-2	定　　价：59.00元

凡购本书，如有缺页、倒页、脱页，由本社发行部调换

客服热线：（010）68995261 88361066　　　　投稿热线：（010）88379007

购书热线：（010）68326294 88379649 68995259　　读者信箱：hzjg@hzbook.com

版权所有·侵权必究
封底无防伪标均为盗版

CONTENTS
目 录

总序　**比使命更重要的是行动**
序　　**经营的逻辑**

第1章　经营的基本元素　　001

顾客价值　　003
有竞争力的合理成本　　015
有效的规模　　026
深具人性关怀的盈利　　036

第2章　战略的本质　　050

企业之殇与战略思维　　052
中国企业缺失了什么　　057
战略思维及其逻辑　　061
被重新创造的商业世界　　070
战略务本　操作务实　　078

第3章　营销的本质　　094

理解消费者　　096

营销战略就是在合适的时间做合适的事情　　107
理解文化营销　　115
营销的起点与终点　　125

第 4 章　产品的本质　　131

产品是企业生命与品牌承载体　　133
产品意图　　139
产品承载"精神"　　144

第 5 章　服务的本质　　152

服务认知　　154
服务的真谛　　159
免费服务的模式对吗　　164
从理念到行动　　173

第 6 章　共享价值链　　182

战略的全新出发点　　184
渠道价值的本质　　188
协作效应　　209

第 7 章　品牌的本质　　217

品牌是顾客体验的总和　　218
中国企业的品牌能力　　224
品牌构建的环境　　233

结语　谁会被抛弃　　244
注释　　249

FOREWORD
总　序

比使命更重要的是行动

最近，管理学一级期刊 Academy of Management Journal（AMJ）的许多编辑发表了一篇号召研究学者提出更多适合东方情境的管理理论及构念的文章。这篇文章回顾了近几十年发表的管理学文章在理论创新及贡献上的不足以及对西方理论过度偏重的情况，分析了东方与西方社会在管理情境上的一些不同之处，呼吁更多产生于东方式独特管理情境、能够解决社会实际突出问题的创新性理论及构念。

自己在管理学研究领域已经走过了20多年，其实AMJ编辑关注的话题，也是我一直关注的话题，我总是感觉中国管理研究没有如中国企业实践那样做出自己应有的贡献，中国管理研究学者也没有如中国企业家那样勇于拿出自己的观点以及创造出自己的价值。

在我自己的认知里，管理研究贡献价值需要三个条件：一是企业实践的优秀案例；二是对重大规律性问题的认识；三是人文关怀。这三个条件在过去30多年中国改革开放的实践中，已经显现出来，或者可以说中国管理研究贡献价值的基本条件已经具备，但是为什么中国管理研究本身却没有同步创造价值呢？有人认为是语境的问题，有人认为是研究范式的问题，这些也许是问题，但是我觉得其核心问题是中国管理领域"知"与"行"脱节的问题。

最有意思的现象是,管理学者研究的话题只是去满足西方管理期刊的要求,并不理会现实的中国企业所面对的困难与挑战。企业家与经理人回到商学院读书,更重要的目的是结识人际网络与构建新的商业机会,甚至一些成功的企业家在公众传播中直接表明观点,认为经济学家、商学院教授没有用。我不想去评价谁对谁错,客观存在的现实是,管理学者的研究与企业家的实践之间有着一个巨大的鸿沟,管理学研究成果企业家并不去在意,企业家青睐的期刊和书籍,管理学者也不屑一顾,这种现象本身就可以说明问题。

德鲁克精辟地阐述了管理的本质:"管理是一种实践,其本质不在于知,而在于行;其验证不在于逻辑,而在于成果;其唯一的权威性就是成就。"管理经典正是源自于对管理实践的关注与洞察,并通过与实践的互动来引领实践,此即管理经典的实践性。基于这一特征,这些经典的研究成果在两个关键方面为我们的管理实践和管理研究贡献了价值:问题的框定与复杂问题的简单化。我们始终可以受益于那些引领管理实践变化并创造出无数价值的经典研究成果:泰勒的科学管理原理解决了劳动效率最大化的问题,韦伯的行政组织与法约尔的管理原则解决了组织效率最大化的问题,赫茨伯格的双因素理论解决了激励与满足感之间的关系问题,波特的竞争战略解决了如何获得企业竞争优势的问题,德鲁克让我们了解到知识员工的问题。这些经久的研究,正是基于对管理实践中重大问题的提炼,与西方企业有效的互动,带动了西方管理实践的高速发展,并引领了世界管理的方向。

如果我们所有人可以回到最基本的问题上思考,可能所有的问题都变得很简单。从这个意义上讲,在近百年的管理实践中,不管外界环境如何变迁,科学技术生产力如何发展,管理大师在那些经典研究成果中所提出来的管理问题依然存在,他们所总结的管理经验依然有益,他们所研究的管理逻辑依然普遍,他们所创造的管理方法依然有效。这一切首先基于这些研究都是面向管理实践的,其实践性的本质决定了这些研究对管理实践活动的深刻洞察和归纳提炼，从而推动实践成效的提升。因此，实践性正是这些经典管理研究成果的价值贡献的首要内涵。

管理一定是来源于实践的，没有管理实践的成效，我们无法真正获得管理经验的总结和理论。因此，中国管理学领域的学者需要从事更多的启蒙工作、学习的工作，把西方的管理理论传送到中国企业的管理实践。

无论是管理实践还是管理研究，很多人非常努力地在尝试着新的管理理论。20世纪40年代，人际关系训练被看作是组织成功的关键；50年代，德鲁克提出的目标管理理论又被视为解决管理问题的新方法；进入70年代，我们看到了企业战略；90年代，随着电子信息技术的进步，更多的新方法层出不穷。当进入21世纪的时候，我们认为管理创新理论引领变化。其实这些都是非常重要的，因为对于中国企业来讲，所有的管理理论和方法都是需要面对和接受的。但是，我们往往无奈地发现中国企业活得很苦，因为付出非常多却没能得到相应的回报。这其中的根本问题就是管理的基本到底是什么？我们的管理发挥了什么作用？当我们对管理的基本理解不够的时候，后面所有的东西都是没有价值的。

管理的目的是为了提升效率，这是德鲁克和我们的共识。也就是说，管理从根本意义上是解决效率的问题。那么，我们的效率从哪里来？管理的逻辑如何？这是我们今天遇到的问题。从管理演变的历史来看，管理演变的第一个阶段是科学管理阶段，代表人物是泰勒，这个阶段所解决的问题就是如何使劳动效率最大化；管理演变的第二个阶段是行政组织管理阶段，代表人物是韦伯和法约尔，这个阶段解决的问题就是如何使组织效率最大化；管理演变的第三个阶段是人力资源管理阶段，包括人际关系理论和人力资源理论，这个阶段解决的问题就是如何使个人效率最大化。因此，如果对管理所谈的效率做细致的划分，就是劳动效率、组织效率和个人效率。先解决劳动效率，然后解决组织效率和个人效率，当顺序颠倒时我们会发现管理无效。因为个人效率需要支付条件，而支付条件是需要组织给出的，如果没有劳动生产力的产出就不可能有组织效率，没有组织效率就不可能有个人效率。

选择泰勒、法约尔、福列特的经典研究成果，是因为我们对管理理论研究的一个认识：管理理论研究的命题来源于对重大实践问题的认识。泰勒正是认识到提高工人劳动生产率是极其重大的问题，才有了以分工理论为核心的科学管理理论。法约尔正是关注到组织效率的问题，才有了一般管理的5个要素和14条原则。福列特则是前瞻性地关注到了科学管理中被忽视的人性因素的相关问题，通过在企业管理咨询的实践中对现实进行细致的观察和研究，从而在发挥个人效率的问题上为我们提供了启示。回顾这些管理经典时我们发现，管理大师回答了对管理的最基本理解：效率。正是这样的理论研究，推动了西方近现代的高速发展。

做了一个管理理论演变的梳理和回顾，只是想说明"知"与"行"之间是完全合一的，如果无法做到这一点，只能是知与行未做到位。只能说管理学者对实践的问题并未观察到位，只能说明立志于从事管理研究的学生与学者，没有要求自己成为一个时代问题的密切观察者，没有让自己融入社会实践中，没有走到企业中去，没有亲身经历一些组织的变革与挑战，所以无法发现问题、无法贡献有价值的研究。

中国传统哲学，一直在讨论"无为"与"有为"的问题，古人有言"天下同归而殊途，一致而百虑"，老子说"无为而治"，《金刚经》说"圣贤皆以无为法而有差别"。你会发现，哪怕是谈论"无为"，也是为了"有为"。

儒家的思想是把欲望控制在一定范围之内，孔子因此删诗书、定礼乐。在孔子生活的时代，各诸侯国之间不断打仗，根本没有一个安定的环境，但是对于文化而言，如果没有安定的社会基础是很难保存的。因此，孔子为了保存宝贵的文化遗产，删诗书、定礼乐，教书授徒。

孔子有七十二贤人，三千弟子，这些弟子后来都成了文化的主将，为中华文化的发展做出了巨大的贡献。孔子删诗书、定礼乐，就能保存文化了吗？我想是的，因为诗书礼乐是文化的形式，如果没有一定的形式，任何一个事物也难以保存。汉代班固《汉书·艺文志》上说"六艺之文，乐以和神，仁之表也；诗以正言，义之用也；礼以明体，明者著见，故无训也。书以广听，知之术也；春秋以断事，信之符也"。因此，孔子在战事纷纷的年代要保存一些规范，从而达到延续文化的目的。

但是，规范只是形式而已，它不是文化的精义所在，重要的是在于对规范目的的体认。倘若没有体认到规范的目的，规范则会变成累赘和负担，且会限制人们。可以说，对目的的体认要通过规范，但不能限于规范。这也是孔子的目的所在。因此，孔子提出"仁义礼智信""温良恭俭让""忠孝仁义"，这些都是规范，也可以说是教条。

孔子并不像宋儒以及后世所刻画的那样死板，他的生活是充满欢乐和幽默的。这一点，如果贯通起来看，而不是读格言似的，读一下《论语》就能体会得到。孔子说"吾道一以贯之"，这个"一"就是他的目的。倘若明白了它，则会觉得规范不是呆板的，而是活动的，又是"不逾矩"的，所谓"自然而然"地合于"道"。可惜，后世往往把规范看得最高，也看成是最终的。这让我联想到一些研究论文，几乎都是符合规范却没有意义和价值。

因此，把对规范"度"的把握放在第二位，正是孔子所说的"智者过之，愚者不及"而"过犹不及"的错误，把"仁义道德"变成了一种枷锁，导致了人们的唾弃，以致出现了"五四"时期对传统文化的冲击。这个错误不在孔子，而应在于后世对孔子思想的曲解。我觉得，很有必要重新审视一下传统文化，挖掘出传统文化的精义所在。从某种意义上来说，把欲望控制在一定范围内，也即规范的存在是非常重要的，只是我们要怎样理解的问题。

道家讲"清静无为"，不理会欲望。为什么？因为人总在追求之中，倘若因此而不断奔波，则永不能"清静"，因此，道家要求人们"虚无"，把欲望淡漠，不去管它，从而达到"清静无染"。应该说，这也是儒家的目的。但是，倘若青年之初就讲"清静无为"，很容易导致散乱，一切都不在乎。真正的道家是"无为而无不为"的，这个"无为"不是什么事都不干，而是能认清时代的潮流,从而能"无不为"。因此,道家的目的是好的,但必须从扎实的规范做起。

佛家要求认清欲望的面目,从而"止于所当止,发于所当发",也就是不但对规范要认清,对它的目的也要认清,从而能够正确、合理地处理一些事情。但是,倘若认不清呢?只有从规范做起。

因此,可以说规范是初步的必经之路,故而圣人都提出所谓的"戒律"。只是我们不能体会到戒律的目的而执着于戒律了,或对它认识不够而废弃了戒律,从而导致了一些弊病。

正如班固所说"及刻者为之,则无教化,去仁爱,专任刑法而欲以致治,至于残害至亲,伤恩薄厚",西方社会就有这种倾向。因此,"度"的把握非常重要。最好是能够知道什么时候该怎么办,但这很难。正如释家所说,"因人施教",首先要自己眼光正确,能指出别人或社会的弊端,并能提出解决的办法。

在治世方面,儒、道两家的思想比较突出。儒家是"一以贯之",也就是一种"傲骨"。不论在什么情况下,社会安定也好,混乱也好,总希望尽自己的心力拯救社会,"救世济人",所以国破家亡时往往有儒家的忠臣出现。孔子就是"知其不可为而为之"的例子,这是儒家的观点。道家的思想则主要在乱世时方能显示,我们看历史也会发现,每当社会安定了,儒家思想必定被重新召起,因为这是社会安定治理的必由之路,而到了乱世,道家思想则占上风。道家思想善于把握关键,能把时代的洪流疏导,在洪流的下游挖一些渠道,从而能比较容易地处治它,事半功倍,"无为而无不为",这是一种好办法。但这洪流冲击力的大小,我们怎样判断呢?也就是我们怎样决断我们用什么方法呢?这不仅需要多读历史书,因历史有重演的味道,孔子也说"温故而知新",还要善于观察社会,从而达到"因人施教",事半功倍。

知行合一不仅是一种理想,更应该是一种行动习惯,无论是我们的先贤,还是近现代西方管理大师,他们的贡献可以引领我们去完成属于我们的时代使命,而比使命更重要的是行动。

西方发达国家的实践所总结出的管理理论，启蒙了包括我在内的中国企业经营者与管理研究学者，我们花了整整 20 年引进、学习与消化，同时运用到中国企业管理实践中。正是这 20 年学习的努力，终于在今天，中国领先企业站到了世界舞台上，并逐步成为全球领先者，伴随而来的，就是中国管理研究领域，也会有机会站在世界舞台上，并成为引领者。

"每一代人都需要新的革命。"托马斯·杰斐逊留下了这样的遗嘱，它令一代又一代不同国籍与文化背景的人激动。对于我而言，正是这个时代，赋予一个中国企业蓬勃发展的机遇，整整一代中国企业家与中国企业的崛起与发展，让全世界各地的人看到一个生机勃勃、日益强大的中国。当我可以置身于这鲜活之中，中国企业以及企业家所尝试、探索、学习以及创新的实践，充盈了每个研究的话题，预示着可能出现的崭新理论，投身其中，让我有着取之不尽的源泉。所以从我踏入管理学研究领域那一天开始，整整 20 年的见证，让我能够一次又一次地去寻找属于中国领先企业的研究价值，才有了这些作品呈现给大家。

感谢机械工业出版社及华章分社，感谢副总经理王磊、前副总经理张渝涓女士 10 年来的一贯支持；感谢我的策划编辑袁璐先生细致而又全面的帮助，在我写作过程中经常与我讨论和交流；感谢程琨编辑极为仔细、认真地为丛书的每本书校对；感谢在过去 20 多年的时间里，愿意与我一起深入研究的那些领先的中国企业、企业家及团队成员，如新希望、美的、TCL、华为、广东威创、创维、南方航空、星光集团等，他们的成长时间以及持续的发展，让我得以在实践的第一线真切理解和感受；感谢一直陪伴着我的研究伙伴，如曹洲涛、乐国林、赵海然、刘祯、宋一晓、马胜辉、陈鸿志等；感谢引领我的两位导师苏东水教授、赵曙明教授，正是你们的引领与陪伴，我才可以坚持做下去；感谢我所遇到的所有学生，你们的实践、疑惑以及勇气给了我驱动力量；感谢华南理工大学、新加坡国立大学、北京大学三所大学给了我滋养的支持；最后感谢我的家人，他们一直默默地支持，才会让我毫无顾虑地去做各种尝试。

感恩在我从教30周年的日子里,机械工业出版社及华章分社帮助我整理和出版了这套丛书,虽然这不是我过去30年所研究和写作的全部,但是已经是我渴望付出价值的最重要的部分。当这套丛书出版后,我知道,自己依然会伴随着中国企业的成长,继续我的成长与追求。

在这代人的记忆中,这个时代意味着一个单纯与乐观的年代,也是一个创新与超越的时代,新事物蜂拥而来,任何尝试都可能获得某种成功。商业和企业的成长对中国的重要意义并非在于它摧毁了一个旧传统,而在于它在建立一个新世界;实践与理论的贡献对中国的重要意义不仅仅是总结出自己的理论,更是管理提升与人类进步的新组成部分。如果说由荆棘丛生的荒原构成的中国商业世界,更需要雄心勃勃的梦想者与开拓者,那么已经站在世界舞台上的中国企业实践,更需要肩负使命的行动者与创造者。

陈春花

2016年8月9日于北京

PREFACE 序

经营的逻辑

2010年为了梳理管理中的基本问题,我写了《管理的常识》这本书。书籍出版后,很多读者问我,是否可以把经营中的基本问题做一个梳理,这引发了我写作本书的欲望。特别是时任华章公司总经理的周中华,专门和我沟通,并建议我能否也写一本关于经营的常识之后,我觉得有必要做这样的梳理,以帮助大家澄清经营上的一些认知偏差。从2010年到现在,写作断断续续,一方面由于需要将过去自己有关经营的思考整理出来,另一方面由于需要深入到企业的经营实践中,在一个完全不确定的环境下确认我自己认知的合理性。

在与中国企业共同成长的20多年时间里,我曾为国内大大小小公司的董事会和CEO提供咨询和服务,自己也曾有幸直接承担CEO的职责。这些深入的交流以及完整的绩效担当,让我注意到,每个优秀的企业家和经理人,总是可以帮助企业实现年复一年的盈利和成长。无论顺境还是逆境,他们总是可以自如地超越,他们能够透过复杂的商业现象和错综复杂的市场脉络,找到企业经营的核心要素,让公司的每个成员理解这些核心要素,并落实到企业的经营行动中。

那么这些核心要素到底是什么？怎样才可以帮助企业实现有价值的增长？尤其是在一个完全不确定的、不再提供增长的环境中，如何能不受环境的约束，获得企业自身的成长？这些都是我所关注和需要面对的问题。20多年的观察、研究和实践，让我深深地了解到：成功的企业从来都关注那些最基本的要素，从来都可以回归到基本层面上做努力，这也正是它们取得成功的秘诀。它们取得成功的秘诀让我关注到了规律性的认知，这就是有关"经营的本质"的判断与行动。

若静下心来思考，经营并没有我们感受到的那样复杂。企业活动中的一些普遍规律可以帮助我们化繁为简，透过复杂的商业现象找到企业经营中的基本要素，并让公司里的每个人都能理解这些最基本的要素，从而使每个员工的行动与这些最基本的要素相关。如果能够做到这一点，每个人都会感到公司经营的这些最基本要素与他们的工作息息相关，并从中获得最大的成就感和满足感，而公司也能因此获得盈利性的成长。

经营的基本元素只有四个：顾客价值、合理成本、有效规模、具有人性关怀的盈利。每个人都可以掌握这四个最基本的要素，并且可以培养自己沿着这四个要素做出选择和判断的思维习惯。所以对于战略、营销、产品、价值链、服务、品牌本质的认识，都是基于对这四个基本元素的理解。我想告诉读者的是：企业经营活动遵循着自己的本质规律，一旦掌握了这些基本规律，你就掌握了面对不确定性成竹在胸的能力。

这本书应该说是我一贯思考的延续，《领先之道》《回归营销基本层面》《超越竞争》《中国企业的下一个机会》《冬天的作为》⊖这一系列的研究都是在力图解决中国企业如何成长的问题。1992年开始至今，我只是希望在不断变化的市场环境下，持续关注中国企业所面对的问题，并能够找到一条可持续的道路，回归经营本质是今天不得不做出的选择和调整。

⊖ 以上图书已由机械工业出版社出版。

本书思想的基础来自自己长期不懈地观察那些最成功的中国企业之思考和行动。在本书中，读者将会看到这些成功的企业运用经营的本质要素展开行动，并取得成功的过程。所以我非常感谢美的集团、华为公司、新希望六和集团、TCL集团、腾讯公司、阿里巴巴、西部超导科技公司等，也感谢和我一起研究这些企业案例的刘祯和陈鸿志同学，以及袁璐编辑。这些成功的企业非常了解自己的顾客，也非常清晰地理解成本、规模与盈利的结构，它们所采取的行动和选择，人人都可以运用。当你学会回归到本质去思考和行动时，你就会减少很多不必要的浪费，你会看到一切努力都会富有成效。更重要的是，你会更有激情，因为能够看到你所投入的资源和努力，都可以帮助公司成长，而你自己的能力也会大大提升。

我深信，对于不断变化的环境，企业需要回归到顾客层面去做全面的改变和调整，而改变的方法就是回归经营的本质去思考和行动，本书所体现的正是这个观点。我非常期待看到这本书的每位读者，能够先抛开自己的经营经验，虽然这些经验曾经帮助你获得过成功，未来有可能也会帮助你成功，但是抓住过去不放，无助于你锻炼自己的思维和提高自己的能力，也不能帮助你更好地去应对不断涌现的新情况。

一个学生讲了一个关于皮鞋的小故事，我转述如下：

> 很久很久以前，人类都还赤着双脚走路。有一位国王到某个偏远的乡间旅行，因为路面崎岖不平，有很多碎石头，刺得他的脚又痛又麻。回到王宫后，他下了一道命令，要将国内的所有道路都铺上牛皮。他认为这样做，不只是为自己，还可造福他的人民，让大家走路时不再受刺痛之苦。但即使杀尽国内所有的牛，也筹措不到足够的皮革，而所花费的金钱、动用的人力，更无以数计。虽然根本做不到，甚至还相当愚蠢，但因为是国王的命令，大家也只能摇头叹息。一位聪明的仆人大胆向国王提出建言："国王啊！为什么您要劳师动众，牺牲那么多头牛，花费那么多金钱呢？您何不只用两小片牛皮包住您

的脚呢？"国王听了很惊讶，但也当下领悟，于是立刻收回成命，采纳了这个建议。据说，这就是"皮鞋"的由来。

这正是我想表达的观点，过去 30 多年的中国经济快速增长，的确造就了非常成功的一大批企业和企业管理者，但这并不能说明这些企业和企业管理者一定能够保证未来的成功，尤其是如果这些成功并不是来源于最基本的经营元素，而是来源于资源和环境的增长。事实上，未来属于那些能够赶在变化之前就做出准确判断，围绕着经营基本元素做出改变的人。如果故步自封、固守自己的核心优势，不愿创新，就会被市场所抛弃，这也是我在本书最后一部分特别强调的内容。袁璐编辑问我，为什么不把创新作为单独的一章来写？他问得非常好，我之所以没有把创新作为单独的一章来写，是因为创新需要体现在每一个行动中，创新已经是必备的基本能力，如果不能够创造性地理解经营的基本元素，也就无法真正实现经营本身。

陈春花
于广州天河五山

01

第 1 章

经营的基本元素

"经营"是一个在日常运营中反复提及的词汇，但是人们对于经营的理解却是千差万别。我对经营的理解是和对经济这个词的理解分不开的。多年前在看一个文学家写的随笔时，读到这样一段话："如果学习经济学，一定会是满含眼泪，因为这是一门悲哀的学问"。我第一次看到这句话的时候，搞不懂为什么学习经济学会是这样的情绪，自己简单地认为这是文学家的渲染。随着对于经济学理论的理解，开始明白这句话的深刻含义。曼昆在每一年给哈佛大学一年级学生讲授经济学课程的时候都会说："经济学课程的目的是理解人类居住的这个世界，而不是倡导某个特定的政策立场。"[1]借助曼昆对经济学的理解，我明白为什么经济学如此的悲哀，因为"经济"就是用有限的资源，去满足人们无限的需求，这是经济学本身根本无法完成的任务。经营与经济最大的差异在于：经营是用有限的资源，创造一个尽可能大的附加价值，再用附加价值来满足人们无限的需求。换个角度看，就是经营较之经济，会创造出更大的价值，而两者所使用的资源是一样的。自从我如此理解经营的含义之后，无论是讲授管理课程，还是成为一个管理者，我都要求自己一定要牢记"创造价值的经营理念"，要求自己无论怎样关注管理，都必须要在"经营理念"下发挥管理的作用。

经历了30多年发展的中国企业，已经具备了一定的基础和实力。随着环境以及竞争特性的改变，企业如何经营才能够适应当下这个变化的环境？企业管理者如何才能够让企业免于陷入危险的境地？这成为企业管理者需要解决的关键话题。中国企业热衷于追逐最新的管理工具，管理学者也热衷于不断推介新的管理理论，但对于什么才最有效，什么最符合企业的需要，要如何选择，不少企业感到困惑。

在过去20年管理工具调查中发现，企业在2000～2010年这10年间大幅提升了各种管理工具的使用率，在我自己访问的企业中平均每个企业使用16种管理工具，这些企业都不同程度地使用了战略规划、标杆学习、企业文化、流程再造、目标管理、平衡计分卡、绩效考核、六西格玛等工具。目前全球最新、最热的管理工具在中国企业中得到广泛使用，普及程度超出我的想象。

但是，大家都忘了一个简单的事实：企业并不是新理论和新工具的实验场。企业需要的并不是令人眼前一亮的新管理工具，也不是新的管理概念。企业需要的是实实在在的经营结果，这些管理工具如果不能够为提升经营质量、获得经营结果服务，就无法真正产生价值，仅仅是工具而已。人们应该关心的是如何围绕经营本质的基本元素来展开工作，而不是单纯地追求管理本身的效果，离开经营本质的基本元素所做的一切努力都可能是无效的管理。如果不能回归基本面，追求新颖时髦的管理实务与管理工具，只是舍本逐末罢了。

经营的目的就是获得顾客的认同和市场的回馈，就是要取得经营成效，取得投入产出的有效性，这是经营之所以重要的原因，因此为实现经营目标，就需要界定经营的基本元素是什么。我认为经营的基本元素有四个：顾客价值、成本、规模、盈利。

顾 客 价 值

真正影响企业持续成功的主要重心不是公司的战略目标，也不是发展战略和运营管理的流程，而是专注、焦点集中于为顾客创造价值的力量。聚焦于为顾客创造价值是第一个经营的关键基本元素。所以彼得·德鲁克说："企业的目的就是创造顾客"。[2]

2010年11月，腾讯与360的争端升级以致水火不容，把互联网企业追逐利益的心态显露无遗，而网民则用"我们刚刚做出了一个非常艰难的决定"这句话开始了造句热潮（这句话是腾讯决定放弃用户来回应360时所传递的说辞），用这样的方式来表达内心的不满和愤怒。2010年11月4日，腾讯控股（00700.HK）股价应声下跌3.1%。4399董事长、天使投资人蔡文胜表示，感谢QQ、360和腾讯微博，让人们看到如此残酷、诡异又波折的一场互联网大战，虽然主角只有两个，配角却是所有的互联网公司，而广大网民才是真正的参与者和最后的仲裁者。[3]

的确，这是一场多输的网络大战，只是不知道两位主角为什么把冲突强加在用户的身上，这两家企业是否了解到：伤害顾客价值的选择一定会使得自己失去顾客，从而失去存在的价值。

理解顾客价值

就其本质而言，企业应当贴近顾客。作为企业就应该去满足顾客的需求，但是这场互联网企业纷争中的企业行为让我感受到的是过于热衷竞争游戏，而不是围绕顾客需求展开日常工作。很多企业在过去的20年间，都经历了巨大的变化：制造活动实施了全面质量管理，供应活动正努力向即时管理方向过渡，信息技术的运用使得企业内部大量的文字工作被替代，管理人员的数量也在减少，等等。但是，我最为惊讶的是在这一切努力的背后，对于顾客所做的努力并没有太大的改变，确切地说就是企业的经营没有什么改变。

为了应对当下的挑战并在未来的时代扮演好应有的角色，今天的企业需要表现出来一系列新的特征，这些特征就是更好地理解顾客的需求，更好地提供真正的价值。早在 1960 年，西奥多·莱维特在其影响深远的《营销近视症》[4] 中就提出顾客导向。莱维特认为许多大量生产的组织错误地采取了"产品导向"而不是"顾客导向"，为此他写文章传达的关键信息之一就是，如果企业从提供大量制造的产品的做法转向满足顾客的真正需求，那么企业进入市场的方向就应该有重大的改变。正因为此，因应顾客时代的到来，企业需要做出重大的改变，不能再以以往的成功经验来面对这个全新的时代，更加不能沿用企业原有的定位、旧有的习惯，企业需要真正以顾客为导向做出全面的调整。

因此，腾讯和 360 之间的争端从任何角度看，无论两家公司各自的理由如何充分，都不能够被接受。因为无论腾讯还是 360 都没有在顾客感知价值上做深入的判断，而简单地理解为"自己代表的就是顾客立场"，因此两家公司都在用户上较劲，而不是基于用户的立场来做出选择，这个方向从根本上讲就是错误的。其错误就在于两者对于顾客理解的错误。无论是腾讯还是 360 对于顾客的理解都来自对自身产品的概念，认为产品本身满足了顾客的需求。事实上，顾客既没有跟随腾讯，也没有跟随 360，顾客只是顾客，顾客没有在两个公司那里，顾客是在顾客自己那里。

熟悉迈克尔·波特的人知道，波特曾经明确地表示战略定位起源于三个明显的彼此间并不包含又常常相互衔接的地方。首先，战略定位可以确立在提供一个亚系列的产品或服务上，波特称为多样化战略定位。战略定位的第二个基准就是为特殊消费群的大部分需求或全部需求服务，波特称为需求战略定位。战略定位的第三个基准就是分割以不同方式赢得的顾客，尽管他们的需求与其他顾客的需求相似，但进入经营活动的布局却不同，波特称为进入式战略定位。波特在界定这三种来源的时候，也许是关注战略定位所要获得一个特定的地位，我却想借助波特的界定来说明一个方向：离开竞争的着力点是目标市场的选择，腾讯和 360 两个公司刚好去到了相反的方向，违背了各自的顾客价值。[5]

那么什么是顾客价值呢？"顾客价值"这个概念一直是争论的热点，人们希望能够得到关于这个概念的清晰解释，我自己也竭力想搞清楚如何描述这个概念，但是后来的实践让我放弃这种努力。我发现，"顾客价值"不是一个概念，而是一种战略思维、是一种准则，这个准则和思维用另外一种方式来表述就是"以顾客为中心"。"以顾客为中心"的思维方式涵盖着这样的思考：

- 顾客的需要和偏好是什么？
- 何种方式可以满足这种需要和偏好？
- 最适合于这种方式的产品和服务是什么？
- 提供这些产品和服务的投入要素是什么？
- 使用这些投入要素的关键资产与核心能力是什么？

一个能够创造顾客价值的公司应该是基于现代价值链进行思考，一切从顾客开始，为顾客创造价值，由顾客的偏好决定企业的技术和服务所付出的努力，由技术和服务的价值引导资源的投入，最后获得公司的资产和核心能力，这样的企业才会被确认是拥有市场能力并能实现持续成长的企业。人们之所以对互联网企业之间的这场纷争感到失望，是源于这两个公司并没有从顾客的价值出发，没有考虑到顾客的偏好以及所需要的价值。如果用"顾客价值"来理解两个公司今天的行为，人们看到的只是企业自身的逻辑，看不到"顾客为中心"的思维方式，看不到在这些行动中哪些因素是基于顾客层面所做出的投入。相反在这次大战中，人们看到更多的是企业自身的立场、自身的价值以及"以自己为中心"的思维方式。当讨论即将结束的时候，由于网友、行业协会以及相关部门已经介入，使得腾讯和360能够理性地解决问题，但是企业如果没有从根本上认识到自己的错误，还是无法保证未来不发生类似的事情。我很高兴看到这两个公司回归理性，也回归到顾客价值的层面做出了调整，我希望这样的回归是这两个企业之后长久的选择。

企业只有一个立场

顾客的变化是一个根本的事实，大多数企业已经确认这一点，但是光有这个认识还不足够，还需要企业管理者清楚围绕顾客变化所做的努力如何展开，这就要求企业能够围绕着顾客思考，来选择自己的战略。

传统的经营思考起始于这样的假设：价值是由企业创造的。通过选择产品和服务，企业自主决定它所提供的价值。顾客代表着对企业提供产品和服务的需求。这样的经营假设，企业需要建立一种与顾客之间的连接点（销售过程）使企业的产品和服务从企业的手中交付到顾客手中。而腾讯和360正是传统经营方式的典型代表，在这两个企业看来，因为它们能够提供产品和服务，所以它们假设顾客完全需要它们提供的产品和服务。因而在它们看来，可以给顾客施加压力或者提出要求，来配合它们自身的需要。

但是，这些假设体现的是工业时代的企业观点和实践。管理者关注的是企业自身的价值链，也就是企业自身的各个作业环节的过程。这种价值链系统主要代表着产品与服务成本的线性增加，有关制造什么、从供应商那里采购什么、在哪里组装产品或者提供服务的决策，都源于这样的假设。员工关注的是企业产品与过程质量，而这些主要靠六西格玛与全面质量管理等内部管理规则来改进和强化，包括技术创新、产品创新与过程创新。所以，我们发现，企业所做的价值创造是在自己封闭的体系内完成的，价值创造的过程与市场是分离的。企业也做市场调研，也强调对于市场和消费者的理解，但是在具体的过程中，企业只按照自己的意愿和标准进行努力，与消费者并没有真正的联系。

由于认识到这一点，许多企业开始寻找新的经营假设，在这个方面所做的努力使得一些企业可以脱颖而出，而我坚持这个新的经营假设的核心是：价值是由顾客和企业共同创造的。普拉哈拉德也是这个观点，他说："传统企业的关注焦点和企业对于价值链的关注，是创造和向消费者转移产品所有权。但是，消费者的目标越来越表现为获取他们想要的体验，而未必一定是产品的所有权。"[6]

所以，企业需要能够以顾客的思维模式进行思考。这就要求企业学会放弃过去习惯的思维方式和管理方式。以往的企业思维模式是基于企业内部展开的，企业关注的是技术、计划的制订、产品质量、成本降低、效率等。企业关注这些要素并没有什么错误，但是这表明企业的思维模式是由内向外的，也就是企业依据自己的能力来做选择，而顾客则关注的是自身与社会的关系，或者可以说是由外而内的，也就是说顾客会依据自身在社会生活中所必须采取的行动来做选择。这样看来，顾客和企业在思维模式上存在着巨大的差异，如果我们没有关注到这个差异，企业所有的努力就无法真正对顾客产生影响并具有价值。

其实如果我们静下心来，好好思考一下就不难理解，企业所做的很多努力为什么不能够提升顾客的购买愿望，反而让顾客离企业越来越远。根本的原因就是企业受自己的思维模式的误导：过多地强调了自身的价值追求，却忽略了顾客的使用过程的价值。越来越多的企业行为给顾客带来的是更多的困惑和疑虑，如果企业的行为导致顾客无法做出选择，那么顾客只有放弃选择。因此，企业真正需要改变自己的思维模式而保持和顾客思维模式的契合，企业只有一个立场，就是顾客的立场。

顾客是竞争能力的源泉

时至今日，已经有越来越多的企业认识到顾客的重要性，并加深了对顾客在帮助企业构建新的竞争力中所起作用的理解。"核心竞争力"理论创始人之一的普拉哈拉德在《消费者王朝》[7]这本书里谈到了竞争力来源的变化（见图1-1）。

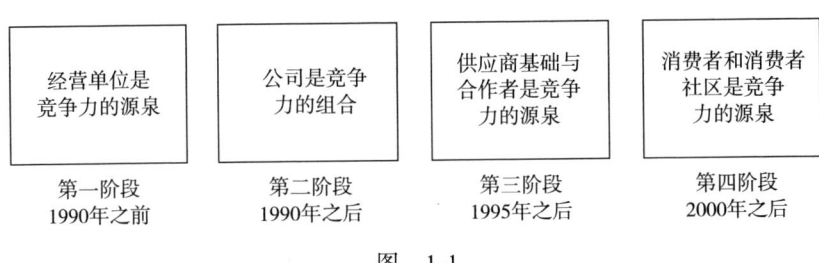

图　1-1

从这个过程中可以看出，在2000年之后，企业的竞争力不再是由企业内部的资源决定，而是由顾客资源决定，因而需要企业转变自己对于市场和顾客的认识，需要企业从内部视角转换到顾客视角。需要人们警醒的是，中国很多企业依然停留在第一阶段和第二阶段中，依然以自己的经营单位为核心竞争要素，依然根据公司资源来组合自己的竞争力，发展到第三阶段的企业并不多。如果不能够从第一阶段和第二阶段发展到第三阶段和第四阶段，企业就无法适应当前的市场环境，因为那样的企业其能力和市场特征不相符合。

仅仅从理论上去理解还不够，因为问题的关键是如何让企业从顾客的角度来设计和组织企业的所有活动。例如苹果公司，当一个产品成为热销产品时，公司会组织小组研究消费者下一个需求是什么，从而提前准备好替代这个热销产品的新产品。正是在与消费者不断的互动中，苹果占据了竞争的优势位置，从而保持领先。同样的例子是乐高智力风暴系统，乐高智力风暴系统在其革新过程中就鼓励消费者积极参与，而乐高智力风暴系统的使用者已经开发出整个软件开发环境，与消费者积极而主动的体验相结合，这些优势积极地拓展了乐高智力风暴的可能性和应用性。

再看这样一个案例，通过实施一项被称作"创新激励"（innocentive）的活动，礼来医药公司已经掌握了8000多位科学家的技能，用来解决与医药有关的、复杂性不同的科学问题。通过获取公司外部的竞争力，并对这个获取过程进行有效控制，礼来医药公司成功地拓展了其研究与开发能力。这些成功的案例表明，今天的企业需要从顾客资源中汲取竞争力的源泉。

企业不能独立创造价值

今天的消费者可以从世界各地获取有关企业、产品、技术、绩效、价格和消费者行动与反映的信息。在10年前，人们可能还不清楚汽车的基本知识，10年后，在网上可以找到700多种汽车车型的清单，任何地方的人都可以梦想拥有其中一款。通过获取前所未有的大量的信息，有学识的消费者可以做出更明智的决策，通过网络联结在一起的消费者，现在正在共同挑战产业的传统，从金融业到制造业，从娱乐业到教育产业，无一幸免。

消费者变换角色的实际效果是什么呢？就是企业不能够再独立自主地采取行动、设计产品、开发生产流程、精心制作市场营销信息和控制没有消费者干预的渠道。消费者正努力争取在经营体系中的每一部分发挥影响力。的确需要承认这样一个事实：消费者已经开始更全面地影响企业的各个决策。消费者的不断参与，使得传统经营的假设受到了极大的冲击：第一，任何既定企业或者产品都可以单方面地创造价值；第二，价值全部存在于企业或者产品与服务之中。换句话说，传统经营的假设是企业可以独立创造价值，但是全新的消费者形态使得这个假设不再成立，企业已经无法独立创造价值。

在常规的价值创造过程中，企业与消费者扮演着不同的生产与消费的角色，产品与服务中包含着价值，在市场上进行交换，使产品与服务从生产者手中转移到消费者手中，价值创造是发生在市场之外的。但是伴随着消费者角色的转换，企业和消费者不再具有明显的区分和差异，消费者已经越来越多地参与到价值的界定和创造过程之中，所以价值创造不再发生在市场之外，而是发生在市场之中，可以说是企业与消费者共同在创造价值。"核心竞争力"理论创始人之一普拉哈拉德曾经这样描述企业与消费者互动模式：这个模式立足于提高消费者与公司关系的复杂性，提高价值的独特性。从公司与消费者一对一的共同创造体验开始，进入公司与消费者社区一对多的共同创造体验的变化和差异性，再到多家公司与多个社区多对多的共同创造体验的个性化，普拉哈拉德把这个模式称为共同创造体验的连续光谱。他说："在当今的新兴现实中，消费者与企业之间的上述互动模式，将会最终塑造价值创造的过程，挑战现有的价值创造与经营方式。同时，它们也为企业与消费者创造了大量的新机遇。"[8,9] 这就意味着，需要放弃企业独立创造价值的传统的认知思维方式，必须放弃基于企业的顾客分类方法，也必须放弃站在企业层面理解顾客的习惯。在共同创造的世界里，应该把每个与企业互动的个体视为消费者，以往人们是从自己的企业出发看待问题，没有以单个消费者作为出发点看待问题，这是工业时代的基础。然而，今天的竞争却依赖于完全不同的、新的价值创造方法——基于以个体为中心，由消费者与企业互动共同创造价值。我称之为"顾客价值时代开始"。[10]

很显然，把来源于企业内部价值链的供应与消费者的需求高效地匹配起来，才是最具有价值的事情，也就是说，顾客价值的体系是企业价值体系的参照，企业需要一个全新的经营假设：价值创造的过程是以顾客及其创造体验为中心的过程。

新的经营假设为经营管理带来全新的启示和要求，消费者与企业之间的互动成为企业创造价值的场所，2011年风靡中国电视市场的"非诚勿扰"，2010～2011年持续不断的"苹果魅力"，2012年响彻云霄的"中国好声音"，等等，这些企业的成功都是在这样一个全新的经营假设中获得的。

对于企业而言，这样的假设需要全新的经营能力，管理者必须有能力与消费者互动，企业必须具有柔性能力和柔性的网络，以便形成多种共同体验的机会和条件，以便让消费者能够在创造共同体验中表达自己的需求，使得企业与消费者最后能够融合在一起。

在这个全新的价值创造体系中，最为关键的是企业需要明白：新的经营模式既不是经营活动向顾客转移，要求顾客来进行企业的经营，也不是面向顾客实施的资源外取活动，更不是产品与服务的定制化。这样的经营假设，不是企业与顾客之间的责任分配，更加不能理解为是分工，因为这个经营假设不是围绕企业的产品与服务而发生的顾客事件，它是围绕顾客为中心的企业实践。

必须集中公司能量专注于顾客价值

任何企业都需要谨慎对待顾客，并保持公司的运作模式与顾客需求相匹配。一些公司不断扩大企业自身的能力，一味地追求更多、更大，这些都是在浪费公司的资源。如果公司不能够专注于自己的顾客，那么公司不会具有真正的竞争优势。

因此，对于企业管理者来说，工作的场所需要从公司的办公室转移到顾客的身边，经理人需要关注的不是企业内部人员如何工作，而是需要关心顾客在做什么。换句话说，经理人需要把自己的"工作焦点"与"顾客"重叠起来。强调"关注顾客"不是什么新的观点，全面质量管理（TQM）及顾客满意度的概念的核心，便是由此产生，美国的马尔科姆·鲍德里奇国家质量奖（Malcolm Baldrige National Quality Award）⊖更是此概念的延伸[11]。这一切早在《市场领导者法则》[12]一书中就明确地表述出来，该书的写作前提是"无任一公司能同时应付各种人"，并鼓励经理人要"选择顾客、集中焦点、掌握市场"。无论经历什么样的市场环境变化，所有成为市场领先的企业所表现出来的共性是：经理人能够聚焦于顾客。

市场营销观念提醒人们必须注意一个事实：要跟上环境的变化，就必

⊖ 美国国家质量奖设立于1987年，颁发给商业、医疗护理、教育、非营利事业领域中表现卓越的组织，该奖也被认为是全面质量管理的最佳指引。详情可参阅美国政府官方网站：http://www.nist.gov/public_affairs/factsheet/mbnqa.cfm。

须研究消费者的欲求和价值观并做出响应，必须针对同行提供的选择快速做出调整。这个事实还特别提醒人们注意另一个事实：竞争经常来自行业外部。这一切提醒的背后，是在阐述这样一个概念，那就是：没有比顾客更重要的。当经理人对顾客投入关注，并能够取得丰富资料的时候，整个组织便转变为顾客导向的组织，顾客不再只是业务、营销以及现场人员的责任，顾客成为全公司所有员工的事业，从生产作业、研究开发到财务人员等都清楚：公司的成功来自于顾客的认同，而他们也必须为此负责。

经理人需要知道，如果要建立属于自己的时代，就必须集中企业的能量专注于目标顾客。能量不能够集中，或者市场范围过大，都会导致面临困境，这是经理人必须有的逻辑思维，具有这样逻辑思维的经理人就可以带领企业在市场中取得竞争优势。新的企业为什么能够取代强大的老企业，就是因为新的企业能够专心一致地集中力量寻找突破口，而传统的居领导地位的企业，反而因为拥有太多的信息和机会，经不住诱惑以及资源雄厚的条件，设定了太多的目标，结果失败。其实，回顾今天在市场中领先的企业，都归功于它们的专注和一心一意。做到这一点，就要求经理人具有清晰的目标及方向。经理人需要敏锐的市场感觉，并能够明确表达企业的定位及方位。经理人需要做的就是使得公司的流程、作业系统、分工以及激励政策等都以顾客导向为基本前提，调动公司的所有资源围绕着顾客需求展开。

打破企业和顾客之间的边界

世界知名品牌如苹果、谷歌、微软、丰田、IBM、可口可乐、维珍航空，它们有什么共同点呢？其共同特点就是每个品牌都是人们生活的一部分。无论你在什么地方，无论你使用什么样的语言，无论你习惯于什么样的文化，这些品牌都不会让使用者有任何障碍，换句话说，这些企业已经和顾客实现无边界融合。

企业需要打破和顾客之间的界限,与顾客融合在一起。我常常惊讶于新兴企业的快速成长,百度、阿里巴巴、携程、腾讯等,这些企业也和上述企业一样,因为寻找到顾客生活的需求,并有能力以最快捷的方式满足顾客的需求,让企业自身和顾客的生活融合在一起,所以就有了生存的空间,并获得了快速的成长。

在传统观念中,顾客是企业提供产品的被动需求目标。顾客和企业之间犹如猎手和猎物的关系,而销售人员就像是猎人。这样的关系导致了企业不断地推出新的产品,销售人员不断地寻找顾客,循环成为一个恶性的闭环,让顾客和企业站在了对立的立场上,企业无法持续生存,顾客也厌倦了产品和企业。

当顾客可以全程参与价值链的所有环节的时候,顾客和企业之间就形成了相互依存的关系,通过与顾客之间的共同创造,企业可以更充分地理解顾客及其趋势的变化,顾客能够根据自己的观点和需求,来指导企业为他们创造价值,从而达成资源的合理有效利用。

看看思科公司的案例。思科创新性的网络化信息技术系统使其能够做出独特的实时反应,然而这一系统的缺陷在很大程度上造成了思科公司2001年20亿美元的库存积压。思科公司的供应链包括一些按照要求直接为客户提供产品的契约制造商,同样也依赖于一些大的零件制造商和芯片制造商,而这些制造商则依赖于更大的全球供应商基础。

思科公司按照大于其销售能力的需求计划,来确保其稀缺零件的大量供应。然而,它并没有意识到:许多顾客正从其竞争对手那里加倍订购产品,并计划从较早供货的供应商那里采购产品。同样稀缺的零件供应就会在契约制造商那里出现瓶颈。思科意识到这个问题之后,开始了一项野心勃勃的计划,这一计划是为了通过一个新系统,来排除对稀缺零件的竞争。这个新系统就是伙伴界面过程,它可以为多个订单提供前所未有的透明度,从而使顾客在线交易的同时更新思科的财务数据库和供应链,借此思科获得了自己资源的价值。

的确，作为经营的第一个基本元素，顾客价值决定经营的价值，这就需要经营者站在顾客的立场，运用顾客的思维方式，集中公司的能量，打破企业与顾客之间的边界，与顾客互动，一起创造价值。

有竞争力的合理成本

成本是衡量企业管理水平的关键元素，成本的能力也是实现企业经营绩效的基础。但是，企业不应追求最低成本，因为没有最低成本，成本只能是合理。在改革开放的 30 多年间，中国很多企业借助于不断追求低成本而获得竞争优势，并自认为具有了迈克尔·波特所提出的成本领先战略，但这其实是误解。波特的竞争战略中，有关成本的优势是指总成本领先而不是最低成本。事实上，这样的低成本是把成本转嫁出去的低成本，是压抑了劳动力价值的低成本，这样的低成本不是真正意义上的低成本，而是不规范经营以及没有承担企业本该承担的责任侥幸获得的结果。使成本合理的竞争力是攸关企业能否实现持续成功的四项基本元素之一。中国企业认真理解成本构成，透彻分析自己成本的合理性，寻找成本的竞争优势已经是迫在眉睫的事。

廉价劳动力不能保证获得成本优势

2010 年富士康决定给生产线工人加薪的信息带来的争论是我意想不到的，甚至有相当一部分的海外华人认为富士康加薪带来的效应会影响到中国大陆代工企业的竞争力。[13,14] 这样的担心在台资企业和港资企业中蔓延，在大陆的制造基地的区域也开始蔓延，但是，低廉的劳动力就是制造企业低成本优势的真正来源吗？

中国"世界工厂"的模式长期以来将中国企业国际化竞争力建基于廉

价的劳动力成本之上，富士康只是一个缩影。这是改革开放30多年来中国不得不接受的一个事实。但是，人们不能因为这样的事实，就认为低廉的人力成本就是获得成本优势的来源，关键是需要找到制造企业真正的成本优势来源。谈到成本优势，我们自然会想到三个企业：美国的西南航空、日本的丰田、美国的沃尔玛。

西南航空公司的员工部要和18 000多名员工打交道，员工部的每位成员都要在该部门的使命宣言上签名，然后签了名的使命宣言十分明显地张贴在总部的墙上，上面写着："我们认识到员工就是公司的竞争优势，我们将会提供各种资源和服务，帮助我们的员工成为优胜者，以支持公司的发展和获利能力，并同时保持西南航空公司的价值观以及特有的企业文化。"[15] 尽管西南航空公司成功的原因很多，但是我觉得最突出的就是员工所贡献的成本与服务品质。西南航空公司的平均成本是每英里⊖7.1美分，而其他航空公司的单位成本达到10美分左右，比西南航空公司要高出20%～30%。西南航空公司的这一成本优势一部分来源于员工突出的生产率。例如，西南航空公司飞机从到达登机口到起飞一般只需要15分钟，联合航空和大陆航空公司一般需要35分钟。西南航空公司之所以可以用总成本领先的战略持续成功，其关键概念就是"尽可能最少地占用顾客的时间"并让员工快乐地工作。

丰田坚信一线员工不是一部没有灵魂的制造机器上的齿轮，他们可以是问题解决者、创新者和变革推动者。美国公司依靠内部专家来设法改进流程，而丰田公司则赋予了每位员工技能、工具和许可权，以便随时解决问题并防止新问题的发生。这样做的结果是：年复一年，丰田公司从员工身上获得的价值要远超过竞争对手，丰田真正的优势在于它能够利用"普通"员工的才智。准时化生产、看板管理、全面质量管理、质量管理活动

⊖ 1英里＝1609.344米。

小组、合理化建议制度、生产的分工与协作、以消除浪费为核心的合理化运动……这些员工参与并实施的行动计划，都是丰田成功的保证。"精益生产"因为在全世界范围内开创了全新的生产标准，甚至被美国人詹姆斯·沃麦克誉为"改变世界的机器"。丰田生产方式的创始人大野耐一曾经这样表示："丰田生产方式固然重要，但丰田人的创造力、努力和实际能力，则是生产方式的精华。"[16]

山姆·沃尔顿（Sam Walton）曾经说过："与你的员工分享你所知道的一切；他们知道得越多，就越会去关注；一旦他们去关注了，就没有什么力量能阻止他们了。"[17]过去50年中，没有任何公司能成功地模仿沃尔玛，因为它的成功是基于简单的管理规则，其成功的关键是员工有效地执行规则而又不墨守成规。例如光是偷窃的损失，沃尔玛就比竞争者少了一个百分点，这样的成果和3%的净利相比，真是贡献可观。除此之外，沃尔玛还利用集中发货仓库，全国卫星联机的管理信息系统等使得采购成本也低于同行竞争对手一个百分点，沃尔玛便以这些看似平淡无奇的管理手法，保证了每天可以提供低价商品给顾客，创造出全球最大的零售企业。

西南航空公司的成本优势来源于时间效率，丰田成本优势的关键是"一线员工发挥智慧"，沃尔玛的成本优势来源于管理效率，而中国企业的成本优势却来源于劳动力、土地资源、政策以及原材料，这实在需要我们好好反思。令人可惜的是，在今天依然很多人认为如果富士康提升产线工人的工资，一定会失去成本的竞争优势。这里面所蕴涵的正是对于关键问题认识的能力偏差，如果认为制造企业的成本优势来源于产线工人的低工资，那就是大错特错了，产线工人最重要的价值正是贡献产品成本与品质的竞争力，没有这样的认识，一个以制造取胜的国家就会丧失其竞争优势。

2011年对于每个运营企业的管理者来说都是极大的挑战，这相对于之前的30年来说，最大的不同是环境产生了一些完全不同的变化。30多年来，总体上中国制造一直在走粗放型生产制造之路。金融危机曾使珠三角、长三角8万家中小企业倒闭，也使中国制造业真正开始思考：如何实现产业升级？如何加强品牌意识？如何应对汇率变化以及出口市场的游戏规则？如何面对环境保护所提出的挑战？在2011年尤为不同的是，通胀将再一次给企业敲响警钟，如何打造具有国际竞争力的产品参与国际市场竞争？

中国制造业，包括整个中国实体经济正在受到通胀的威胁。一方面是原材料价格不断上涨，生产资料成本、人工成本等均不断增加；另一方面是面对可能带来的市场萎缩，对于制造业来说，无疑将是雪上加霜。

面对这样的变化和压力，很多企业从消费者细分入手，特别是消费升级入手，这是一个好的选择，而且也必须从市场入手。但是从根本上来讲，还是需要制造企业能够打造出自己的核心能力来持续面对变化和挑战，适应市场对企业提出的全新的要求，这是一个企业内功的问题，好的企业一定是不受环境影响并可以保持与环境的互动。因此，中国制造企业在面对这样巨大挑战的时候，还是需要静下心来从内在的能力提升入手，而内在能力的最重要的显现就是：具有竞争力的合理成本。做到这一点就需要企业从以下几个方面入手，包括产品与服务的能力、有效生产的能力、流程简化的能力、人尽其才的能力以及经营的意志力，下面分别展开论述。

产品与服务持续符合顾客的期望

成本具有竞争力的第一个来源就是：产品与服务符合顾客的期望。很多企业不清楚顾客的需求和期望，一味相信自己对产品的理解。我曾经到一家冰箱生产企业交流，这家企业的设计人员很自豪地告诉我，在他们设计的冰箱里，连螺丝钉都有12种，在他看来这是很有价值的事情，但是从顾客的角度看，这些螺丝钉不会因为种类繁多而创造价值。这样设计出来的产品，和顾客期望没有联结在一起，12种螺丝钉所带来的成本就是一种浪费。

"物有所值"是麦当劳对顾客的承诺，合理的价格，营养丰富的食品，就是全世界近4000万顾客天天光临麦当劳的原因所在。针对现代人体重一路攀升的状况，麦当劳2004年1月开始在纽约等地采取了一项名为"真实生活选择"的计划：在菜单上标明几款套餐的脂肪以及碳水化合物含量。这个计划目前已经在纽约、新泽西和康涅狄格州部分地区隆重推出。在最先推出这项服务的650家快餐店里，可以清楚地看到这种标有营养成分明细的菜单。这样一来，顾客就可以根据自己的营养需求，从现有的套餐中"加加减减"，从而防止摄入过多的脂肪、碳水化合物和卡路里[一]。之所以要这么"加减"，是为了让顾客明白，他们喜欢的麦当劳食品可以满足他们的营养需求。有关专家表示："真实生活选择"计划可以让人们在不改变口味的情况下，吃得更健康。麦当劳在给顾客提供高品质的、营养均衡的美味食品的同时，也为顾客带来了更多的选择和欢笑，顾客在麦当劳大家庭中充分体验到了"物有所值"的承诺。

麦当劳之所以能够用简单的商业模式进入全球市场，最根本的原因就是不断和顾客沟通，了解顾客的需求，解决顾客的问题，让产品一直符合顾客的期望，从而让麦当劳可以面对每个时期的变化。在20世纪80年代早期，麦当劳的广告主题"麦当劳和你"强调了麦当劳和每个独立个体的呼应，强调了个体在生活中需要确立独立地位的价值追求。20世纪80年代中期普遍出现了一种向"我们"方向的转移，反映了传统的对于家庭价值的关注，麦当劳的广告也相应发生了变化，其主题从个人顾客转向了家庭导向。它的口号是"It's a Good Time for the Great Taste McDonald's"（是去尝尝麦当劳美味的好时候了）。有效地将美食和家庭价值联系了起来。尤其是关注对小孩的养育，让家长可以借助麦当劳的产品和策略让儿童快乐起来。20世纪90年代早期发生经济萧条，于是，在1991年，麦当劳开始实行一系列的价格削减，推行了大量的特价销售，"物有所值"

[一] 1卡路里＝4.186焦耳。

开始成为其广告主题。当经济情况好转起来,但经济不安全感仍然存在的时候,麦当劳采用了一个更具亲和力的主题:"Have You Had Your Break Today?"(你今天休息了吗?)通过这样的暗示,表达出麦当劳对顾客深切的关心和体贴。[18]

对于今天的制造企业而言,精益与精准是必须学习和掌握的能力,环境已经不再提供粗放的资源给企业使用,企业不再可能仅仅依靠经验和制造能力就能够满足顾客的需求,企业需要做得更多,更加要和顾客做互动,并了解顾客的期望。我多年前用了一个观点来表达自己的想法:拥有和顾客一样的思维方式,无论是产品设计、技术创新、销售推动还是服务,都要从顾客的需求出发,而不是从企业产品本身出发,要和丰田一样选择精益制造,为"节省顾客的每一分钱"做出努力。

杜绝一切浪费

相对于以上这些优秀的企业而言,很多中国企业在生产力发挥、产能转换、管理成本、渠道效率、资金有效性等很多方面存在着浪费,人们一方面认为未来人力成本提升的压力、原材料提升的压力以及环境保护需要支付成本的压力很大,另一方面又沿着原有的管理习惯工作。如果愿意在工作习惯上做出改变,这些成本都可以消化掉,只要企业持续地改善生产力,坚决杜绝一切浪费,这些价值就会被释放出来。

在我持续观察中国企业的过程中,感受到企业有太多可以改进的地方,能够提升效率的空间很大,选两个小的角度来做说明。第一个是"流程成本"。本来可以两个人交流之后半个小时内解决的问题,却选择了借用流程来解决,一个流程走下来要经过至少三个人,同时还要三四天的时间。当我问这些管理者为什么不马上解决,他们说这是流程的需要,我把这个称为流程成本。其实这样的成本非常多,但是大家习以为常,并认为这是正确的做法,因此导致企业中流程众多、错综复杂。第二个是"沉默成本"。这个习惯类似女生的衣柜，只要条件许可，女生很喜欢去买新衣服，但是一个奇怪的现象是，买了新衣服的女生，在大多数情况下还是喜欢穿经常穿的那几件衣服，买来的衣服都挂在衣柜里，并且还是觉得没有合适的衣服穿，之后再不断买新的衣服放进衣柜里。这些挂在衣柜里的衣服就是"沉默成本"。这两个小小的例子，只是想说明在管理中可以节省的地方很多，不要谈到成本就是劳动力、原材料，事实上在管理中存在着非常多的浪费，只要愿意就可以在任何一个角度展开工作并取得成效。

三星集团大中华区总裁朴根熙，曾经分享了10年前三星渡过亚洲金融危机的经验。1997年，亚洲金融危机中的韩国，众多财团艰难度日。当时三星已处于生死边缘，长期负债最糟糕时达到180亿美元，几乎是公司净资产的3倍，公司濒临倒闭。关键时刻，三星开始了痛苦的自我救赎之旅。朴根熙告诉记者，从1997年的金融危机中重新站起来的三星已习惯用危机意识武装公司的全体员工。"首先要保证现金流，同时要确保竞争力。一定要挑战极限式的降低成本。"据其回忆，当时为了压缩开支，三星节约到每一个细节。比如减少公司司机数量，鼓励管理层自己开车；免掉大型会议的聚餐，专务人员搭飞机只坐经济舱。"那时候三星的会议室里都没有饮料，工厂里也不再发免费的制服，这些要自己掏钱来买。"没错，挑战极限式的降低成本让三星在金融危机中脱颖而出，这足以给我们一个极佳的示范。[19]

很多中国企业在人力资源的投放上也存在着非常大的浪费，我在1994～2002年做过一个200家企业员工工作状态的调查，调查的结果让我很惊讶，因为在这200家运行比较好的公司中，5%～10%的员工是和公司对着干的，他们没有任何的绩效产出，反而给公司的管理工作带来很多麻烦；20%左右的员工是为了"次品"而工作，他们所产出的工作结果不合格；20%的员工蒙着做，不知道为什么把事情做好了，也不知道为什么事情做不好；20%～25%的员工符合绩效要求，而真正高绩效产出的员工只有20%左右。这个调查结果说明企业在人力资源上的浪费更为严重，接近60%的员工没有有效的绩效产出。无论是在人力资源管理上、产生转化上还是系统提升上，我们都可以释放出更多的成本空间，让企业可以面对今天的挑战。

最近几年来人们开始关注到中秋月饼过度包装的问题，一个单纯的月饼，经过夸张的包装把价格提升到"天价"，也许是有人以此来消费，但是这真的是一种浪费。类似的行为非常之多，所以就有人说过一句很形象的话：购买商品成了购买空气。倘若企业这样去追求，一定无法获得成本优势。我很喜欢无印良品的经营理念以及商业模式，正如无印良品自己所追求的那样：无印良品已经不再是一个商标，而是一种生活的哲学和方式。

简化、简化，再简化

我不是一个反对体系建设的人，但是对于过度地关注体系建设而不关注解决问题，让管理复杂化的安排我是持反对意见的。以对中国企业观察的结果看，这些企业并不是缺少管理反而是管理太多；不是体系建设不足，而是系统能力不足；不是员工执行力不行，而是管理指令太多无法执行。这些问题的存在都是源于一个根本原因：企业的管理太复杂，组织层级复杂、薪酬体系复杂、考核复杂、分工复杂，甚至连企业文化都很复杂。在这样一个复杂的、权责不清晰的管理状态下，如何能够提高效率来面对变化呢？

我自己一直希望企业能够把管理尽可能地简单化，为此还专门写了一本书《管理的常识》⊖[20]，很多时候我们没有发挥管理的效能，是因为管理者把管理做得太复杂，事实上并不需要这样复杂，只要围绕着顾客需要的价值来进行运营和管理，就如德鲁克先生所言：管理就是两件事，降低

⊖ 此书已由机械工业出版社出版。

成本和提高效率。管理并不需要像很多管理者做得那样轰轰烈烈。我曾经有幸到六和公司出任总裁，能够吸引我到这家公司任职的动因是这家公司对于饲料行业生产方式的认识，因为它知道应该如何为养殖户生产饲料。

六和公司就在行业一片迅猛发展、盈利高涨的时候，提出了"微利"经营的战略原则，并强行推动，公司要求所有的饲料场月月检讨、人人督促。"微利"经营战略主要体现在帮助养殖户提升养殖效率的同时降低饲料价格。刚刚开始的时候，很多经理人不理解，为什么到手的利润总公司硬是不让赚，谁赚多了谁挨骂。潍坊分公司的一位经理，原本是老板唐芝先生的同学，因利润高了被痛斥一顿，心中想不开：赚钱是商人的本分，多了还有错？经理人替股东把到手的钱捡起来还有错？为什么有钱不赚？这位经理摇着头流下了泪。

为了进一步表明微利经营的必要性和紧迫性，董事长唐芝先生在经理人大会上说：六和公司五年前进了五大步，公司建了若干新厂，买了大车，但看看养殖户的情况，追随六和公司五年的忠实客户，有多少因与六和同舟共济而发达的？养殖业环节是农民兄弟在持盘，但行业利润多分布在了药业、料业、食品业、育种业，农民得到的太少了，长此以往，养殖环节将因羸弱、无利而倒掉，整个行业也难以存活和发展。均衡价值链上的利润，微利经营的思路越来越清晰，越来越被经理人和业内人士所认识。

因为六和运用了"微利"经营战略，找到了最适合的简单的生产方式，所以获得了丰厚的市场回报。其一，十多年来，六和公司的饲料产量从年产 10 多万吨发展到了现在的年产千万吨，整个市场有了巨大的发展；其二，"微利"经营使六和公司苦练了内功，摒弃了高利润下的浮躁，即使到了行业利润平均只有 3‰ 甚至 2‰，许多投资者开始退出的时候，六和公司仍乐此不疲地大步向前；其三，也是最重要的，"微利"经营让六和人始终不忘企业植根于养殖业、植根于同行、植根于农民百姓，善以做人，实在做事，企业和养殖农民实际上是一本经营账，消长与共。正如六和创始人之一效成先生所言:"价廉物美,千古商规。同样的商品卖便宜一些,同样的价格把品质做好一点,经营再无难。"

简化还来自于促进企业的合作与信息交流。面对这样巨大的压力和挑战,一个企业是无法独立承受的,这需要企业能够与其他企业达成合作和交流,能够把握住变化的信息,能够借助价值链的力量来获得成长的机会。因为企业间的合作和信息交流可以获得最重要的能力:快速的市场反应。成功的快速反应是指,企业通过与利益共同体的合作,准确把握来自顾客的所需价值,以低成本高速度满足市场和顾客的需求。20世纪90年代戴尔是成功快速反应的代表:要让分布在全球的供货商、生产基地,能够实时分享信息、了解彼此供需、适时相互支持。为了在最短时间内完成顾客定制化要求,就必须发挥材料管理的最大效率。在戴尔采用i2的供应链工具之后,有90%以上的采购程序通过互联网完成。有了与供货商的紧密沟通渠道,工厂只需要保持两小时的库存即可应付生产。除此之外,戴尔更推出一个名为valuechain.dell.com的企业内联网,此网站堪称供货商的入门网站,供货商可以在上面看到专属其公司的材料报告,随时掌握材料品质、绩效评估、成本预算和制造流程变更等信息。这些努力让戴尔脱颖而出,成为那个时代的成功者。同样的情形出现在今天的苹果公司,苹果公司可以获得如此巨大的成功,一方面源于自己对产品和顾客的理解,另一方面得益于合作的伙伴,当数以万计的开发企业协同在苹果公司的平台上,共同分享顾客的信息,共同满足顾客的需求,共同提供全新的顾客体验的时候,苹果公司也就成为这个巨变时代的领导者。

最具示范作用的是沃尔玛公司,它所形成的竞争力来源于被其命名的"高效消费者回应"。沃尔玛要求自己做到对消费者的高效回应,为此展开了一系列的企业合作和信息交流。沃尔玛关注每一天顾客消费的需求,把这些信息分享到所有的供应商中是其取得成功的"快速反应"的首要因素。沃尔玛把顾客选择作为尤其重要的事情对待：精心界定每一天的顾客购买信息，更重要的是把这些信息提供给供应链战略的客户。沃尔玛随时和供应商一起来满足顾客的需求，通过销售信息与供应商的直接联系，使得所有的供应商与沃尔玛一起高效地为顾客服务，从而获得持续的、强有力的竞争地位。

把最佳人才摆到最靠近行动的前线

正如德鲁克先生所指出的那样，提升经济绩效的最大契机完全在于企业能否提升员工的工作效能。在企业中，员工通过为顾客提供产品或服务而贡献价值；他们可以为公司所有者贡献价值、创造利润，而且他们可能通过学习和共同完成工作，改进自我价值来互相贡献价值。作为领导者，你必须认识到你的员工能够做出的潜在贡献，并且让他们得到发展。

盛田昭夫曾经说过这样的话："优秀企业的成功，既不是什么理论，也不是什么计划，更不是政府的政策，而是'人'。'人'是一切经营的最根本出发点。"[21] 丰田生产方式的创始人大野耐一也曾经这样表示："丰田生产方式固然重要，但丰田人的创造力、努力和实际能力，则是生产方式的精华。"[22] 在2008年全球金融危机的低迷环境中，华为依然取得强劲的增长，任正非正是开启一线员工的产出绩效获得了成功，他写了一篇非常著名的文章"让听到炮火的人做出决策"。通过这篇文章，可以了解任正非和华为如何激发出企业的创造能力：贴近一线的员工可以做出决策，企业信赖一线员工所做出的决策。[23]

依赖于员工，依赖于优秀的人才，企业才可以从根本上解决所面对的所有挑战，关于这一点很多企业管理者还需要很好地理解并落实到实践中。在这样认识的基础上，把优秀的人放在一线，放到最靠近行动的地方去。我之所以强调这一点，是因为在很多企业的管理中，优秀的人往往被提拔起来，放在二线，放在离顾客最远的地方。当管理做出这样的安排时，我相信企业离增长和盈利越来越远了。

对于很多管理者而言，他们关心盈利和规模的增长，关心竞争对手所做的调整和变化，但是没有人愿意花比较多的时间来思考：员工的创造力如何被发挥出来，如何提供员工成长的平台，如何保证优秀的人在一线最靠近顾客的地方。如果不能注重利用和开发员工的创造力和潜力，公司最有效的创造性资产就被浪费掉了，而接触顾客最多、创造价值最直接的正是一线的员工，企业只要把一线员工的创造力和潜力与所有的顾客联结在一起，就会具有明显竞争优势。企业需要明白，只有优秀的人在一线，企业才能够获得最直接的、最快速的优势。

企业必须真正了解一线员工到底掌握了什么技能，因为这些员工直接面对顾客，他们的能力和水平决定了企业服务的品质，这些员工直接决定着公司的投入产出是否最大化，更加直接决定着公司成本的有效性和最直接的竞争力。因为，在我的认知里，一线员工决定着公司的成本、品质和销售量。所以我一方面坚持需要把优秀的人放在一线，一方面认为一线员工不能够轻易被调整。一些企业把末位淘汰放在一线员工的身上，是一个认知的错误，末位淘汰应该在管理者成员中，应该在二线。正是这个原因，我才要求管理者一定要关注到一线队伍的建设，关注到一线员工能力和水平的建设，必须把最优秀的人放到一线去。管理者必须了解员工到底掌握了什么技能，这些技能是否被合理使用；同时，还必须保证把最有能力和水平的员工留在一线，让员工的积极性和创造性充分发挥出来，以获得顾客称赞的服务品质，从而获得与顾客在一起的机会。

有效的规模

在通常的意义里，规模是衡量一个企业经营能力的指标，所以大部分情况下企业经营者都会把规模作为最重要的目标来追求。从经营的结果上看，我并不反对这样的认识，但是从经营的本质上来看，这样的认识是很有局限性的，规模作为经营的基本元素之一，需要我们正确地认识和有效地运用。没有规模，就没有企业生存的位置，规模是企业存在的一个基础。因此，我把规模定义为企业经营本质的基本元素之一。经营企业的人必须清醒地知道，规模的本质意义是：带来成本优势，带来市场影响力，规模从本质上讲是竞争，而非顾客。

所以，需要澄清的是：第一，企业追求规模是为了有效地获得成本优势和市场影响力，而不是规模本身。第二，企业对于规模的认识需要在三个层面上做出努力：其一是生存规模，借助于生存规模，企业可以在市场中具有自己的生存空间；其二是竞争规模，企业借助于竞争规模获得市场占有率，使得企业能够在市场中具有相对的竞争优势；其三是发展规模，企业借助于发展规模获得行业的领先地位，可以整合产业价值链，让企业融入产业获得发展的空间，并延伸到自己从未延伸到的领域。生存规模、竞争规模和发展规模是企业需要获得的规模。第三，用大量的资源投入获得的规模不是有效的规模。衡量规模的标准并不是多少或者大小，更不是数量上的概念，衡量规模是否有效的指标是人均投入和产出，是效率概念。所以，规模必须是有效的，而不是最大的。⊖ [24]

如何理解规模

规模和利润之间如何平衡，一直是很多经理人必须面对的挑战。30年持续增长的中国市场，带来了认识上的一个误区，人们认为规模增长是获得市场领导者地位的根本途径，规模越大，利润越多，成功越大。所以在更多的人看来，规模和利润是没有矛盾的，甚至更有人直接认为，有了

⊖ 有关规模部分的内容请参看作者在《中国企业的下一个机会》一书中的观点，本书选择的观点也源自这本书。

规模就有了一切。但是随着竞争的深化，特别是技术和创新带来的变化，人们更加清晰地看到，规模和利润之间并不是完全正相关，而更加可以确定的是：如果企业陷入规模和利润的正相关关系中，就会忽略一个关键因素，这个关键因素就是"顾客"。

三株就是这样一个例子。这家口服液企业为了在市场中占据统治地位，不断扩大规模，扩充销售队伍，开辟大片的市场。人们可以在很多乡村和城镇看到"三株口服液"的广告，可以看到销售队伍的开发，为了吸引顾客、扩大市场，它做出了极大的努力。可是，三株恰恰没有关注到和顾客的有效沟通，没有关注到广告和顾客需求之间需要产品来联结而不仅仅是销售，虽然三株已经取得了足够的规模，但是当顾客对于其产品有疑惑的时候，三株的规模并没有能够帮助它逃离困境。

彩电业备受推崇的长虹彩电，在20世纪八九十年代，也是规模追随者。在80年代中后期，长虹已经具有了接近1000万台的销量，占据了中国市场的大半份额，为了做到这一点，长虹多次降价。在这样的情况下，康佳、TCL两家彩电生产厂家，也不甘示弱，开始效仿，这样一来，消费者开始不断通过比较厂家价格来获取较低的价格，这使得整个行业彩电制造商价格战不断升级。我们都很清楚，调整价格相对于降低成本来说会容易很多，但当成本不能够维系持续低价的时候，企业也就失去了竞争的能力。因为无法给顾客提供独特的价值，这些企业没有能力在顾客层面上与其他同行区分开来，反而想通过规模的力量来区分。但是，一番竞争后的结果是，这三个彩电制造商都没有取得足够的市场能力实现持续发展。

备受关注的中国汽车制造业，会否和中国家电产业一样，陷入规模的泥潭？这让我不得不萌生出担心。仅以中国汽车制造业中的比亚迪发展做例子，就可以表明我所担心的事情的发生并非杞人忧天。比亚迪在之前几年的高速扩张规模之后陷入阵痛，公司在2011年不得不宣布大量裁员，

调整产品结构，并改造销售渠道以及销售策略，用王传福自己的总结来说，就是盲目扩张惹的祸。[25,26]

在经历了追求规模的 20 多年的发展之后，经验和教训要求管理者从一个简单的问题重新开始思考：规模比企业的持续发展更重要吗？这个问题好像不难回答，但是很多中国企业在实际的操作中，依然会为了追求规模而忽视企业的可持续发展。如果我们仔细想想规模如何产生，这个问题就不难回答。并不是规模越大越好，这是一个真实的道理：追求规模而忽略甚至偏离了原有的定位，忽略了顾客价值，最终会失去市场。但是越大越好的思想在很多经理人的头脑里根深蒂固。乔治梅森大学的经济学家汤姆·鲁斯蒂奇说过这样一段话："如果让他们拍着胸脯说自己是最赚钱的企业，他们会感到难为情。也许说自己拥有最大的市场份额会更心安理得，尤其是当他们没那么赚钱的时候。"[27] 这段话也许能够解释为什么大家会热衷于规模，觉得越大越好。其实，对于顾客而言，规模的大小并不是他们所真正关心的，顾客真正关心的还是企业为顾客带来什么样的价值，并且要能够感受到这些价值。

规模真的有魅力吗

人们之所以追求规模，是因为很多人都自然而然地认为"规模"具有下述魅力。

魅力一：规模可以带来领导者地位和市场权力。从理论上讲，规模大的企业的确可以确定市场定价，可以影响整个市场，使得小企业必须跟随，但是现实的市场并不完全如此。价格和市场地位是由市场来决定的，而不是由规模来决定的。没有一家企业强大到能够击退全世界的竞争对手，自封的"市场主导者"不过是自欺欺人罢了。

魅力二：规模自然会带来更高的回报率。很多人认为随着市场份额的扩大，利润也会提高，但是这却是错误的观点。的确，有一些规模大的公司比其主要的竞争对手赚钱要多，但是多数情况下却并非如此，高利润并非大规模的自动结果，甚至在某些行业，规模并不是确定公司盈利能力的合理标准。请记住，温德米尔调查结果显示：70%赚钱的公司并不是那些拥有最大规模的公司。

魅力三：规模经济起作用。也就是说，产量越大，单位价格就越低。这个观点看起来没有什么不对，只是我们需要更深入地理解，才能够了解规模经济的本质意义是什么，是否有规模，就一定经济。其实较高的规模不会自动产生规模经济。多数公司的管理层费尽心思扩大规模，并认为规模经济会随之而来。曾经担任哈佛商学院教授的杰克·海伊说："他们以为市场份额是获得规模经济的手段，其实不是。"因为一家大公司可能会从供应商那里赢得一些优惠，但是供应商可能会拒绝公司提出的降低成本的要求，因为供应商认为一家大公司是不在乎多花这点小钱的（这要视公司和它的供应商力量强弱而定，如果在一家公司可供选择的供应商比较多的情况下，那么一定会存在比价上的竞争）。况且，在经济学家那里我们还知道另外一个概念"规模不经济"，随着公司规模的扩大，会增加管理人员，增加其他开支，如提高培训费用、开办新的业务等。

上面这三个就是被称为规模魅力的观点，经过分析我们已经知道这些理解都是一种误解，并不是对规模合理的、客观的认识。还有一点需要人们重视的就是：巨大的企业规模对招募优秀经理并不见得有利，大型企业获得优秀人才的原因，是其建立了充满活力、开明的企业文化，而不是规模本身的魅力。杰克·韦尔奇就明确地说过：吸引优秀经理人的不是企业的规模，而是积极健康的企业文化。

规模的本质是竞争而不是顾客

回顾企业发展的历史，需要承认在一个时期里，企业规模越大，批量越大，成本越低，收入越多，就可以有更多的资金投入研发，随之而来的就是产品品质得到进一步提高,以及制造的进一步改善,数量单位的增加使得单位成本下降。规模似乎牢牢地把顾客给吸引住了,因为大规模营造出了一种长盛不衰的假象,增强了人们对品牌的信任程度。在这个时期,的确规模越大越好,因为规模越大意味着成本更低,利润更高,创新更易,品质越好。但是为什么在今天,规模大的企业却无法获得这些优势了呢?

因为时代变了。早期规模能够带来优势,是因为市场处在需大于求的阶段。这些大企业鲜有竞争对手,它们拥有大量的订单,在这个时候,首要的任务就是尽可能多地生产产品以满足市场需求,此时市场是基于需要,而非基于价值。另外,在这个时期,顾客相对于大企业来说力量是非常弱小的,根本没有任何话语权,只有接受大企业的判断。但是,随着技术革命的到来,规模的神话被打破。

第一,竞争环境的改变打破了顾客和企业之间的力量平衡。现在,市场开始处于供大于求的状态,顾客服务和提高生产能力的重要性开始有所改变,顾客的权力开始超越生产者的权力,顾客开始具有话语权。

第二,细分市场成为现实。市场进一步细分再细化,不同类型的顾客,不同需求的选择,使顾客要求得到为自己设计的产品,而不是大规模的"统一的产品"。服务成为关键性的竞争优势,那些曾经单纯依靠规模发家的企业开始改善自己的策略,否则就会失去市场。

第三,技术改变市场结构。科技的进步,使得盈利模式开始发生根本性的变化,以往用规模来获得市场占有率的格局,开始受到技术带来的冲击,因为技术使得规模效益慢慢移向那些小企业了。

时代改变要求我们必须调整企业的导向,从规模导向调整到顾客导向上来。和20世纪比较,今天全球市场出现的变化更为激烈和复杂,科技和资本投资出现历史性飞跃,众多风险投资企业拥有巨大的资本,使市场准入的门槛大大降低,自由贸易和经济全球化造就了一批新生的竞争力量，而且在大部分行业里，生产能力大于现有的实际需求，所有这些市场要素已经发生了根本变化，所以如果再以规模为导向，就违背了市场的现实。因为规模的本质是竞争，而不是顾客。如何回到正确的立场上来？杰克·韦尔奇给了我们明确的答案：

> 我们经常衡量各种指标，实际上却什么也没弄明白。一家企业需要对三件事情做出评估衡量：客户满意度、员工满意度和现金流。如果你的客户满意度提高了，那么你在全球市场的份额肯定会随之提高。如果你的员工满意度提高了，就会改进生产效率，改进质量，激发自豪感，刺激创造力。而现金流相当于一个企业的脉搏，是一家企业最最重要的体征。

单纯规模增长导致增长"极限"

经过第二次世界大战（简称二战）后几十年的努力，日本打造了精益求精、以质量为生命的"日本制造"。丰田汽车作为"日本制造"最闪亮的一颗明珠，2008年取代通用汽车，成为全球最大的汽车制造商，创造了"丰田不败"的神话。但是，刚刚成为汽车行业规模第一不到一年，丰田就连续在设计和质量环节暴露出缺陷。2009年9月末至今，日本丰田汽车公司接连曝出油门踏板、驾驶座脚垫、刹车系统存在缺陷的问题，先后宣布在全球范围内召回多款车型合计850万辆。如此罕见的大规模、全球性的召回还在继续。在中国，自正式实施召回制度以来的6年间，日系车合资公司在中国召回的车辆已超过240万辆，占召回总量的八成。如此频繁且大规模的召回，已经引发了消费者对丰田乃至整个日系车的信任危机。

2010年3月1日下午，丰田汽车总裁丰田章男在北京举行说明会，向中国消费者鞠躬道歉，以下是丰田章男发言的摘录（丰田官方网站）[28]：

丰田认为，对于发生的问题，作为汽车厂商来说重要的是不隐瞒事实，把顾客安全放在第一，遵照当地法律采取适当的市场对策。并且，更重要的是深挖问题真因，防止再次发生。丰田公司发生这些问题的背景，与过去几年来持续高速发展自己的业务有一定的关系。企业的增长速度过快，可是员工和组织结构的成长跟不上，才导致这么多问题出现。我们已经深刻反省了这些问题。换句话讲，我们正在反省是不是已经超越了丰田自身能力的高速发展，使丰田一直以来最为重视的对于造物、造车的苛求有所疏忽呢。今后，我们将进一步强化安全体系和质量体系，通过刚才介绍的措施以及对相关部位进行技术改善，同时，也要探讨如何进一步强化质量管理。对于丰田来说，顾客第一。要做到这一点，提供受大家喜爱的汽车，并确保汽车的安全性能和质量则是最重要的。下面，我向大家说明具体的改善措施，关于如何加强质量管理这一点，我认为应该回归到"顾客第一"的原点，改善迄今为止的方法和流程……以上这些就是我们为了尽早挽回消费者信心，全力改善安全和质量而采取的措施。重新审视工作方法、人才培养方法，虚心倾听顾客的声音，把安全性和质量放在第一位，为了能够使"制造高品质的汽车"标准早日恢复而加倍努力。

我相信丰田章男的反省以及改善的行动都是真实可行的，也许我们还不能够评价此次召回事件对丰田发展最终会带来什么结果。然而丰田召回事件本身所引发的思考，却可以让我们明白，这不仅仅是质量的问题，而是如何看待增长以及用何种方式实现增长的问题。

记得在看日本一桥大学国际企业研究院教授大园惠美、野中郁次朗、竹内弘高等人写的《丰田成功的秘密》一书的时候[29]，看到IBM首席执行官对于这本书的评价："对于想了解有关创新、差异竞争及增长的真正源泉的管理者,这是一本必读书。"在我看完整本书的时候,也非常认同这个评价,因为丰田公司之所以能够成功的秘密之一就是:奉行创始人哲学。怎样才能够使丰田在扩张力的驱动下免于因过分膨胀而爆裂,是丰田创始人自始至终关注的核心问题,为此形成了一套哲学来凝聚员工、经销商和供应商。丰田创始人哲学是:

- 明天要比今天更好;
- 人人都能成功;
- 客户第一、经销商第二、生产商最后;
- 现场现物原则(即从源头处了解,掌握第一手信息)。

上面的每一条富有哲学意义的原则都起到了在公司内部将高管、同事、合作伙伴以及机构成员的价值观协调一致的作用,这种价值体系历经多年,让丰田能够在高速发展的同时,展示核心的价值。"我相信,'顾客支持着丰田'这种观点是我们进步的牢固根基。"丰田章一郎这样说。倾听顾客声音的能力将丰田与其他汽车厂商区分开来,始终走在行业的前列。

但是,透过丰田章男的言语发现丰田在最近的发展中遗忘了"创始人哲学",包括丰田章男及其员工在内的所有丰田人的价值理念已经逐渐变为追求企业的利益和规模,这与丰田原本的以顾客价值为导向的价值理念相违背。原来丰田之所以具备良好的组织绩效正是因为丰田全员拥有并践行了丰田以顾客价值为导向的组织精神,即丰田章男提及的"造物""造人""造钱"的丰田精神。"造物"是指为顾客提供优质的产品,"造人"是指培养一大批信仰丰田精神的员工,在"造人"和"造物"的基础之上,丰田才能为自己"造钱",即追求金钱和规模是满足顾客价值之后的事情,而不是目的。丰田的使命应当是"造车",而承担造车使命的正是丰田人,所以在丰田的组织精神当中,"造人"处于核心地位,今天正是因为丰田人和丰田精神在契合度上的下降导致丰田在对于顾客的表现上由"精益制造"变为了"质量召回",事实上,比召回丰田汽车更重要的是,召回丰田全员本该拥有和践行的丰田精神——丰田创始人哲学。

企业的增长并不是一个规模和速度的问题,而是如何与顾客走在一起的问题。从市场、资源以及技术,特别是人的创造能力而言,企业不断地提升自己,获得增长是显而易见的。然而世界最大的100家公司,在经历了不到100年的时间里,能够还具有这样强劲竞争位置的不到20家,而其中大约40%的企业甚至已经不复存在。在这些企业还具有相对领先位置的时候,它们的规模和资源同样具有优势,但是现在为什么不存在了,淘汰它们的一定是顾客,不是其他的原因。相反,我们也必须承认一个事实:没有哪一家公司规模大到不能够再有增长,所有的行业都是增长的行业,或者更确切地说,在任何行业都有保持强劲增长的企业。因此,从实践和理论的意义上说,企业增长是一个根本性的课题,问题的关键是:为什么有些企业的增长会停滞?

事实上,我不能预测企业增长的终结会以什么方式出现,增长的终结也许会以很多种方式出现。它可能以一种崩溃的方式发生,可能以一种渐变的方式出现,也可能因为技术更替,出现市场格局的重新调整,甚至更换领导人,进行战略调整。但是如果我们非要寻找到最终极的结果,就是顾客选择了离开这个企业。20世纪80年代,沃尔沃因全球公司(Wolverine Worldwide Company)以其无所不在的产品暇步士(Hush Puppies)垄断了休闲鞋市场,可是今天,沃尔沃在全球公司因休闲鞋这一市场上已经显得无足轻重了,因为它们再也发现不了更大的增长机会,它们丧失了对于顾客需求的判断。而当沃尔沃因全球公司不断萎缩的时候,耐克公司则通过开发特定的运动鞋创造出了新的细分市场来满足顾客需求,从这个"成熟的市场"获得了每年超过19%的收入增长率。

如果回顾微软成长的历程,会更容易理解这一点。当计算机硬件制造商试图利用特有的操作系统和设计留住顾客的时候，比尔·盖茨则通过任何电脑生产商均可便宜地得到授权安装的、界面友好的操作系统大大拓展了市场，因为这正是顾客所需要的东西。微软公司并不是全身心地关注产品，而是致力于满足顾客需求；不是试图保护自己已经拥有的产品和市场，而是根据人们的潜在需求不断地革新自己的产品，其结果是，微软公司比任何其他公司对计算机行业增长的推动作用都大。然而，在短短的两年时间里，一个新的市场力量即互联网冲进竞争的格局，互联网的爆炸性增长和其难以想象的潜力带来了一系列全新的顾客需求，比尔·盖茨却错误地估计了其重要性，结果微软公司遭遇到了增长的危机。1995年，比尔·盖茨在一次演讲中承认他没有理解到在互联网环境下顾客真正的需求。当他认识到这一点之后，他把互联网作为自己最优先考虑的公司事务，一年之内，他都会尽其所能追求互联网市场的新机遇，结果微软公司重又获得强劲增长。

沿着丰田召回事件展开思考，还是会把我引到2008年所发生的"三聚氰胺"事件，这一事件所导致的最惨痛的结果是"结石宝宝"一生的痛苦，而三鹿公司所付出的代价是被顾客遗弃，不复存在。人们可以从各个角度剖析这个事件，但是无论从哪一个角度去分析，最终的关键依然是这个产业链条中，缺失了对于顾客价值的尊重，依然是单纯地追求规模的增长必然会导致增长停滞。因追求规模增长而丧失了对于顾客价值真正信仰的企业，也一定丧失了增长的源泉。

深具人性关怀的盈利

从企业的属性来说，盈利是它的根本。同时，我们还必须认识到企业是有机体，是整个社会系统的构成部分，承担着自己的社会责任。企业的社会责任通过实现社会期望价值的途径表现出来。

先人告诫我们利要取之有道，转换为现代的理解就是：所有利益的来源应该是人性的回归——深具人性关怀。具体表现在企业经营实务中，就是把实现社会期望价值转化为企业核心价值，如西安杨森公司的"献身科学、奉献健康"，联想集团的"解决问题"，华为公司"以科技创新改善生活品质"，星巴克的"透过咖啡所创造的交往与平和"，麦当劳"以品质、服务、附加价值为儿童带来真正的快乐"，宜家家居（IKEA）"以家具创造民主生活形式的实践"，中国移动的"沟通从心开始"都是深具人性关怀的展现。

深具人性关怀的盈利还体现在企业所有成员的成长性上。把群体凝聚在一起的内在力量是让每个人都有奉行不渝的价值（终极关怀）。那就要问，我们的核心价值是什么？如何展现深具人性的关怀？丰田汽车的"造车之前先造人"、通用汽车的"当代精神当代车"、华为的"人力资本永远大过财务资本"的原则都是深具人性关怀的表现。

享受一场比赛

2010年10月16日，我和广州近18 000名观众领略了美国NBA赛场的魅力，不仅仅因为这是姚明所在的火箭与篮网的对抗，更因为这是一场让中国球迷感受到纯正的NBA文化的盛宴。当我真正置身于赛场，而不是在电视机旁观看比赛的时候，我才体会到为什么NBA有着如此巨大的魔力：让每一个人都融入其中。

赛场以观看为中心　　曾设计了NBA火箭队主场丰田体育中心的美国Manicaz建筑设计事务所，是广州国际体育演艺中心的设计方。他们秉承着带给中国球迷一个原汁原味的NBA文化享受的理念，经过了半年的研究，最终才完成了设计图纸。可以容纳18 000人的球场，没有一个座位的视线被遮挡，全场没有视线的死角，就算你是坐在离球场较远的观众席也完全不必担心被前排的观众遮挡视线，在任何一个位置都能够很好地观看到场上的比赛。中心球场上空的中央漏斗屏，可从不同角度实时进行比赛直播和镜头切换，让观众朋友能够更好地观看到比赛的每一细节。这一人性化的设备，让球迷朋友感受到与以往截然不同的现场观球感。

最令人感慨的是洗手间的设计和安排。很多国内的球场，一到中场休息时间，洗手间门口都排着很长的队伍，而这个场馆每一层都有18个洗手间，男的女的各9个。这样就大大减少了观众上洗手间时排队的时间。而且按照NBA标准，平均每150个男士一个厕位，女士的标准则是每33人一个。最令人感动的是还有"家庭盥洗室"，为爸爸带着女儿、妈妈带着儿子的家庭设置，防止父母和孩子在分别上洗手间时走失。另外还有灯光、餐食以及礼品店等。置身在这个球场里，你会觉得整个球场是为你设计的，是以你为中心的，你可能遇到的任何问题，赛场已经预先想到并做出了解决方案。

比赛以享受为中心 虽然球票价格不菲，但这一晚的广州国际体育演艺中心还是全场爆满。篮网球员泰伦斯·威廉姆斯在赛后新闻发布会上说："这座球馆可以媲美许多美国的NBA球馆，而且这里的球迷热情度很高，气氛非常棒。"为什么这样一场篮球比赛可以营造出如此的氛围？大多数和我一样的观众，都是第一次现场观看美国NBA球赛，却又表现出非常"职业"的水平。中国赛广州站的球票赛前在黄牛党手里几乎涨了一倍，即便如此，许多球迷也觉得看一场原汁原味的NBA比赛非常超值，因为在现场不仅是欣赏球员的表演和感受比赛胜利的快感，而且更像是参加了一次全身心投入的嘉年华。

穿着各种颜色NBA球衣的年轻人成为当晚的主力军团，不仅有火箭和篮网的，也有穿小牛、尼克斯等其他球队球衣的球迷。许多球迷都是以家庭为单位，为满足小孩看姚明的愿望而来到现场。当比赛开始的时候，人们完全进入"职业"球迷的角色，展示出"原汁原味的NBA"：巨大球馆里炫目的灯光、震撼的音响、啦啦队的火辣表演、吉祥物的逗趣搞怪，当然还有精彩的比赛本身……

广州站比赛将火箭队定为主队，介绍球员时，火箭队球员尤其是姚明获得了最热烈的掌声；比赛中，火箭队的进攻，现场观众在助威音乐的带领下，整齐地呐喊和鼓掌；而篮网队的每一次失误或者投篮不中，就会嘘声不断；在客队球员罚球时，篮架后面的球迷或击打充气棒或挥舞双手，尽全力干扰对手的罚球；摄影机也不断地发挥作用，先用一个画面来做示范，之后捕捉观众让其模仿之前的示范，开始的时候观众还不理解，当观众理解之后，捕捉到现场大屏幕的球迷，会配合地做出相同的对动作，展露出开心的笑脸。

最能够带动大家的是火箭熊，早听闻火箭熊是NBA最擅逗乐的吉祥物，百闻不如一见。比赛开打之后，火箭熊也没有闲着。这只火箭队的吉祥物在场边上蹿下跳，时而和观众开玩笑，时而又拿出礼物和大家分享，时而诙谐逗乐，时而严肃认真，观众也在它的带动下，情绪起伏，欢声四起，无法形容的快乐因为它洋溢在球场的空气中，即使是被火箭熊捉弄的球迷，也能乐在其中幽默回应……

在整场比赛中，人们一会儿为球队的入球欢呼，为失误叹息，一会儿又能够抽身出来投入到自己的娱乐里。NBA比赛节奏的设计非常巧妙，火箭队和篮网队的啦啦队表演一次又一次地把观众带到比赛空隙中的欢乐里，夹杂着与观众的互动，以及超高观赏的扣篮技术，让人眼花缭乱。全场的音乐好像是一个隐形的指挥者，带动着观众的情绪和动作，契合比赛和娱乐，观众完全进入到自我参与和自我表现的气氛中，你已经无法分清，是比赛带动娱乐，还是娱乐带动比赛，观众随着比赛的节奏，都在参与其中并乐在其中，把一场比赛演变成观众自己的娱乐，每一个人都觉得是一场愉悦的享受。当人们离开赛场的时候，不再记得价格不菲的门票，享受的愉悦久久萦绕于心，这就是NBA无法抵挡的魅力。

乔布斯的魅力

听到乔布斯离去的消息，我的第一反应就是拿出 iPhone4 来使用。因为我一直喜欢键盘式手机，所以虽然喜爱苹果的产品，还是没有在日常生活里更换原有的手机。那一刻，得知乔布斯离世，竟然毫不犹豫地拿出 iPhone4 来用，我并不是"果粉"也不是"乔粉"，但是这一个动作，使我知道内心里自己是多么推崇乔布斯，我问自己，乔布斯的魅力到底是什么？

那些天无数的人、无数的传媒都在纪念乔布斯，赞誉的人和肯定的人超乎寻常，也许正如他本人所确信的那样：活着就是为了改变世界。他的确做到了。纪念他的人说："乔布斯至少五次改变了这个世界：第一次是通过苹果电脑 Apple-I，开启了个人电脑时代；第二次是通过皮克斯电脑公司，改变了整个动漫产业；第三次通过 iPod，改变了整个音乐产业；第四次通过 iPhone，改变了整个信息产业；第五次是通过 iPad，重新定义了 PC，改变了 PC 产业。"人们统计了几个与乔布斯有关的数据：2 次手术，3 个孩子，8 年抗病，11 款经典产品，100 倍股价涨幅，1000 万台 iPad，1 亿部 iPhone，2.7 亿台 iPod，带动全球超过万亿的产值。

正是这些奇迹，人们把乔布斯归为创新的奇才和经营的奇才，用李开复的评语："乔布斯能够：①预测业界趋势，②大胆使用最先进的技术，③打造崭新的商业模式，④凝聚一流人才，⑤憧憬用户尚不自觉的需求，⑥永不停息的自我超越，⑦设计每个细节都近乎完美的产品，⑧口若悬河地说服用户情不自禁地爱他的产品。一般能驾驭两三个上述点就可能很成功，但是乔布斯能做到八点。"这些我都认同，但是在我看来这还不是乔布斯真正的魅力，因为这些能力使得乔布斯更像一个"神"，禀赋和能力无人企及。我内心里非常认同这些评价，但还是觉得乔布斯有着更重要的天性，这份天性成就了他，也吸引着我。

在和好朋友江博士聊天的时候，他讲了一个自己亲身经历的关于乔布斯的故事。那个时候他还在美国芝加哥摩托罗拉公司工作，摩托罗拉公司举办一次关于公司内部创新的大会，邀请乔布斯做演讲嘉宾，结果乔布斯站到讲台上，问能否给他一把剪刀。当工作人员把剪刀给他后，令人意想不到的事情发生了：乔布斯拿着剪刀走到坐在前排的公司副总裁一级的经理人面前，把每个人的领带都给剪掉了一半，并说剪掉领带就没有束缚了，这样才可以展开创新。江博士在讲述这个故事的时候，我的脑海里浮现出当时的场景，内心里不得不赞叹，这就是乔布斯的魅力，这就是我喜欢他的根源：尊重人性中最自然的光辉。

在 iPad 上市的时候，我曾经写过一篇文章来分析乔布斯领导苹果为什么会屡创佳绩，我借用乔布斯本人的观点，乔布斯阐明了苹果创造奇迹的缘由：我们只是尽自己的努力去尝试和创造（以及保护）我们所期望得到的用户体验。正是这样的定位和承诺，乔布斯和苹果公司一直以来坚持做一件事情，那就是赋予产品顾客体验的价值。正如上面介绍的那样，乔布斯和苹果公司并没有去创造一个全新的产品，反而更多的是改变一个原来就存在的产业，iPod、iPhone 只是重新发明了 MP3、手机而已，而 iPad 也是对于电脑的重新定义而已。因为在乔布斯看来，了解和理解顾客的习惯是最为关键的。他很明确地知道，任何产品都应该回归到顾客的生活习惯上来，而不是改变顾客的生活习惯。当我走在洛杉矶的街道上，看到 iPad 的户外广告牌：舒适地跷腿坐在沙发上，在腿上随意放一个 iPad，那份闲散和自在悠然而出。更深的理解还在于顾客拥有成本的认识和对于商业的价值认识，在 iPad 的广告上，你看到的是这样一行字：奇妙与革命性的产品，令人难以置信的价格。真的是如此，所有人，包括我自己都没有想到这款革命性的产品竟然是一个如此设计的价格体系，我喜欢乔布斯对于顾客的理解，也更加钦佩这样的商业设计。

对于人性自然的理解和尊重，使得乔布斯带领的苹果公司不断地创造奇迹，在人们传颂着乔布斯人生哲学的时候，我们不仅要在内心里理解和认同这些观点 [29]：人活着就是为了改变世界；领袖与跟风者的区别就在于创新；人这一辈子没法做太多的事情，所以每一件都要做得精彩绝伦；成就一番伟业的唯一途径就是热爱自己的事业；不要把时间浪费在重复其他人的生活上。我们还要在行动和产品中表达这些观点，用中国文化传统的理念，就是做到"知行合一"。

2011年10月5日之后，我开始用iPhone4手机，这只是一个内心纪念的仪式。我也知道创新会永无止境，但是所有的创新需要回归到顾客的需求中来，更需要对于人性光辉的深刻理解。真正触动人心的东西，才会是永恒具有魅力的部分，乔布斯做到了，而我们还需要努力。

核心价值观的具体体现

当人们试图探索新东方和阿里巴巴的成功之道的时候，可以看到新东方的精神、阿里巴巴的天条所具有的决定性作用，俞敏洪和马云所努力维护的正是企业核心价值观，是企业所有成员必须遵守的宗旨。按照威廉·大内的见解 [30]，一个企业的宗旨必须包括：①组织目标；②组织的作业程序；③组织的社会和经济环境对组织所产生的限制条件。我们可以从细分的角度更好地理解企业核心价值观对于每一个关键环节的影响和作用。

利润 利润是一个企业必须实现的目标，然而如何设定利润目标，如何用利润目标来牵引大家的行动，什么样的利润才是企业倡导的，必须阐述清楚。很多情况下，企业会认为追求利润是理所当然的事情，这样的认识很普遍，但是却存在着误区，一方面，当我们承认企业需要创造利润的时候，我们并没有确定用什么标准来衡量利润的价值；另一方面，经营者并没有真正地理解利润和顾客的关系，利润和投资者的关系，利润和企业发展的关系。更多的情况下是经营者单纯地理解利润就是成本和价格的关系，这样的理解是非常局限的。如果坚持这样理解利润，就会导致过度追求发展、盈利和竞争。相反，利润更需要解决与顾客的关系，与企业发展的关系，企业的盈利若不能确定为顾客创造价值，不能提供企业持续发展的资源，一定是错的。因此，利润相对于顾客和企业发展而言，是一个相互依赖的关系，利润必须以顾客价值和企业发展为约束条件，而企业发展和顾客价值的获得也依赖于利润的贡献。从根本上讲，利润的目标只为以下目的服务：支付公司发展所需要的资金；提供达到顾客目标所需的各种资源；获得足够的利润。

顾客 顾客是企业得以存在的根本原因，企业所有努力的评判都是交由顾客做出的，因此与顾客的关系成为唯一的，也是最有效的价值判断标准。公司的战略、公司的管理流程、公司的关键活动、公司的质量标准，以及公司的所有活动是否以顾客作为出发点，是衡量一个企业是否具有价值创造能力的关键标准，甚至包括创新也必须围绕着顾客的价值展开，这既是企业自身的定义决定，也是现实经营的要求。洞悉顾客需求，并不像人们想象的那么困难，但是为什么许多中国企业无法做到这一点？根本原因是企业没有真正转变为以顾客为导向的思维方式和管理习惯。许多企业管理者，尤其是高层管理者已经没有机会贴近顾客，没有靠近顾客的机会就失去了真正了解顾客的途径。华为总裁任正非先生曾经告诫华为高层管理人员，企业高层领导的责任包括三件事：布阵、点兵、与顾客沟通。这也是华为公司得以在激烈的产业竞争中保持领先位置的要素之一。因此，公司的目标应该是：向公司的顾客提供尽可能大的物品和服务，从而获得并保持他们的尊重和忠诚。

成长 企业成长依据的资源和条件，决定着企业是否可以持续发展并具有价值能力，所以设定企业成长的目标必须考量自身的能力以及所处的环境，企业如果脱离环境和自身能力，这样的成长是非常危险和极其有害的。并不是说，只要成长就是应该追求的，一味追求规模和成长，忽略了企业最需要关注的问题，只会导致企业走向危机。因此，作为企业的经营者需要更加清楚企业成长的依据是什么？企业成长的动力是什么？企业借助于什么样的条件和能力实现成长？在2008年，我写了《中国企业的下一个机会》，在这本书里，我很想说明中国企业需要改变自己的成长方式，因为在1978～2008年的30年间，中国企业的增长速度非常快，很多企业从一个小小的企业成长为规模超过十亿、百亿，甚至千亿的公司，但是当我们总结这30年的成长动力的时候，我们发现大部分的中国企业都是过度的资源投放，而不是真正的价值成长，这些企业透支了自然资源、劳动力资源，甚至是顾客资源。而在今天，经营环境和顾客的成长需要企业做出改变，如果不能够适时改变，转变成长方式，这些企业一定会被环境或者其他企业淘汰。相反也有一部分优秀的企业在获得高速成长的同时，也获得价值的认可，这些企业让我们更明确了企业成长所需要的价值约束，这就是：要使企业的成长只是受到企业的利润和员工发展及制造真能满足顾客需要的技术产品的能力的限制。

人员　企业如何看待员工，会影响到员工是否能够真正有效地发挥作用，并在自己的行动中体现企业的核心价值观。在现实工作中，企业的形象、企业的服务、企业的质量均是由员工，特别是员工的行为决定的，一个拥有高素质员工队伍的企业，也一定是一个具有强大竞争力的企业，这是被所有成功企业反复验证的。正如德鲁克先生所指出的那样，提升经济绩效的最大契机完全在于企业能否提升员工的工作效能。长期以来，我一直认为人力资源是企业的第一资源，企业的差距从长期来讲是人力资源的差距，而人力资源对企业发展的贡献，在很多方面需要组织系统配合，需要借助于组织创新能力的贡献，因而认为组织的创新能力，也将构成企业长期发展的影响因素。而同样具有深远意义的贡献是组织适应能力的贡献。组织适应力是保证企业组织不断延长生命周期的能力。有研究表明，企业组织对环境的适应能力、对变化的适应能力、对战略的适应能力，是保证企业不断延长生命周期的核心要素，企业这些适应能力的强弱将在很大程度上影响企业的长期发展，而所有这些面对变化的适应能力都是由员工的能力转化而来，所以说员工使这些能力获得真实来源。释放员工能量，依靠员工来打造企业核心能力必须成为共识。因此对于员工的目标只能如此：帮助公司的所有员工分享公司的成功。正是他们才使这种成功得以实现；以他们的工作成绩为依据，为他们提供职业保障；承认他们的个人成就；保证他们由于完成工作而产生个人满足感。

管理 管理活动贯穿企业整个系统，而这些活动是最能直接反映企业的核心价值观的。从经典的管理理论中，我们知道管理的通用定义是：通过人员及其他机构内的资源达到共同目标的工作过程。这个定义明确地告诉我们，管理需要实现目标，管理是一个共同工作的过程，管理是人和资源的结合。这样的界定，已经很清楚，但是在现实的管理活动中，我们还是没有能够实现目标，或者即便是实现了目标，很多人也会觉得付出太多，内心并不快乐。更多的管理者陷入日常的人事困扰中，而员工却认为并没有获得很多管理者的支持，一些企业中"管理"成为没有效率的代名词。我在《管理的常识》一书中，把影响组织绩效的七个管理基本概念做了一个详尽的阐述。写作这本书的最真实的原因就是希望人们能够真正发挥管理的绩效，因为管理的绩效决定人的绩效。如果说释放员工能量是企业获得成功的依据，那么释放员工能量的前提条件是管理必须有效。德鲁克先生对我最大的影响就是他所强调的管理者需要贡献有效性和价值的观点，而我同样坚持管理必须反映企业的核心价值观，必须依赖于企业的核心价值来展开活动。所以管理的目标是：使个人在实现明确规定的目标时有充分的行动自由，从而鼓励人们的主动性和创造性。

公民身份 明确企业和社会之间、企业和环境之间的关系，对于企业以及管理者自身都是至关重要的，企业的高速发展所带来的一系列问题呈现在管理者和企业的面前，以往不关注的问题在今天也许成为至关重要的问题。在总结中国企业30多年成长的历史中，我也归纳出中国企业需要克服的四种"成功陷阱"——单一产品的成功、单一资源的成功、企业家个人的成功和没有付出规则成本的成功。这些也许是发展过程中的问题，但是随着全球化的进程、企业自身能力的改变、市场环境的变化，这些问题都会浮现出来，如果我们不面对并做出相应的调整，那么被淘汰的就是我们的企业。全球一致的行动以及对于环境的关爱，已经不是哪个地区或者哪个人的责任，而是所有人的责任，我们需要更加清楚自己身上的责任和挑战，更加需要做出巨大的努力来承担责任和面对挑战，所以企业需要设定这样的目标：企业尊重企业对社会所承担的义务，企业要成为经营所在的每个国家和每个社区的一项经济、智力和社会财富。每一个企业的核心价值观会有不同的表达方式，但是其核心的内容需要包含对上面六个方面问题的回答，从对于这六个问题的不同的取向，可以判断出一个公司的核心价值观，借助于企业价值观明确的价值判断，企业可以界定什么样的盈利才是企业所追求的盈利。

全新的经营观

今天比以往更需要全新的经营观，朝向和谐的社会发展，这些不仅仅影响企业营销在市场上所做的诉求，更冲击着企业的管理方式和领导员工的价值观。人们已经意识到无法忽略公司最重要的资产，即以顾客为代表的"价值资本"。英国管理哲学家查尔斯·汉迪教授（Charles Handy）在他的《饥饿的灵魂》[31]一书中说道："（人们）虽然找到关于经济增长问题的部分答案，但却不确定对此能够做些什么的社会所面临的困境。在非洲，人们说渴望分为两种：渺小的和伟大的。渺小的渴望，是指获取维系生命所需的东西：必需的商品和服务以及购买这些东西所需的金钱，这些是每个人都需要的。而伟大的渴望，则是追寻一个问题的答案：生命的意义是什么？"当企业必须承担伟大的渴望的时候，企业自身以及管理者本身的价值观都需要提升到一个全新的高度。

全新的经营观包括两个部分的内容：超越商业领域、拥抱未来。哥本哈根未来学研究院（CIFS）甚至把公司比喻为部落，企业有自己的历史、神话、仪式和价值观，甚至拥有自己的英雄和反对派。简言之，这是社会缩影，企业不再是一个简单的经济体，企业还需要也必须要满足一个共同的目标：尊重和满足人的需要。人们已经不再被财富所迷惑（虽然我还是要承认今天财富依然具有强大的力量），任何事情都可以商业化的这种趋势，并不是人们真正想要的生活，金钱只是生活的工具，并非人生的意义，人生具有未来的无限可能性。这种可能性丰富了生活，也丰富了世界，也因此具有了多样性和差异性，这一切提供了更加广阔的市场和前景。正是这样的共识，要求人们做出改变，从商业化的流行趋势中解脱出来，回归到人生的真正意义上来。

超越商业领域 全新的经营观必须是超越商业领域的，企业的核心价值观必须能够体现这样的价值追求。如彼得·德鲁克经常指出的那样，企业面临空前的挑战，企业必须制定和宣传战略，来激励员工和合作伙伴，从而让他们具有明确的共同目标和方向。正如德鲁克75年来一直坚信的那样，企业是实现重视个人价值的重要引擎。正是对于这个问题的重视，德鲁克一再告诫人们，大多数企业经营所依据的假设都不再适应现实。企业需要在一个全新的假设下来面对现实提出的挑战，这些挑战可以称为一场"安静革命"。如果企业和组织不能够重新定义，就会像恐龙一样难逃覆灭的厄运。要做出根本性的改变，就需要调整企业经营的假设，在我的《超越竞争》一书中比较了两种经营假设。传统的经营思考起始于这样的假设：价值是由企业创造的。通过选择产品和服务，企业自主地决定它所提供的价值。新的经营假设的核心是：价值由顾客和企业共同创造。这样的经营假设，企业需要从消费者出发再回到消费者那里，一切源于消费者的价值创造。

如果真正用顾客的思维而非企业的思维方式来经营企业，就要求超越商业领域，回归到顾客的价值上来，围绕着人以及人的需求展开，而非企业的利润。反观最近所发生的一系列不该发生的企业事件：达·芬奇事件、山西陈醋事件等，都是没有明确的基于顾客价值的经营观所导致，这些企业所追求的仅仅是企业自身的利润，忽略了对于顾客的承诺，而忽略了这一点就会导致企业走向相反，甚至是失败的方向。

拥抱未来 全新的经营观必须是拥抱未来的，或者用更简单的方式来说就是：以未来决定现在。衡量一个企业最重要的标准是其预见和投资明天机会的能力，是其先于顾客需求变化而做出改变的能力。更多的时候我会被这样一些公司所感动，正是因为它们的努力，我们获得了了解自然的能力，无障碍沟通的能力，窥见微小世界的能力。没有这些企业，我们也许失去了实现梦想的可能性。拥抱未来就是具有不断创新和创造的能力。我喜欢 IBM，它总是让我从它的发展方向上看到未来的变化和趋势；我和很多人一样被苹果公司的革命性产品所折服，苹果公司的每一款全新产品出来，几乎都会引起市场巨大的反响，在一个产品极度丰富的年代，还会出现争先恐后、通宵排队购买产品的场景，一定是苹果公司所创造的奇迹。这些公司不仅用创新带来了强劲的增长，更重要的是借助于它们的创造，使人们获得了更多的体验，从而能更有效地发展自己。最近看到的一个案例让我更确信全新的经营观所具有的魅力。这个案例就是与顾客互动的 1 号店。1 号店是国内首家网上超市，2008 年 7 月网站正式上线，成立仅 4 年的时间，以每月业绩 28% 的平均速度飙升为国内领先的 B2C 网上购物平台。1 号店在线销售超过 18 万种商品，涵盖食品饮料、美容护理、厨卫清洁、母婴玩具、数码电器、家居运动、营养保健、钟表珠宝，以及众多虚拟产品服务项目，如手机充值、生活缴费、火车票查询、机票订购等在线服务。1 号店非常善于运用新媒体进行营销，并进行了很多营销创新。首先是微博策略，立志成为"网上沃尔玛"的 1 号店现已有超过 5 万多微博用户关注其官方微博，形成了微博用户群，简单有效地锁定了目标客户，并通过微博达到了良好的宣传效果。其次是采用了移动二维码识别，二维码识别作为高新科技被1号店首先运用于营销推广，在各个大型的地铁站内，巨幅的1号店二维码宣传海报随处可见。这些海报不但可以观看，更可以拿起手机直接扫描海报上顾客想要购买商品的二维码，直接订购所示商品，这种新颖的消费模式已经在年轻人中流传开来，成为了都市消费的新浪潮。

全新的经营观要求企业一定要关注自身的基本假设，时刻检讨企业与顾客、与环境、与变化、与未来之间的关系，保持与企业和环境的互动。更重要的是需要基于人的发展来展开企业的经营活动，而不是围绕着获得利润展开经营活动。人人参与成为新一代的消费特征，让大家联结在一起，本身就是一件值得学习的事情，所有的东西都是新的，技术让一切皆有可能，而这些新的感受和机会又会推动技术的进一步创新，愿意尝试新的东西和平台，真的是很令人兴奋的事情，但是否可以拥有这新的感受和机会，取决于企业的经营观能否与时俱进！

02
第 2 章

战略的本质

一个企业可以走多远，取决于这个企业是否具有战略的思维和能力，战略从本质上讲，就是一种选择，尤其是选择不做什么。

"战略控制命运"[1]是罗伯特·伯格曼在自己同名书里面表达的核心观点。对于战略本身的理解决定着每一个企业能否存活下来，以及如何实现持续发展。在持续增长的同时，很多企业正在逐步丧失其战略的根本点，甚至还有企业几乎就没有关注需要回到战略的基本面上去累积。没有战略基本层面的累积，这个企业是无法走得很远的。企业目前在市场上所取得的成绩，都是暂时的胜利。我几年前曾经谈到过这样几种类型的企业：暂时性的胜利者、阶段性的胜利者、永久的胜利者。暂时性的胜利者是机会主义者，阶段性的胜利者是实用主义者，而永久的胜利者是战略领袖。这个划分能够说明我的一个观点，不要只是关注暂时性的胜利，因为机会永远是公平的，你得到这个机会，就意味着失去另外一个机会；不要满足于成为阶段性的胜利者，因为实用的功能总是要被时间淘汰。因此，你需要牢牢关注战略层面的累积，只有拥有了战略的能力，企业才能够取得永久性的胜利。战略能力的获得需要牢牢地记住企业经营的本质，时刻知道企业赖以存在的真实原因是什么。

企业之殇与战略思维

2008年的"三聚氰胺"事件中的中国乳业让中国消费者深受其害,之后这个行业不断引爆出各种各样的事件,让消费者怀疑中国的乳制品是否还可以依靠。接着又发生了2012年的"毒胶囊"事件,现在已经涉及多个地区的多家企业……这些企业甚至不在乎消费者的生命,逐利到了如此地步,真是企业之殇。如此沉重的事实,真的需要大声疾呼:假若企业的经营者还没有意识到这一点,那将是这类企业走向没落的开始。

企业因何而存在

我再一次强调:真正影响企业持续成功的主要重心不是公司的策略目标,不是技术,不是资金,也不是发展策略的流程,而是专注、集中焦点于为顾客创造价值的力量。如果从这个意义上来看中国的部分企业,感觉它们欠缺得非常严重。2008年9月,因"三聚氰胺"事件导致中国乳业全面崩溃,三鹿企业轰然倒下。此事件波及面甚广,致使消费者信心丧失,对国产乳制品更是心怀恐惧。直到2010年,有关乳业产品质量问题的报道和事件仍时有出现,但我们看不到乳业企业对于顾客价值的承诺,更看不到乳业企业聚焦在顾客价值创造上,反而乳业内耗、广告战、网络战层出不穷,聚焦在如何搞垮对手上。2012年4月"毒胶囊"事件再次让消费者胆战心惊,因为这一次是和药联系在一起,而且涉及多家企业,甚至包括一些上市企业,此事政府还在尽全力查缴中。这些频发的事件,折射出这些企业的领导者缺失真正对于战略的理解,根本不了解企业存在的理由到底是什么?企业因何而存在?这些企业的战略从根本上就是错误的,因为它们迷失了战略的核心立场。战略要求必须聚焦于为顾客创造价值这个点上,这也是企业成功关键中的关键。企业领导者应该专心致志于为顾客创造价值的能力不断成长,根据顾客的价值需要来发展策略,让顾客价值成为企业产品的起点、企业服务附加价值的起点、企业策略的内在标准、企业行为的准则。

企业因为什么而存在有一个非常明确的答案：企业为顾客存在。德鲁克先生也很直截了当地表明了自己的立场：企业只有一个定义，那就是创造顾客。[2] 所以背离顾客价值的选择都是错误的，如果企业不能够让自己战略的原点放在顾客价值这一端，一定会被顾客淘汰。

商业模式如何确立

基于战略的选择，企业会构建独特的商业模式，借助于商业模式的竞争力，企业与同行区隔开了，同时也具有了与顾客连接在一起的条件，因此商业模式的确立既是企业战略具象化的一个表现，也是顾客和市场认知企业的载体。因此借助于商业模式可以理解一个企业的战略发展，也依此可以了解该企业真正的竞争力来源。

什么是商业模式？商业模式是一个组织建立客户价值的核心逻辑。任何一个商业模式都是一个由客户价值、企业资源和能力、盈利方式构成的三维立体模式。由哈佛大学教授约翰逊（Mark Johnson）、克里斯滕森（Clayton Christensen）和SAP公司的CEO孔翰宁（Henning Kagermann）共同撰写的《商业模式创新白皮书》把这三个要素概括为："客户价值主张"，指在一个既定价格上企业向其客户或消费者提供服务或产品时所需要完成的任务。"资源和生产过程"，即支持客户价值主张和盈利模式的具体经营模式。"盈利公式"即企业用以为股东实现经济价值的过程。[3]

长期从事商业模式研究和咨询的埃森哲公司认为，成功的商业模式具有三个特征。第一，成功的商业模式要能提供独特价值。有时候这个独特的价值可能是新的思想；而更多的时候，它往往是产品和服务独特性的组合。这种组合要么可以向客户提供额外的价值；要么使得客户能用更低的价格获得同样的利益，或者用同样的价格获得更多的利益。第二，商业模式是难以模仿的。企业通过确立自己的与众不同，如对客户的悉心照顾、无与伦比的实施能力等，来提高行业的进入门槛，从而保证利润来源不受侵犯。比如，沃尔玛的模式，人人都知道其如何运作，也都知道沃尔玛公司是折扣连锁的标杆，但很难复制沃尔玛的模式，原因在于"低价"的背后，是一整套完整的、极难复制的信息资源和采购及配送流程。第三，成功的商业模式是脚踏实地的。这个看似不言而喻的道理，坚持做到却并不容易。现实中的很多企业，总是希望可以寻找到机会快速成长，总是希望在别人的错误中获得商机，总是想寻找捷径，而不是在市场、顾客、产品以及质量和服务上踏踏实实地做出努力并持之以恒，这都导致很多短期行为、甚至伤害顾客和市场的行为出现。

作为商业模式，组织要着重考虑以下要素：

- 竞争地位中所采取的价值主张；
- 选择或者放弃的市场细分；
- 从实施的活动或利用的资源中获得价值链和最终成本；
- 收入模式和最终盈利潜力。

企业的价值主张是直接被顾客感知到的，顾客透过产品可以感受到企业的价值主张，顾客能够在使用产品的时候，理解到企业对于质量的追求标准是否具有行业领先的水平和对于顾客的忠诚度。简单地说，企业的价值主张是企业连接顾客、区隔同行的关键要素。我常常感叹于迪士尼乐园这样企业的商业选择，高举儿童娱乐的大旗，带来的是顾客的忠诚和满意，看到迪士尼乐园上海项目开启的信息，甚至可以想象未来人们涌去的场景。

在商业模式中强调关注于市场的细分，这实际上是企业深入顾客层面的安排，企业不断地深入细分领域才能够了解顾客，才可以确定什么是顾客真实的需求。谈到宝洁，其最精准的定位是目标顾客的定位，宝洁知道自己努力的方向，知道自己的顾客生活在什么样的环境里，知道空气、水、饮食以及气候的差异。各种细分的市场被宝洁牢牢锁定，如不同地区的生活环境和不同特性的消费者等，宝洁为此所做的努力被这些细分市场的顾客感受到，也就获得了不错的市场份额。

成本的理解以及供应管理的理解是企业获得顾客的基础。对于很多企业而言，关注顾客的持有成本以及价值链的价值贡献是构建产品和服务的前提条件，没有对于这个问题准确的认知和把握，就无法具有理解并实现顾客需求的能力。与其说是英特尔公司的成功，不如说是英特尔的成本模式以及价值链模式的成功，英特尔独特的创新能力组合在成本模型中，并体现在对于价值链的贡献中。能够合理有效地与资本结合是战略的要素之一，如何发挥资金的效用，如何保持持续的现金流量，如何持续盈利是企业需要慎重考虑的要素。但是这些问题的解决有赖于企业收入模式的安排，而收入模式确定的依据是顾客愿意支付并有能力支付，所以企业最终获得潜在的盈利能力是取决于能否符合顾客的利益与价值判断。而这些努力更需要企业所在的价值链的地位，在商业模式中被称为价值网络的部分，它是连接产品最终消费者的上下游活动，企业需要打造出有效的价值网络使得最终消费者愿意和企业互动，企业也因此能获得持续的竞争优势。

商业模式的六个基本要素的组合就是企业战略的基本层面，所以任何一个企业都应该不断地问自己，这六个要素是否在不断地强化和深深地累积中，部分企业之所以陷入今天的困境，恰恰是违背了这六个基本要素。这些企业的价值主张是违背顾客的增长，没有与顾客所需要的真实需求互动，也没有在价值链与价值网络中传递顾客的价值，反而是伤害顾客价值的。我常常借用迈克尔·波特的经典理论来提醒企业：

取得卓越业绩是所有企业的首要目标，运营效益（operational effectiveness）和战略（strategy）是实现这一目标的两个关键因素，但人们往往混淆了这两个最基本的概念。运营效益意味着相似的运营活动能比竞争对手做得更好。战略定位（strategic positioning）则意味着运营活动有别于竞争对手，或者虽然类似，但是其实施方式有别于竞争对手。几乎没有企业能一直凭借运营效益方面的优势立于不败之地。运营效益代替战略的最终结果必然是零和竞争（zero-sum competition）、一成不变或不断下跌的价格，以及不断上升的成本压力。[4]

这是非常深刻的道理，战略与运营效益是取得卓越业绩的两个关键因素，在过去30年中，中国很多企业都曾取得了非常好的业绩，即使在今天它们也依然是行业的领先者，但是千万不要把业绩卓越作为追求的目标，这仅仅获得的是暂时性的胜利或者阶段性的胜利，持久的胜利还需要战略定位：为顾客创造价值。

真正具有战略思维而非竞争理念

人们认为成功企业都是源于它们创造性地开辟了新的商业领域。事实上成功企业的奇迹都是源于对顾客价值创新能力的发挥，这些创新会依赖于技术、资金、人才等。我们需要了解的是，为什么有的企业与成功企业拥有同样的技术、资金、人才却不能够获得相同的创新效果？其根本原因是，企业是否具有战略逻辑，中国企业缺失的恰恰就是战略逻辑。绝大部分中国企业所做的努力都是竞争的努力而不是战略的努力，这些企业追求的是如何解决竞争中的问题，是竞争理念而非战略思考。对于一个企业来说，摆在第一位的问题并不是如何竞争以及与谁竞争，应当是为什么顾客服务的问题，为自己的顾客选择做什么和不做什么的问题。

战略本身就意味着做出艰难的抉择，选择那些有利于企业发展的事情，战略思维就是这样一种思考方式，它需要确认什么才是最重要的，确认企业最后所选择的方向能够回答最初确定的目标，所以战略思维是围绕着实现顾客价值展开的选择。战略思维不是解决企业当前的问题，而是解决企业目标所带来的选择问题。战略思维会成为让企业关心自身存活的依据，有能力更清楚地界定盈利来源，更明白自己能够做什么和不能够做什么，这里面并不存在与谁竞争的问题，简单地说就是选择自己应该做什么。

洞悉顾客需求，并不像人们想象的那么困难，但是为什么许多中国企业无法做到这一点？根本原因是企业的思想没有真正转变为以顾客为导向的思维方式和管理习惯。许多企业管理者，尤其是高层管理者已经没有机会贴近顾客，因此也就失去了真正了解顾客的途径。

贴近顾客无疑是企业获得优势的真正来源。什么是真正的商业成功？真正的商业成功实质上就是在使顾客满意的同时使企业盈利。这是一个老生常谈的观点，却恰恰说出了真理所在；这同时也是衡量商业成功的基本标准。如果以这个标准来界定企业的发展，就可以判断企业增长是否能够带来持续性，就可以判断企业能否集中所有的资源赢得顾客满意度，进而推动企业真正拥有能实现可持续发展的内在动力。源于这样的认识，需要企业领导者拥有战略思维，拥有和顾客在一起的能力和习惯，形成以顾客的立场展开选择的思维方式，唯有这样，企业才有机会摆脱竞争而进入有效发展的状态。

中国企业缺失了什么

回顾30年中国企业的发展，可以看到借助于市场开放和政策推动而成功的企业很多，这些企业能够把握机会并寻找到自己的市场位置。而经过了30年市场的洗礼，有很多企业已经不得不退出市场，它们丢失了最初可以立足于市场的能力。今天，人们的注意力移向新的变化，但是我还是建议企业领导者要安静下来思考：为什么会出现众多企业不复存在的现象？今天依然存活的企业，是否确定今后可以走得更好？这两个问题需要企业自己寻找到答案，但是有一点可以确定，如果再次迷失，不知道企业需要解决的问题是什么，企业就不会像现在这样幸运：现在顾客还会宽容并给予企业修正的机会。顾客的认同是企业发展的关键因素。如果企业缺失这些东西，就无法走得更远了，我把这些因素归纳为三个：战略、与环境互动、领导者的远见。

缺乏战略

一些企业为什么走不远，很大程度上是战略缺失的原因，大部分的企业只能够解决眼前的问题，更多关注的是如何竞争以及与谁竞争的问题，就如通讯行业之间的纷争，如果企业陷入这样的纷争，就表明企业没有战略，因为战略不会基于同行的竞争，而是基于顾客价值的创造，基于对未来的判断，基于对变化的认识和准备，而这些基于变化和未来的判断就是战略逻辑的能力。绝大部分中国企业所做的努力都是管理的努力而不是战略的努力。这些企业追求的是解决问题，而解决问题是管理思考而非战略思考。2005年我参加一个关于中国是否可以诞生行业冠军的研讨会，虽然大家得出的结论是中国企业能够诞生行业冠军，话题却是围绕着如何打造接班人、如何提升管理效率、如何降低成本、怎样发挥人力资源的能力等。这些话题所呈现出来的思考是关于企业内部管理与效率如何提升的方向，而以内部提升作为思考的出发点，正是管理理念而非战略思考。就拿中国的家电行业来说，在20世纪八九十年代，因为中国家电企业在战略上选择低成本，用价格作为贴近顾客的能力，低成本的战略帮助中国家电企业全行业战胜了国外品牌在中国市场的地位，使得全行业具有了拥有中国消费市场的能力，并因此具有了参与国际分工的能力，使得世界家电制造中心转移到中国，并取得了这个产业全球化的成就。到了2000年，在家电行业，随着三星的崛起，全行业进入到技术创新的发展阶段，技术所带来的变化是顾客所期待并接受的关键要素，成本已经成为企业内部管理问题，不再是战略要素。但是中国家电企业依然以成本作为自身发展的核心要素，不断在成本与价格上做出努力，然而这些努力并没有为中国家电企业带来持续的竞争力。相反，2000年之后，以三星、西门子为代表的海外品牌开始占据消费类电子的领导者地位，中国家电企业因为战略的缺失，失去了原有的主动的行业地位，而让自己陷入低附加价值的制造低端，品牌也无法得到溢价，甚至让技术的关键因素的品类失去了竞争地位。

缺少与环境的互动

中国部分企业缺少与环境的互动。企业能否与环境互动，是否具备环境的匹配能力，是直接影响企业能否长久的又一个关键因素。大部分企业因为没有解决好和环境匹配程度的问题而丧失了未来的市场和机会。摩托罗拉在环境进入到数字时代，依然坚信模拟信号的价值，结果在短短的几年时间里被诺基亚超越，至今仍无法重回手机行业的龙头位置。而当手机作为智能终端进入人们的生活中，诺基亚依然确认自己在手机产品上的规模效应，并没有很好地与环境互动，在2012年第1季度，失去了全球手机龙头老大的地位。三星借助于与苹果的竞争，一跃而成为手机行业的领导者。因为与环境互动的能力不足而失去行业优越地位的企业比比皆是。另一个典型的例子是柯达公司，这个昔日最著名的成像公司，因为无法适应数字时代的到来，令人倍感悲伤地淡出了人们的视野。环境作为直接影响组织绩效的外部力量，特别是技术的迅猛发展，对于企业的持续发展产生着越来越大的能量。我真的担心中国企业会否也和摩托罗拉、柯达公司一样，还在坚信成本优势、规模和资源投放，事实上今天的环境已经发生了巨大的变化，复杂程度也增加很多，更重要的是消费者在发生着巨大的变化，企业战略需要根植于环境来具体地选择和判断，企业战略需要保证企业能够顺应环境的趋势。企业与环境是互为主体的，企业如果不能够顺应环境的变化，不能够与环境互动，就不可能具有竞争力，正是每一次对于环境变化的深刻理解,才使得那些领先的公司始终保持着领先位置。所以具有战略的企业一定是一个能够和环境互动的企业,它们会了解到环境的变化,会以变化作为战略的依据和选择的前提,它们知道应该选择做什么和选择不做什么,它们更能够引领变化并利用变化。

领导者远见不足

具有战略的企业另外一个特点是领导者具有远见,在这个方面一些企业领导者显得更加薄弱。如果观察那些成功的、持续领先的企业,会发现它们的领导者都具有非凡的远见和魄力,就如IBM的郭士纳、华为的任正非,这些领导者总是可以清醒地面对变化,提前做出准备,这样的领导者最大的特点就是能够以未来决定现在。人们认为成功企业都是源于它们创造性地开辟了新的商业领域,其实成功企业的奇迹都是源于创新能力的发挥,以及对于顾客价值实现的远见卓识,而能够转化出创新成果则是依赖于企业领导者的判断和远见,没有领导者不断地超越自身,不断地超越环境,是无法看到创新带来的成效的。1993年,郭士纳出任IBM的总裁,当时的IBM故步自封、坚信自己的技术,分公司各自为政,纯粹是一个硬件厂商,管理零散。郭士纳对IBM的成员说:"我认为我们面临的最大挑战就是……要让我们的战略、结构和文化适应不断变化的世界。我不能保证这一历程会简单快捷……我们采取的步骤将大刀阔斧而非小心翼翼。"[5]郭士纳就是用这样的决心和意志力,带领IBM迎接环境的改变,并使得全公司完成以客户为先、成为技术与服务方案提供商、全球整合业务、全球共用管理系统的全面转型,使得IBM脱离了将要破产的困境。

确立战略、与环境互动、超越自我的领导者远见是中国企业发展需要获取的关键要素。我曾经在多种场合陈诉上面的观点,一方面因为很多企业还没有意识到问题的严重性,另一方面因为中国企业实践的认知困境,在过去的时间里,中国企业成功更多是源于企业自身对于资源把握的能力，只要拥有资源就可以获得成功，曾经是很多中国企业的共识。即便是到了今天，还有很多房地产企业依然认为拥有土地资源和资金资源是这个行业的关键成功因素，很多房地产企业还是从这两个资源要素展开自己的发展逻辑。但是这些房地产企业没有意识到，市场发展到今天，影响房地产企业的关键因素是顾客选择的能力、供应商的能力以及需求的改变，对于顾客的理解以及供应链的管理和价值贡献能力成为至关重要的因素，如果不能够做出相应的改变，一些房地产企业就会被市场淘汰。而这样的市场环境就需要房地产企业的领导者超越自己对于行业、盈利的理解，以及对于价值链价值贡献的理解，这些要求都是企业领导者自身需要超越和改变的，唯有此，中国企业才不至于缺失了企业发展的关键要素。

战略思维及其逻辑

人们一直想了解为什么中国企业这样容易受到影响，企业家个人的危机、自然条件的变化、资源的改变、政策的调整、国际市场的风吹草动等，一个外部环境或者内部条件的改变就会带来企业致命的危机，为什么中国的企业这样脆弱呢？很多人告诉我说，因为中国企业还是小孩子在学走路，所以特别容易摔跤；也有人告诉我是因为中国的企业还不够大，所以抵抗能力弱，一点气候变化都比较容易感冒；还有人告诉我说中国有些企业是内战内行外战外行……大家给出诸多解释都不能够说服我：小孩子会摔跤，但是他能够爬起来继续长大而为什么那些企业不行；感冒可以医治为什么那些企业总是得重感冒而且无法治；到了它们进入国际市场的时候为什么被频频打击。可见这些说法都无法解释中国部分企业比较脆弱这个现象。

企业需要面对的问题实在是太多了，如果企业能够持续存活下去，就必须回答凭什么活下去这个问题，事实上企业规模大小、赚钱多少、解决多少就业、是否具备品牌等，都是企业经营的结果，是企业运营的外化表现，所以当人们认为企业不够大而无法抵抗风险的时候，这本身就是无法解决的问题。因此还是要回到企业凭什么存活下去这个问题上来思考，这个层面就是战略的思考了。也就是说，中国企业脆弱的原因是不会做战略的思考，仅仅是做了管理的思考。绝大部分中国企业所做的努力都是管理的努力而不是战略的努力。这些企业所追求的是解决问题，遇到原材料涨价如何办？劳动力成本增长怎么办？面对竞争变化该如何办……的确这些都是企业运营中需要面对的问题，不过我还是需要强调：对于一个企业来说，解决问题应该是第二位的，第一位应该是选择做什么和不做什么，也就是回答战略的问题，先回到战略思维方式上，之后再落到管理理念上解决问题。因为企业要面对的问题是层出不穷的，面对问题本身就是管理的职责，但是问题并不是影响企业生存的关键，企业是否可以生存的关键是如何做出战略的选择。战略决定命运。

战略思维就是选择不做什么

蒙牛公司由急速发展到今天的品牌困境引发了多个层面的思考，同时也让人们明白需要开始反省企业到底应该用什么样的思维方式来进行管理。企业的战略思维不能够被管理理念替代。

战略思维与管理理念有着根本的区别。战略本身就意味着做出艰难的抉择，选择那些有利的事情；而管理则是那些你不必做选择而必须面对的事情，它事关各种业务的处理方式。战略思维是：问题1，你想做什么？问题2，想做的事情凭什么条件可以做？问题3，你有什么？问题4，你缺什么？关键的问题是：你要做些什么？战略思维就是做出选择。管理理念是：遇到任何问题都要找到解决的办法；管理没有对错，只有面对问题，解决问题。因此，不管遇到什么问题，战略思维要求首先问自己"我想做什么"，而不是问自己"我如何解决问题"，后者是管理理念。

战略思维会让企业关心企业存活的根本依据，会清楚地界定盈利的来源，会知道自己能够做什么不能够做什么。战略并不是一个以盈利作为选择依据的行动，而是以持续发展为选择依据的行动，盈利仅仅是战略选择所带来的结果，并不是依据。看到矿井陆续出事，在谴责那些昧着良心赚钱的矿主和经营者的时候，也应该知道不能够把这些人称为企业家或者经营者，因为这违背了战略思维的方式。

作为企业，如果仅仅能够看到面对的问题，只知道解决问题，是危险的。如果企业所努力的方向就是解决所面对的问题，那么你就是只顾管理理念的人。在今天，信息流和资金流以惊人的速度运转时，只会管理的公司前途难测。更糟糕的情况是仅仅以管理为中心的做法，往往还会导致企业陷入故步自封的状态。如果人人都想竭力解决问题，那就必然会使企业根据自己的能力来决定产品。过去几年，当看到技术发展所带来的行业格局调整，从而使得占据领先地位的企业被淘汰，就该明白这是只顾管理忽略战略的结果。

战略思维就是选择不做什么。1997年开始，我进入更深入的企业咨询活动，在了解了康佳的购并、TCL的运作、科龙的文化、美的的战略之后，我理解了彼得·德鲁克先生曾经说过的一段话的深刻含义，他说："在法律上和财政上的意义（不是从公司结构及经济上）上来说，现在有120年历史的公司将活不过25年。"[6]

我在讲学的时候都以这段话开篇来讲战略的问题，大师告诉我们在企业发展的过程中有两个问题是必须保证的，用我的理解来说就是：法律保守、财务保守。这是做企业的两个基本前提，如果违背了这两个前提，已经活了120年的大公司也不会再活多久，更何况中国的企业还没有活到120年的呢！这里明确表达的就是：战略是在法律、规则保守和财务保守的前提下的选择，换个角度说就是战略要求不做违背法律和规则的事情，不做财务冒进的事情，这是战略思维的首要选择。如果你具备战略思维的能力,就应该具备这样的自我约束能力,进而你的企业抵御风险的能力也就强化了。

不要急着解决问题,而应该先回答自己到底要做什么。这几年中国的经济和中国的企业发展神速。2004年年中,我到美国拜访一些企业同行,美国联合饲料的总裁问我:"为什么美国企业的成长夹角只有几度,而你们企业的成长夹角有的超过90度?"我不知道该如何回答才好,如果我告诉他我们运气好,似乎又降低了中国企业的水平,但是的确是因为运气好,才使得中国企业拥有了比美国企业更快的发展速度。可是这样的高速增长却掩盖了中国企业战略能力的缺失这样一个最为关键的问题。我确确实实很想劝中国企业不要急着追赶世界500强,也不要急着进行世界级企业的梦想征程;同样也不要急着说,别人都是品牌企业,我们也要做品牌;不要以为有了2000亿的销售额,就是世界强者之一。我想高速的市场发展所带来的一切好处,我们都该抛开,沉静下来思考,在战略上我们做了什么,我们没有做什么?真的不要急着解决跨国企业正在解决的问题,它们能够解决这些问题是因为在战略上它们已经不存在缺失,看看沃尔玛的全球供应链效应,微软实现顾客价值的能力,宝洁对于消费者的深刻理解,也许你该明白这不是低价的问题,不是创新的问题,也不是多产品的问题,而是战略的坚实基础的问题。

也许有人会提出异议,说企业没有管理理念怎么能行?我不反对这个说法,但是我更强调,企业首先要有战略思维,其次才是管理理念。企业领导者必须学会先思考要选择做什么,再思考解决什么问题及如何解决问题。

缺失顾客的战略逻辑很难持久

当苹果手机可以正式进入中国市场的时候,大多数消费者期待着会得到更好的服务,但是根据中国联通颁布的iPhone4新政策,要求用户只有在机卡不分离，即绑定使用所购买的通信服务、USIM 卡、用户号码以及 iPhone 终端的情况下，方可享受中国联通为客户提供的终端补贴优惠政策。在联通正式实施新版 iPhone 合约计划后，2010 年 12 月 2 日晚间，工信部的一个表态终于让联通松了口气。这个表态语气温和，只是表示："要求联通切实尊重和保护电信用户的合法权益，完善服务协议，提高服务质量。"[7] 新政实施已数天，也几乎未见以往涉及与消费者争执中常见的向主管部委投诉、律师驳斥甚至诉诸法律事件发生，备受关注的中国联通 iPhone4 新政似乎躲过了一场风浪。

真的就是可以这样理解吗？如果人们从工信部的表态上来评价这件事情，让我还是觉得有些奇怪，因为整个事情的过程，竟然没有人关注到顾客利益在哪里？联想到 2010 年某些信息行业的网络大战，这一系列的现象使我非常紧张，倘若这些现象可以平淡地过去，而这些企业也仅仅是以行业主管部门的意见为参照的话，这样的企业就会丧失对于更深层次的战略思考的能力，而更深层次的战略思考就是基于顾客价值的思考，必须让自己的战略具有持久的、被顾客公认的战略逻辑，具有如此战略逻辑的企业才可能持久。

什么是商业的成功

什么是真正的商业成功？实质上就是使顾客满意，同时使企业赚钱。这也是衡量商业成功的基本标准。以这个标准来界定企业的发展，就可以判断企业增长是否能够带来持续性，就可以判断企业能否集中所有资源带来顾客的满意度，进而推动企业真正拥有增长的内在动力。人们惊讶苹果公司所实现的增长，这些增长体现的是苹果公司与顾客之间全新价值体验的结果，苹果公司独有的创造价值被消费者认可——只要是苹果公司推出的产品，必然有其独到的存在价值。苹果公司在有效地结合产品设计与生产技术方面的能力深得业内人士的赞赏，同时，其非常注重用户体验以及产品设计对用户体验的影响,通过技术应用以及与用户及时沟通等方式,有效地实现了完美的增长方式。随着越来越多的消费者更直接、有效、深入地了解苹果,体验苹果带来的激情享受,进而从情感上接受苹果,跟随苹果,苹果公司获得了根本性的内在的增长。所以iPhone5上市的时候再一次风靡市场,因为顾客价值又一次被全新实现,虽然有各种不同评价,但是iPhone5上市销量创纪录的结果说明了一切。

拥有顾客才是关键

iPhone5再次成为一个让人们接受的好产品,这个产品对于顾客的粘合度的确很高,而获得这种效果,正是因为拥有顾客价值的实现能力,而不是别的因素。因此对于中国企业而言,一定要了解到拥有产品或者技术并不是关键,关键的是拥有顾客。人们确信价值增长是必需的,更加确信顾客价值是实现价值增长的根本途径,这样就需要回答一个关键的问题:怎样才能够拥有顾客?事实上拥有顾客并不是一件困难的事情,因为从顾客的角度来说,他们需要有产品来满足他们的需求,谁能够满足他们的需求,谁就有机会和顾客在一起。2010年年初,丰田汽车陷入"召回门"困境,我专门撰文谈了自己的观点,丰田汽车之所以出现这样大的问题,主要的原因是它的战略逻辑转向规模增长,而非它之前视为管理哲学的质量战略,当战略逻辑出现错误的时候,增长就会陷入停滞。但是同时我又提醒中国的经理人,如果丰田愿意回归到它最初的企业经营理念,也就是质量第一的理念,从顾客的价值出发,这个企业会很快恢复,而中国企业所需要学习的反而是丰田真正反省和行动的能力。事实证明丰田的确有回归到自己初始的经营理念,从质量出发专注于为顾客创造价值,现在的丰田已经恢复到正确的轨道上。所以顾客价值的实现才是关键,仅仅拥有技术和产品,是无法真正拥有顾客的,只有洞悉顾客需求,持续地创新投入,尽全力实现顾客价值,才可以持久地拥有顾客。记住:顾客是唯一能够解雇我们所有人的人。

有效的公司战略一定是顾客导向的

人们看到了一个无可辩驳的真理,那就是没有哪一项有效的公司战略不是顾客导向的,不是最终要遵循下面这条永恒的规则:企业的目的就是创造和留住顾客。德鲁克先生这样告诫我们,市场中卓越领先的企业也这样告诉我们。

宜家公司就是典型的例子,公司以顾客的需求作为企业战略的焦点,公司所有的资源围绕着为顾客创造价值展开,从CEO到仓储人员,公司里每一个员工都清楚顾客的需求,也了解自己能在服务顾客上所扮演的角色,这样宜家公司能够在全球各地取得成功也就不足为怪了。再看提供客户关系管理的软件方案的希贝系统,顾客同样是这家公司的焦点,该公司的CEO托马斯·希贝(Thomas M. Siebel)[8]说,他有60%的时间都在和顾客接触,重视顾客价值的观念出现在公司的大厅和通道上,包括公司的所有海报、信件或者年度财报的封面,每一季公司都会请顾客为公司的服务做评比,至于业务员的表现,也是以"顾客满意度"和"业绩达成度"作为评估的基础。这两家企业都是以顾客导向来确定自己的战略,并以此获得了领先的市场地位。

为什么需要顾客导向的公司战略而不是其他战略,原因是今天商业运作技术突飞猛进的变化,使得目前产品生产更加快速与经济,几年前还不见经传的互联网,如今正改变着数以千计的公司,信息技术带来数百种市场形态,新的技术能够帮助顾客越过中介,直接上网取得商品,节省了许多时间和金钱。这一切是事实,同时也让我们清醒地看到,还是存在领先的公司超越了这一切。毕竟,技术只是部分要素,不断改变的状况才促成更多的变化,对顾客而言,所有的转变是指向会有更多新选择,而对于经理人来说,则需要学会不要被技术和变化所迷惑,运用顾客的标准来进行调整。

在过去的 8 年间，经历了至少 5 次改变的杜邦就是一个好的例子。第一次企业面临的课题是节省成本并提高产能；第二次是必须整合内部作业流程，让企业各个机能可以一起工作；第三次是做流程再造，重整作业流程以便去除不必要的工作机制；第四次的改变则是重新锁定一些高度的优先市场；第五次则是针对锁定市场的个别顾客，提供定制化的产品和服务。正是这样 5 次变革，使杜邦公司保持了行业领先的位置。当一个仅仅经历了 1 次变革的公司，面对经历了 5 次变革的杜邦公司的时候，谁会做得更好，答案显而易见。

沃尔沃为什么被卖掉

2010 年 3 月吉利购并沃尔沃车尘埃落定的时候，相关的讨论也随之而起，无论从积极乐观的角度还是从理性悲观的角度看，似乎都可以找到依据，但是我觉得最重要的还不是如何评价这件事，而是要回到汽车行业的发展规律上来。

我没有很多的研究来评判这桩购并案，但是一些历史数据也许可以说明一些问题：当初福特收购捷豹路虎时也曾雄心勃勃。福特前 CEO 纳赛尔主持了收购捷豹路虎的交易，但是他很快吃到了苦头。1999 年，他又花 64.5 亿美元的巨资收购瑞典的豪华车品牌沃尔沃，这给福特带来了巨大的财务负担。紧接着，由于福特探险者存在质量缺陷，公司被迫于 2001 年在全球召回凡世通轮胎，又耗费 30 亿美元。这两次巨额投资不但使纳赛尔丢掉了福特总裁的职位，也使福特从此陷入了深深的财务深渊，一直到现在还难以恢复。到了 2010 年，过了 10 年后，福特以 18 亿美元把沃尔沃卖给了吉利。

简单回顾一下汽车业购并的记录。1987 年，克莱斯勒收购了意大利的超级跑车兰博基尼，当时估价为 25 000 万美元。克莱斯勒原想借兰博基尼的高性能血统来提升克莱斯勒汽车的品质，结果未能成功，只好于

1993 年将它出售。最为灾难性的收购是通用对菲亚特的收购。2000 年，通用与菲亚特达成协议，计划以 24 亿美元购入菲亚特汽车控股公司 20% 的股份。同时这一协议还赋予菲亚特一项权利，就是它有权要求通用到 2009 年之前购入菲亚特剩余 80% 的股份。但是通用很快就意识到它并不想要已在困境中挣扎的菲亚特，于是 2005 年通用只好通过赔偿菲亚特 20 亿美元的代价停止了收购。

多年前美国著名的汽车咨询师迈尔斯表示，他认为福特根本就不该收购捷豹路虎。如果是这样，我同样对吉利的举动也深感疑惑。这是我能想象的最不合逻辑的买卖。一方面是基于上述的记录，另一方面是基于汽车发展本身的市场规律。

如果依照汽车行业发展的规律，更需要关注的是为什么沃尔沃会被卖掉，而不是吉利为什么购买沃尔沃。仔细查阅资料，让我对于吉利购并沃尔沃的前景不是那么乐观。1992 年瑞典人就把不赚钱的沃尔沃轿车业务卖给了福特，但是商用车和零部件业务却牢牢把握在自己手中。沃尔沃商用车业务仅次于奔驰，位居全球第二，而柴油机业务稳居全球第一，两个业务都具有远高于轿车业务的利润。而在今天福特打算出售沃尔沃轿车业务的时候，瑞典人没有购回的打算，更乐见吉利购并这个业务。

再仔细想想，欧洲一些传统品牌，从劳斯莱斯、宾利、罗孚，到如今的捷豹和路虎，再到今天的沃尔沃，先后被收购或者走向没落，从一个侧面印证了西方发达国家在新的时代背景下，其制造业向发展中国家转移的趋势。但是我们还需要了解到，当这些传统的汽车制造商把整车卖掉的时候，留下的却是关键部件以及其他确保盈利的项目，沃尔沃也是如此。

汽车产业是一个技术与创新并重的制造业，因此，关键零部件和工业设计就成为具有特殊意义的部分。在这一点上沃尔沃公司把握得很好，它专注于发动机业务，而发动机是汽车和工程机械最为关键的部件，因此，我们可以在重型卡车、豪华客车、工程机械等多个领域看到沃尔沃，正是因为其拥有卓越的发动机,然而这些和吉利的并购没有任何联系。

可以再看看福特自身的发展,从它购并欧洲汽车品牌开始的每一次努力以及每一次放弃就可以说明一些事情,真正让福特保持竞争力的还是福特汽车本身。再看丰田的发展,当丰田发力在发动机上时,世界开始知道丰田速度。

我不能确定吉利是否真的知道它得到了什么。虽然吉利已经准备好再投放十几亿美元来壮大沃尔沃的产品线,而且要扩大它在中国以及全球的销售网络,还需要再投资,但是我怀疑它们是否有足够的资本能力来驱动销售,扭亏为盈的确是一件需要从长计议的事情,并没有想象的那样简单。更何况企业还不能仅仅从投资的角度来看,购并的关键还是要获得在汽车行业发展的核心优势,但是这一点恰恰无法通过购买获得。

专注于汽车产业的发展,就需要专注于关键技术的获取、创新能力的打造以及专业人才的培养。这些都需要专注、耐力和对于技术独特的偏好。中国今天缺的不是制造整车,缺的是关键技术、创新以及设计。如果吉利在引进先进生产技术的同时,再雇用优秀的人才,假以时日会取得成果。

被重新创造的商业世界

全球化的人们散居在世界各地,尽管他们早已以世界公民自居,但原来只是彼此听闻,生活从不交错,即使对于工作在同一个全球化公司里的员工来说,十多个小时的长途飞行也在不断提醒他们世界是有距离的。但是现在,网络硬件公司疯狂搭建通信设备,软件公司紧张的经营视频泡泡创造商业价值,它们让人们可以互相看见,可以一起工作,并窥探彼此的生活。

这个世界在变得可视的同时还开始有了复制品。旧世界正在加速碎片化的同时，"你"却在另一个世界里参与创建一个新的人类社会。在网络游戏的第二人生里，与现实生活平行的另一个世界正在形成，这里拥有一个彻底奉行自由和平等、低税赋、无监管、最大限度鼓励创新的社会，蓬勃的商业正在兴起，政府尚未成形，整个社会正在自动循着新大陆的历史足迹前行，商业世界正在整体将自己移植到另一个虚拟天地。

与此同时，旧世界也在向新的疆域拓展。乔布斯一如既往地继续将人类的生活压缩进小巧的平板里面，布兰森则开始了将普罗大众送入太空的征途，印度人米塔尔正在成为遍布所有大陆、更加全球化的钢铁巨头。人们甚至感觉到世界是否会变成只有两张电信网、两间股票交易所、两所钢铁企业、两个操作系统？而这个日趋平坦、透明和可视的商业世界里，新创的商业会更加随处可见，创新战术的小企业的挑战者们正在从全方位包抄这个同时进行着寡头化和多极化的商业世界。须臾之间更多巨像屹立而起。

历史似乎正进行着一次有趣的轮回。500多年前，哥伦布使用简陋至极的导航技术穿越海平面，并安全返航，以此证明"世界是圆的"。他们在茫茫大海中折腾了71个昼夜，一直到1492年10月3日凌晨，才发现第一块陆地。哥伦布深信他脚下所踩的正是印度，而实际上，那是后来被命名为"亚美利加"（America）的崭新大陆。

几个世纪后，美国最受欢迎的专栏作家托马斯·弗里德曼（Thomas Friedman）光顾真正的印度，同样进行了一次目的地为"印度"的旅行。他将自己比作现代版的哥伦布，并向世界得出了与哥伦布截然相反的结论。在将近500页的著作中，他竭尽全力地证明"世界是平的"。[9] 他的印度之旅发现，这里的人们在顶尖学府里接受教育之后，已经掌握了当今最先进的科学技术。世界仿佛骤然变平，正像那些印度工程师面前光滑如砥的液晶屏幕，鼠标点击之间，已经能够轻易调动遍布世界的产业链条。全球化无可阻挡，美国的工人、财务人员、工程师和程序员现在必须与远在中国和印度的那些同样优秀的劳动力协同作战……商业世界的边界正在消失，交流正在变得平坦。

随着全球化体系逐渐建立，政治、文化、科技、金融、国家安全和生态发展这六种元素正迅速推动整个世界越来越平坦。在这个信息与知识时代出现的平坦的商业世界里，由于技术更新极其迅速，平坦意味着更多的开放，更多的生机，更多的风险可能。

这个时代的出现开始让传统工业企业处于痛苦的境地；许多传统的符合工业时代对于"好产品"要素要求的商品，比如功能齐全、价格公道、品质优秀等，客户却不再买账。在消费者面前的可选择的产品引导了消费者不可思议的对某些需求特别关注，他们会为产品的个性化需求耗费巨大代价，由客户个性需求决定的小规模、多品种、柔性化的产品设计已远远胜出。以手机为例，各厂家要生产尽可能多的产品型号，每种型号还要提供不同配置的多种细分产品，还要有几种甚至十几种外壳颜色提供给消费者作为个性化选择；洗发水从原来的洗发、护发、去屑三合一发展为分别围绕发质类别、造型需求等多达几十种以上的搭配组合产品；就连简单的男式西装，为了吸引更多的消费者，厂家开辟了量身定做、个性化选择钮扣、开衩、饰物配件等服务。

好产品不受欢迎至少意味着传统的产品三要素"功能、质量、价格"开始失效，而很多新兴企业战胜传统企业意味着企业规模大小与盈利能力之间开始出现分离，传统的"规模决定效益"的工业企业管理逻辑正在被颠覆；越来越多工业企业时代盛行的规范化、模式化、大工业生产的领域都开始向柔性化、个性化渗透。这个时代由于受到来自信息技术、生物技术、新材料技术、新能源技术、空间技术和海洋技术等新兴技术的推动与挑战，扩大了企业创造价值的活动领域，充分开拓了与市场相关的推动物质文明和精神文明发展的产品发展。事实是：我们面前的这个世界意味着一个不同于企业产品制造的新时代正在出现。

互动与社会化

2010年上海世博会所带来的影响持续而深远，人们津津乐道每一天进园的人数，每一个国家馆的特点，排队等待进馆的时间长度，"世博"成了那个夏天中国的最大的盛事。应《哈佛商业评论》（中文版）的邀请，我也有幸参与到观看世博的人潮中，令我触动最大的是涌动的人流，也因此知道：上海因为世博拥有了与世界互动的载体。

关于上海世博的信息非常多，令我感兴趣的是可口可乐所做的数字营销。可口可乐跟腾讯的QQ团队合作，进行一个大规模的社会化媒体的活动。可口可乐将3个孩子和206个海宝送到世界各地去。不管孩子和海宝到了哪里，他们都会在那里和人们拍照、讲故事等。这是一个很美丽的关于"海宝环游世界"的故事，把人们环游世界的故事，跟海宝联系起来。因为很多人都想跟世界分享、学习全世界都发生了什么。可口可乐在这个"海宝游世界"的活动中，还借助世博护照交换邮戳，它们已经收集了4亿邮戳，交换邮戳次数达到了4000亿次。人们不断地在收集和交换邮戳。这是对世博会的纪念，对海宝的纪念，是纪念对中国2010年世博会的感觉。就是这种很简单的活动，变得非常有影响力。这个可口可乐的世博新故事让我们理解新的顾客沟通的模式。

假设我们依然习惯选择电视、报纸，或者户外展示牌、楼宇广告，已经不足以符合现在的消费特征。如今人们理解和了解产品以及服务的复杂性大大增加了，正是因为复杂性的增加，顾客与产品之间需要更加有力的黏合，而不仅仅是广告和传播。上海与可口可乐的选择可以给我们一个很好的启示：在今天，互动与社会化是好的解决方式。

另一个成功的企业是苹果，iPad所具有的特征正是互动与社会化，借助于iPad这样一个产品，平面传媒应对复杂性的问题得以解决，而顾客应对网络的复杂性得以解决，也正因为此，iPad成为了一种生活方式，使得传统的PC产业以及诸如微软这样的公司也不得不调整自己的产品策略。

  实现互动和社会化的核心是顾客与产品之间如何互补，关键是产品跟消费者需求之间的契合度。我并不是喜欢网络游戏，但是《魔兽世界》也不得不让我惊讶，这样一款产品可以缔造每年 5 亿美元销售额，上千万人参与，所有玩家一起分享着《魔兽世界》中的每一份珍贵的回忆。虽然《魔兽世界》只是一款游戏，但它对玩家们来说，是几年来时刻关注和牵挂的另一个世界。这款游戏之所以让这么多人痴迷，最大的原因是在魔兽世界里，人们可以按照自己的意愿与世界互动，构建一个与现实世界不一样的，但却是自己缔造的社会化。

  整个环境的确已经改变了，你得承认这样的改变，从而考虑如何安排属于未来的自己。可口可乐（中国）高级整合市场总监安德斯·基格（Andres Kiger）说："有趣的是，你要么违逆，要么上前拥抱。我们公司认为，这是一个很有吸引力的世界，我们要拥抱它。我认为，我们应该谨慎，不能太具娱乐性，不能为了技术而盲目追逐新技术。因为每天都有新的东西，每天都有新的产品。对我们来说，首先应该决定基调，然后决定哪些工具是你想要的，哪些是最有帮助的。就像可口可乐的世博故事，总会有令人吃惊的结果。"[10]

  得益于技术，人们了解资讯和世界的方式越来越多，因为互联网电视、云技术等，人们的阅读以及创新的方式已经发生了很大的改变，正如很多评论所说的那样，这些一定会改变传统的传媒产业，也会令人与世界的沟通变得更多元、更丰富、更复杂。我们应该像上海世博、可口可乐、苹果这样主动拥抱创新，认识到这些变化，并欣赏和利用这些变化，让我们想要传达的信息更有影响力。

  这就要求企业明白，今天的消费者控制着他们"想要什么"以及"什么时候需要"。在以前，顾客得找企业，比如说看企业设计的电视节目；但是现在，消费者在任何地方、任何时候，都可以看到电视节目，他们可以随时跟他们的朋友交谈。因此，企业需要在今天改变自己的角色，主动和顾客互动，寻找与顾客之间的互补，了解什么方式是顾客习惯的、渴望的，了解怎样设计一个平台让顾客可以互动，形成社会化的网络。

人人参与成为新一代的消费特征，让大家联结在一起，本身就是一件值得学习的事情，所有东西都是新的，就如上海的世博园。技术让一切皆有可能，也让人们拥有新的感受和机会，而这些新的感受和机会又会推动技术的进一步创新，人们愿意尝试新的东西和平台，真的是很令人兴奋的事情。

从价值链到价值网络

IBM 以"智慧地球"的观点，提醒人们商业模式的改变。智慧地球的核心是以一种更智慧的方法通过利用新一代信息技术来改变政府、公司和人们之间交互的方式，以便提高交互的明确性、效率、灵活性和响应速度。如今信息基础架构与高度整合的基础设施的完美结合，使得政府、企业和市民可以做出更明智的决策。智慧方法具体来说是以下三个方面的特征：更透彻的感知，更广泛的互联互通，更深入的智能化。

更透彻的感知是指利用任何可以随时随地感知、测量、捕获和传递信息的设备、系统或流程；更广泛的互联互通是指先进的系统可按新的方式协同工作；更深入的智能化是指利用先进技术获取更智能的洞察并付诸实践，进而创造新的价值。

更透彻的感知、更广泛的互联互通和更深入的智能化，这三个特征需要人们从全新的角度来理解市场、资源以及环境，更需要理解目前市场运营模式的改变。从更多的研究看来，市场运作模式接下来有可能发生的变化是：①利润转移；②中间商再生；③商业平台的开放成长。这些变化使得企业增长的方式也发生了根本性的改变，对于竞争优势的来源也有了根本性的改变。最初的中国企业是以"成本+质量"的特征获得产品的竞争优势，使得中国企业具有了中国本土市场以及国际市场的分工。在此基础上，领先的中国企业以"供应商＋渠道"的特征获得了价值链的竞争优势，使得中国企业具有了自有的品牌以及融合资本的能力。但是，正如上面所言，市场环境出现了不同的变化，在今天，借助于企业价值链的发展，具有竞争优势的企业需要有能力构建商业平台，而其特征在于：产业价值＋技术增值。

看看塔尔公司的做法，一件衬衫交由上百家原材料供应商、加工工厂和店铺同步完成，而客户以正常的价格得到定制的衬衫。这家公司正是运用价值网络的协调能力占有美国所有礼服衬衫销售市场的1/8。正如eBay的前首席执行官惠特曼描述其企业战略时所言："eBay公司是一个联系买家和卖家的市场，从根本上讲，它提供了一个全球性的在线交易平台，任何人都可以通过这个平台进行各种产品的交易。"[11] 塔尔公司和eBay公司都是借助于商业平台的开放性，构建一个价值网络，使顾客的价值得以实现。

近几年来，由于网络技术的发展，价值链管理被推上管理学科的热门舞台，很多企业纷纷开始了基于供应链管理的价值网络构建。在这些成功的企业中可以看出：价值网络上各成员之间的合作关系必须利用顾客利益去驱动和维持，这种方式的形成需要企业在充分考虑自身利益的基础上，通过共享价值形成利益共享的合作关系，以契约的形式进行固化，并在合同中加以体现。这种固化的合作关系不仅可以改善供应链性能，为买主提供稳定的供给，为供应商提供稳定需求，稳定的合作关系还可以减少事务处理成本，并加强合作。IBM公司获得价值网络的成功因素非常值得我们借鉴。

- 关注顾客。始终把最终顾客的需要和期望视为最重要的，并尽力识别和理解最终顾客的需要和期望，以作为决策的主要依据。

- 信息技术的应用。开发先进的信息管理系统，保证数据与信息在整个价值网络成员之间交流通畅；信息决策支持系统利用这些复杂的信息帮助管理者更好地进行决策并将之在价值网络内迅速传递。
- 与成员和顾客共享详细的信息，为顾客提供专有的服务。如销售终端的信息可传输到制造商订单处理系统并与物流公司共享。而对于顾客需求的判断也在共享的信息平台上得以展示，让顾客的需求可以得到专有服务。
- 绩效定量管理。时间和成本是关键衡量手段，在定量的基础上进行决策。
- 开放性的合作与服务。来自相关职能部门的团队成员紧密协作，可以消除往常的组织界限并发现有益于整个价值网络的改进。消除人与人、成员与成员的藩篱，实现整个价值网络的协作。
- 制订利益共享计划。利益共享对价值网络各方来讲都是很重要的，只有充分调动价值网络各方的积极性才有可能产生协同效应。[12]

今天领先的企业相信价值网络共同体的力量，它们愿意并准备付出必要的时间和精力。它们认为：与价值网络成员一起经营是一种应对挑战和寻求突破性发展的解决方式和战略。一个企业不可能为所有人提供全部产品，但通过价值网络的构建，企业就能更接近这个目标：这令企业得以创造一个有利于顾客的环境，并能始终超越其目前的行业水准。

价值网络的建构也是经营学、管理学和哲学的汇集，或者说它不仅仅是一种行为，它还是一种思想，更是企业一项长期的商业发展战略，为企业迎接商业挑战提供了发挥协同优势之路。

多年前，IBM就提出商业发展的新模式：商业平台的开放成长——产业增值的增长方式。IBM围绕着价值网络展开了自身成长的创新，而具有同样追求并获得成功的企业有我们熟悉的亚马逊和易趣。亚马逊的传奇是什么原因创造的呢？一方面是自身完善的组织结构与卓越的远见，而另一方面是和联邦快递及 UPS 公司之间的内容限定、约束与捆绑。正是价值网络的协调能力造就了这些成长型的企业领袖，而苹果无疑是这其中的佼佼者。

也许需要好好理解和认识基于互联网的产品了，不要简单地理解为这是一个新的产品，还需要警醒，这是一个新的商业模式，一个运用价值网络获得开放性成功的商业模式。这个全新的商业模式和我们以往所熟悉的商业模式最大的不同在于，不再是关于成本和规模的讨论，而是关于顾客互动与价值分享的讨论，无疑后者更加具有顾客价值的体验性。

战略务本　操作务实

早在 1995 年，三星的李健熙就提出：三星的竞争对手是中国家电企业。如果三星也定位于生产品质好又低廉的家电产品，那么三星做不过中国企业，因此三星必须走高端路线。他的判断是基于国际分工的考虑。中国的自然资源和人工资源，注定了在那个阶段，中国企业在价值链的制造环节上，最具有效价值。于是，三星开始二次创业，重新定位。从 1995 年开始，十年变革，到 2005 年，其年营业额大约为韩国国民生产总值的 1/4，公司的市值约占韩国上市公司总值的 60%。在核心技术上，它和索尼签订合作协议，共享除核心技术外的所有技术专利权。三星成了巨人。

1993 年被三星称为"最大竞争对手"的中国家电企业，同样也经历了十年的发展，反而在 2003 年陷入相对过剩的危机——产品同质化导致库存大量出现，即便那些产品依然可以被称作"物美价廉"。在混乱中，"看不见的手"开始主导着中国家电业的整合。

2012 年，三星已经从平板液晶电视开始转向 LED 光源显示技术的调整，而中国的家电企业依然在规模和成本，以及渠道的博弈中苦苦挣扎……这是否意味着中国企业的管理者需要彻底反思，重点不在财务数据上的盈利情况，关键在于如今的生存者中，到底谁将成为真正的胜利者？中国企业需要考虑战略"归零"的问题，要回归到公司经营的基本面上，来重新思考原有战略的合理性，来重新选择做什么和不做什么。

归零：思考基本面

从对于中国家电最近20年的战略思考，再比较韩国三星20年的战略布局，再去反思中国企业最近20年的发展，以及目前所遇到的瓶颈，我倾向于从两个维度做出反思。

第一，企业的努力方向是否和行业发展的内在规律相契合。家电属于日常消费品，家电产品的消费特征决定了这是一个规模性的行业。市场格局必然是集中到"寡头"手里，和国际大型家电制造商相比较，中国家电企业还必须为规模而努力。因此，不论是家电品牌相互间的购并，还是家电行业与其他行业或者资本市场的结合，只要是为规模而努力的企业，我觉得它至少有第一个存活的理由。此时，回看海尔、TCL、美的、格力等家电企业这几年的举动，可以先大致判断其方向是否正确。若是方向对了，那么再看它的手段在现下的环境中是否可行；方向错了，一切就不足为论。

对于行业发展规律的认识是非常关键的，这个认识不是行业自身的逻辑判断，而是行业与顾客之间关系的判断，必须清晰地理解：行业所服务的顾客真实的需求是什么？什么才是顾客无可替代的选择？例如中国的房地产行业，2012年第1季财报中，在一线品牌中出现了两家亏损的企业，一个是万通，一个是首开股份[13]，也许这是一个暂时的现象，所以我并未刻意去判断这两个企业本身。我所关注的是为什么开始出现这样的情况，在我看来中国房地产企业对于所属领域的行业理解出现了偏差，结果就会如此。在 2010 年之前，中国房地产行业的内在发展规律是土地资源和资金资源，把握住这两个关键要素，就可以得到强有力的发展。但是 2010 年之后，房地产行业内在发展规律的关键资源是顾客、资金有效性以及供应商价值链打造，只有拥有这三个要素才会获得持续发展。然而大部分的房地产企业还停留在以往的经验中，这是一个非常可怕的情况。

第二，企业在如何设计产业价值链。一家企业从追随者成长为领导者，关键之所在是它设计产业价值链的能力。它必须关心产业价值链的分布，要知道它的供应商在哪儿、它的渠道在哪儿、它的消费者在哪儿以及它的员工在哪儿。

设计产业价值链，并不意味着从原材料到终端渠道，全部要由一家企业自己"全部包办"，自我投资、自我建设。"一应俱全"的想法还是在做产品，是产品中心式的思维。反观发展强劲、持续增长的企业，一定是对于产业价值链具有管理者以及创造价值的能力，英特尔公司、可口可乐、IBM、微软、苹果等都是产业价值链的受益者。而无法保持持续增长和顾客价值的企业，就是源于其战略之误，忽略对供应商的管理，无法成为产业价值链的管理者。

有时候我们的思维会特别在意自己所得到的利益，而忽略了产业链上利益相关者的价值分享，这不是一种战略性思维模式。所谓战略的思维模式是：企业选择自己价值贡献最大的部分去做，贡献价值小的部分选择不做，转而寻找最大价值共享和产业联盟。因此在大部分中国企业的战略中，对于分销渠道的价值共享设计会摆在重要的位置，而培养供应商的努力很少看到，因为这个选择无法立即看到成效。但是，企业需要调整自己的思维方式，发展上升到更高层次，不仅是终端的游戏，更关键的是全球范围内整合供应商的能力。

沃尔玛战略与运营能力的匹配

2008年对于所有企业来说，都是一个严酷的考验，但是沃尔玛以比2007年增长7%的成绩，获得了世界500强企业的第2位，销售额达到4056亿美元。2009年沃尔玛在排名中跌到第4位，但到了2010年又跃升到第1的位置，而2011年，沃尔玛持续确立其世界500强排名第1的地位，销售额更达到4218.49亿美元[14]。2008年的金融危机，最近3年的全球经济持续低迷，为什么在这样一个危机的环境中，很多欧美企业都无法增长，沃尔玛依然可以保持增长？让我们来看看沃尔玛自己是如何做的。

沃尔玛的宗旨：不是低价而是为顾客省钱。2008年10月22日沃尔玛百货公司总裁兼首席执行官李斯阁在"可持续发展峰会——北京2008"所做的演讲[15]让我们可以更清晰地知道，为什么沃尔玛可以持续保持全球领先的位置。

李斯阁告诉大家："在沃尔玛，我们的宗旨是'帮助顾客节省开支，使他们生活得更好'。这不是一个随便的口号。它源自于沃尔玛的每个员工，从收银台小时工到食品百货部经理，再到在沃尔玛工作时间最长的管理人员。"

沃尔玛的宗旨有实际意义，沃尔玛成员每一天的工作、在每一家店、所做的每一件事都围绕这一宗旨。李斯阁特别强调："秉承这一宗旨，我们同时关注我们的顾客。全球经济目前正面临着严峻的挑战，每个人都感到了压力。现在人们不是'要'低价的商品，而是'亟须'低价的商品。就算忽略眼前的经济问题，从长远看，我们坚信顾客为了节省开支，对低价商品仍是'想要'和'急需'的。"

沃尔玛是这样说的，也是这样做的，沃尔玛一直恪守绕开中间商，直接从工厂进货，采取薄利多销的经营战略。沃尔玛能够做到天天低价，就是因为它比竞争对手成本低，商品周转快。在经济不景气时，人们花钱更谨慎了，对价格比较也特别仔细，沃尔玛所提供的低价必需品更加可以大有作为了。沃尔玛美洲区总裁 Craig Herkert 对《财经》记者表示："低价政策总是很有用，在世界的每个经济体、在每一年都会起作用，不管是糟糕的年份还是好的年份，人们总是倾向于省钱，尤其是对于日常用品。"

由于金融危机导致消费者收入下降，美国零售业也随之陷入低迷状态。2008 年 10 月 15 日，美国商务部公布，2008 年 9 月美国零售收入下降了 1.2%。这是近 3 年来零售业收入最大的跌幅。10 月，美国加州百货连锁企业 Mervyn 担宣布在年底前关闭所有 149 家店铺，该企业已申请破产。

在这种情况下，沃尔玛保持了稳定增长，2008 年 9 月销售收入增长了 2.4%。"金融危机对我们来说更多意味着机会，而不是危机。"沃尔玛全球采办董事总经理苗浩讲到。他分析说，在金融危机下，经济发展放缓，消费者口袋里的钱更少了，他们更倾向于选择便宜的产品，沃尔玛的产品就更有优势；从供应商的角度来看，现在所有零售企业都岌岌可危，供应商更倾向和那些盈利能力强、生命力强的企业合作，因为更有安全感。

对于价格的认识，中国企业会有更多的体会。改革开放初期，中国是一个百业待兴的局面，但是，因为能够利用价格的优势，很多企业开始了成长的历程。因为价格的优势，中国家电业很快替代了跨国家电巨头；因为价格的优势，中国服装和玩具行业，很快加入国际分工获得全球市场的机会；同样因为价格的优势，无论是在改革开放初期，还是亚洲金融危机之中，中国产品依然不断进入国际市场，中国制造也因此成为国际分工中最重要的角色。

但是沿着价格策略很多中国企业走不下去了，沃尔玛为什么没有问题。其实这里面最根本的区别在于"低价"和"为顾客省钱"是两个完全不同的战略。如果仅仅是低价，那么企业关注的一定是成本，如果是为顾客省钱，企业关注的就是顾客。这两个不同的关注点就会导致不同的运营方式，而这也是沃尔玛和简单运用低价战略的企业不同的地方。

用低价格出售品质好的产品。在沃尔玛的商店里，我们很少见到2.99美元或者5.95美元等接近整数的标价，更多看到的是诸如2.73美元或5.22美元的价格牌。这是为什么呢？

原来，自1950年一家名为"沃尔顿小店"在阿肯色州的本特维拉市开业的半个多世纪以来，沃尔玛的创始人萨姆·沃尔顿一直把最大可能地向顾客提供最低价位的商品作为沃尔玛的经营宗旨。沃尔玛的成功也得益于这个简单而又平凡的道理。沃尔玛是怎样实现其"天天平价"承诺的呢？它不是通过处理积压商品或质次商品，而是通过不断降低管理成本来实现的。

我一直在关注真正一流的企业到底具有什么样的特性，我发现这些世界一流的企业有着一些共同的特性，其中一项是以恒定的质量模式进行管理。很多人以为管理是解决效率的问题，这个理解没有错误，但是一个一流的企业对于管理的理解需要站在更高的层面，管理必须贡献恒定的质量。从这个高度，管理回答的是产品的问题，管理所要解决的问题是围绕产品及其质量展开的，这样的理解使得这些企业成为一流的企业而领先于同行，也使管理者真正承担了自身的职责。是否以质量和品质思考，决定了企业的管理活动是否有效，也决定了企业在市场中的能力。

除了恒定的质量之外，一流的企业还具有一个明显的特征就是能够让顾客具有购买自己产品的能力，换句话说就是能够为顾客创造价值。中国企业一向以在本土市场当中自己的产品能够低成本竞争感到骄傲。人们说到中国企业核心优势是什么的时候，会直截了当地说：中国企业具有低成本。事实上，大部分中国企业在本土市场也是采用低价的策略与很多跨国企业进行竞争。这种比较的优势，使得中国企业在以往的时间里可以真正面向市场，因为可以给顾客提供价廉的产品，使得顾客能够实现购买并拥有这些产品。但是，如果仅仅以成本而言，随着跨国公司在中国建立生产基地和全球化采购策略，中国企业的低成本优势已经不再具备。一间跨国企业的领导人在来中国的时候，曾经说："中国成本就是我的成本。"如果这是一个基本成立的概念，那么中国企业已经不具备成本的竞争优势。

所以成本并不是产品的关键，产品的关键是对于顾客价值的体现，沃尔玛"顾客永远是对的"的经营原则，实现了"总是用最低的价格销售"的经营模式，使顾客获得了最优廉的商品，并带来了全球百货业的兴旺与发达。真正影响企业持续成功的主要重心不是公司的策略目标，也不是发展策略的流程，而是专注、集中焦点于为顾客创造价值的力量，这个力量最为直接地体现在企业的产品实现顾客购买行为的能力上。

供应链管理和现场管理成为实现战略的关键能力。我在了解宝洁的商业模式的时候，被它的"颠倒金字塔"商业模式吸引。这是宝洁和零售商协作的一种创新。宝洁与外部协作创新的一种重要形式就是和沃尔玛、家乐福、麦德龙等大型零售商合作，通过创新为购物者创造价值，同时这些零售商获得内生性增长。如今，宝洁负责与沃尔玛合作的是一个跨部门的团队，包括营销、财务、供应链/物流，以及市场研究等领域的专家。这一商业模式的变革始于1987年，做出改变的前提非常简单，就是更好地满足顾客的需求，降低供应链上的成本，使双方都得到增长。宝洁把对购销模式实施的这一创新称为"颠覆金字塔"。过去双方是通过金字塔的一个点，即采购人员与销售人员进行沟通与合作。把金字塔颠倒之后，双方的各个部门开始对口沟通，共同规划，这个时候，双方的专家对专家，大家使用共同的语言，目标及衡量的手段也一样。

而这个全新的厂商模式正是沃尔玛成功的关键，这个模式不仅让宝洁获得成功，也让沃尔玛的所有供应商获得成功。2004年年初我曾出过一本《争夺价值链》的书[15]，我写这本书的诱因其实源于大型跨国零售企业来了以后给中国制造业带来的压力，主要分析了沃尔玛和家乐福等在中国市场的做法,是争夺价值链还是共享价值链。沃尔玛的方法就是共享价值链,这里面最关键的区别是,零售商到底是从自己的能力出发做经营,还是从客户的价值出发做经营。沃尔玛的做法更好些:先来看顾客需要什么样的产品,需要什么样的价格,反过来再一起看哪些供应商能够满足这些要求,然后下订单付定金,按时付钱帮制造商把货销掉。科特勒说:"制造商希望渠道合作,该合作产生的整体渠道利润将高于各自为政的各个渠道成员的利润。"[16~18]

沃尔玛正是从如何降低渠道成本的角度出发,为实现自己的战略展开努力的。因为在沃尔玛的认识中,减少不必要的渠道费用,让生产厂商的产品最直接地到达顾客端,应该是最有效的。为此沃尔玛做出了非常多的努力,从构建信息系统开始,租用卫星做全球配送,让所有销售信息和每一个供货厂家联系在一起,使得每一个销售信息和顾客的需求,可以第一时间传递给制造工厂,使得制造工厂能够按照顾客的需求进行生产,减少不必要的浪费。同时,沃尔玛还利用集中发货仓库,每天都提供低价商品。发货管理、配送管理和全国卫星联机的管理信息系统等,沃尔玛以这些看似平淡无奇的管理手法,让沃尔玛的采购成本比同行低一个百分点。

除了供应链管理外,沃尔玛更令大家敬佩的是现场管理。百货卖场的现场管理是非常琐碎和繁杂的,但是也正是现场决定了公司的运行效果和成本能力,沃尔玛深知这一点。因此在现场管理中没有任何懈怠,无论是每一个员工的效率,还是服务的质量,以及货架和顾客购买路线的设计,都是按照顾客思维习惯安排的,同时更关注合理的人员设计以及销售面积的设计,几乎现场的每一个管理细节都有很详尽的分析和安排。

过去几十年中,没有任何公司能成功地模仿沃尔玛,因它的成功是基于简单的管理规则,其成功的关键是执行这些规则而又不墨守成规。人们仅仅是看到沃尔玛低价的策略,但是如果不能够了解到:沃尔玛的低价并不是其策略的核心,其策略的核心是"为顾客省钱"。围绕着这个核心,沃尔玛从自身管理能力寻找答案，它没有降低供应价值，也没有降低产品的价值，而是降低了供应链中不必要的成本，降低了管理本身带来的成本。这才是我希望中国企业了解的沃尔玛成功的关键。

规模之外还需要效率和技术

如何重新认识经济增长的来源是目前发展的一个关键问题，长期以来我们只是关注到了规模这个要素，但是在规模之外，还有什么要素更需要认真对待？这个要素是"全要素生产率"（TFP）。

经济增长率＝劳动投入的贡献＋资本投入的贡献＋全要素生产率（TFP）

所谓全要素生产率是用来衡量生产效率的指标，它有三个来源：一是效率改善，二是技术进步，三是规模效应。30年以来，在劳动投入中所获得贡献是显而易见的，劳动力所带来的竞争力帮助中国企业获得了世界分工的机会，最近10年来，资本投入的贡献也开始显现出来，借助于资本的力量，中国企业也具有了进入市场的机会。然而相对于全要素生产率而言，在效率和技术方面，我们却有着明显的差距。

在过去的时间里，我们通常只有GDP、经济增长率、外贸总额、投资总额等指标，而没有"生产力质量"和"技术基础"的概念，这是中国经济改革理念上的一个重大缺陷。生产能力永远是一个决定性和限制性的因素，所以如果仅仅是以增长为衡量的指标，忽略了限制性因素，生产本身的意义可能是破坏性的。我们需要引入的生产力观念是：一方面能够将投入与产出的一切努力都加以考虑，同时又能够根据产出关联的制约因素来约束所有实际的投入，而不是假定有了投入与产出就拥有了生产力的有效结果。事实上我们更需要关注的是产出所产生的巨大影响，也许它们无法用数字来衡量。首先是资源因素，人们在战略上选择的究竟是持续不断地使用各种资源，还是有限度地使用资源，这会直接影响到生产力。其次是能力因素，在中国制造系统中，很多企业都是全功能、全流程的经营，在人们的认识上，最好能够把所有环节都放在自己的经营范畴下。但是，任何企业、任何管理者都有其能力和局限性，每当企业或者管理者试图超越自己的能力和局限性的时候，也许就意味着失败的开始，能够体察自己的局限性所在，也是生产力要素之一。最后是组织结构因素，各种活动之间的平衡会深刻影响到生产力，如果不能够合理、明确地界定组织结构与分工，而是依据自己所喜欢的方向努力，那么结果就会造成生产力缺乏。以上三个要素在衡量生产力的指标中并没有显现出来，但是缺乏这样的指标正是我们经济统计的一大漏洞。

同样被忽略的还有"技术的基础"，技术所产生的影响是明确而不需解释的，技术对于经济增长的贡献也是清晰无疑的，问题是我们是否真正了解技术对经济增长的本质影响。如果仅仅以为技术投入与经济增长是相关的，忽略了对于技术基础的明确理解，那么这样的经济增长是非常危险的。很多人把技术与竞争、技术与劳动力过剩、技术与资本需求增加等联系在一起，但是这些联系是错误的。技术并不能带来竞争优势，技术也不会造成劳动力过剩，技术更不是资本投入的增加，技术从根本意义上讲是一种控制的观念。因为技术的出现，对于个人或者企业的局限性有了根本改变，技术能够真正实现高度分权、弹性和自我管理，技术能够在手段和目的、投入和产出之间保持平衡。如果不能够如此理解技术并以此作为经济增长的基础保障，增长的方向和方式本身就存在着先天缺陷。

基于上面的阐述，需要企业管理者调整自己对于发展要素的认知，一味地追求规模会导致我们忽略了更为关键的要素，特别是在一个资源日益稀缺、技术和创新日益重要的环境中，技术进步和效率提升所呈现出来的价值，以及对于企业竞争力的影响需要管理者持续的关注，并为此做出努力，如果不能够做出这样的调整，就会导致企业逐渐丧失增长的能力。

改变与超越

2011年2月11日诺基亚在伦敦发布了企业战略新方向[19,20]，其中包括管理团队和运营架构的变化，希望能在动态的市场竞争环境中加速公司的执行速度。诺基亚新战略的主要内容包括：与微软达成广泛的战略合作，建立全新的全球移动生态系统；Windows Phone将成为诺基亚主要的智能手机平台；采用全新方式，在新兴市场把握销量和销售价值的增长，将"下一个十亿用户"与互联网相连；集中投资于下一代突破性创新技术；新的管理团队和组织架构更专注于速度、成效和责任。诺基亚总裁兼首席执行官艾洛普说："诺基亚正处在关键的转折点，在我们向前发展的进程中，重大的变化是必需且不可避免的。今天，我们正通过全新的路径加速这一变化，以重新赢得我们在智能手机市场的领先优势，加强我们的移动终端平台，并实现我们对未来的投资。"所以虽然2012年第1季度，诺基亚失去世界第一行业地位，但坚持这样的战略，如若发现，依然可以期待它的超越。

的确，长期保持领先对任何企业都是一个挑战，学者们在研究100家最大的跨国工业企业1912～1995年的业绩变化发现[21]，其中49家被收购、破产或者收归国有，31家仍生存下去，但不再是前100强。能够保持住领先的只有20家。这20家成功企业普遍的生存之道是：第一，富有创造性；第二，愿意进行改革；第三，能因时制宜，调整业务组合。如果用这个生存之道来看诺基亚今天全新的战略安排，就可以理解艾洛普所言对于诺基亚而言的重要意义，所以对于管理者而言，如何做出改变和自我超越是一个必须解决的问题，我认为需要在五个方面做出努力。

（1）基于顾客价值的观念革命。单纯从经营结果本身来看，因为具有市场化的机制、吃苦的精神以及快速决策的习惯，中国民营企业获得很好的市场机会，同时也赢得了市场空间，很多时候我们把这归结为观点变革，这也是我建议做出努力的第一点。人们都相信思路决定出路，没有了思路也就没有了出路，在充满危机和挑战的当下，我们缺乏的不是机会，缺少的是超越自我的心态和对固有模式的颠覆。美国著名消费者行为学家M. R 所罗门[22]曾说："要想超越下一次浪潮，必须比竞争对手先想到消费者，并及时认识到他们的心理特点。"

苹果就是如此，苹果公司更早想到消费者互动的需求，并给予满足。它们没有满足于自己所取得的成果，在不断超越自己的道路上，不断创造出超乎消费者期望的产品。我借用乔布斯本人的观点：我们只是尽自己的努力去尝试和创造（以及保护）我们所期望得到的用户体验。乔布斯阐明了苹果取得奇迹的缘由，也就是不断超越自我，回归到消费者当中的观念革命。

沃尔玛现任 CEO 如此告诫自己的同事[23]："当出现动荡时，我们从中获利。不管处境有多糟糕，开发新产品是不可缺少的。新产品是公司的新鲜血液。我们要花很多时间关注现有的客户，而不是去寻找新的客户。首先从现有客户开始，要保证他们的满意度。如果削减成本，首先保证三个方面的支出。①市场营销调研所需的开支。它可以让我们知道客户、市场发生怎样的趋势变化，帮助识别一些机会。②要有一些钱和预算来了解产品的特征将如何改变，如何使产品包装、规格以及品位更适合客户，同时花一些钱接触关键客户，因为这些客户占有很大的业务比重。③要有一定的促销活动，以便激起人们的兴奋感。"沃尔玛的一切基于顾客的观念，使得这家企业可以在任何经济环境中保持自己的领先位置。

（2）基于产业价值的思考方式。如何进行思考，是关注企业自身，还是关注企业在产业链中的贡献？思考方式不同，企业在环境中所获得的地位也会有所不同。任何一家企业利润突破的三个关键因素：资源、技术和品牌。从资源的角度来看，顾客会关注什么？核心的资源集聚在哪里？与公司的关联如何？这三个问题是对于资源认识的关键，并不是很多人习惯的认为资金或者人才,甚至于土地和厂房,真正的资源一定是顾客层面的判断。而品牌和技术则取决于公司品牌是否只是具有规模优势?核心价值的品牌优势是否建立?这是目前企业获得增长和市场地位的标志。因此企业的出路:要么控制资源,要么突破技术或者品牌营销。

这就要求企业管理者的思考需要回归到经营的本质上来,也就是顾客价值、成本、规模、盈利这四个根本的元素。从理解公司所处的行业本质展开,判断未来相当一段时间这些行业本质如何改变,以分析公司现有的核心能力是如何实现的,公司是否还需要在行业本质上做出努力,以及必须做出努力的方向是否清晰的问题。

企业将始终与顾客打交道,提供的核心就是产品,而产品的背后是技术,产品的竞争就是各种各样的技术竞争,以前单项技术创新可以一举成功,这也是民营企业之前走的路,现在需要更多关联的集成创新才有可能实现超越。中国民营企业通过致力于降低成本的努力使其有机会成为全球成本领域的佼佼者。问题是今天所有企业都已经无法在成本优势上获得成功,所以新的竞争环境,需要民营企业有能力保持成本的竞争力的优势,但是这个方面的优势不再简单来源于劳动力、土地资源或者政策,而是来源于企业对产业价值的认识,以及企业在产业价值中地位和整合产业价值链的能力。

(3)基于竞争特征的行动方案。任何企业的行动最终会体现在市场上如何竞争,以往的市场竞争多是显性的竞争,即基于终端市场对顾客即时购买的争夺,大部分的中国民营企业具有这样的优势。随着技术升级和消费群体的日益成熟,主要的竞争方式有了根本性的变化,竞争不再是价格和服务的简单竞争,也不再是渠道和促销资源的简单组合,而是要在市场调研、用户研究、用户互动、用户细分、营销策略、技术储备、产品研发、品牌渗透等领域展开竞争。这种竞争是基于用户导向的竞争,并已经在潜移默化中引导了用户。正如IBM所做出的努力那样,运用所有的行动方案，让公司全面变革为一个用户导向的公司，因为IBM知道只有始终和顾客站在一起的企业才会获得最终的成功。

创新是企业行动方案中始终要坚持的不二法则。根据德鲁克的观点，只有销售和创新才能体现企业的价值，完成企业的使命[24]。对于公司的每一位成员而言，创新应该成为所有员工的习惯和风格，无论是在日常工作中，还是在面对所有的不确定性和未知领域之时。

（4）基于价值创造的运营模式。随着企业的不断发展，股东和消费者以及产业价值的协同者将对经理人团队提出更高的期待，这就要求经理人团队必须更加清晰地基于以顾客为导向的组织和流程来实现经营目标。任何部门的管理目标都是在为顾客创造价值的过程中为股东创造价值，我们不能对那些无法为顾客创造价值的管理思路敝帚自珍，即使它们看上去似乎很有吸引力。只有价值链利益均衡和共享价值的实现，绩效才可能最大化。所以，在运营模式上管理团队应简化流程，紧密围绕顾客价值展开，并使价值链实现价值共享，其中应主要体现在三个最本质的价值上。

第一，关注顾客的使用价值。无论是设计产品还是提供服务，都需要以顾客价值最大化作为出发点和检验标准；第二，关注价值链的价值。在战略设计以及运营模式的选择上，必须从利益相关者的视角确定一体化的战略，通过战略的选择，提升企业和产业的价值，从而使得价值链价值最大化；第三，关注产品与顾客的融合价值。以往的民营企业运营习惯于按照自己的理解来代替顾客的理解，习惯于认为自己的产品就是顾客需要的产品，没有真正关注到自己的产品与顾客的融合程度，也就是没有设计出真正的解决方案，来满足顾客的需求。今天需要从解决方案入手，让顾客和企业真正持久地站在一起。以上这三点是判断运营好坏的根本标准。

（5）管理者的新规则。如果能够做出上面四个方面的改变，管理者还需要理解今天的新规则。

第一，关注什么是应该做的，而不是谁是对的。大部分的情况下民营企业的管理者，特别是老板，非常在意证明自己是对的，而没有关注应该做的是什么。但是今天的环境已经不能够简单地判断对错，相反在不断变化的环境下，明确企业应该做到的事情是关键，这需要管理者确定基于变化做出判断的规则，而不是基于权力或者盈利做出判断的规则。第二，在经济乱世下，企业必须减少自己的错误，企业之间的竞争在更大程度上取决于你比别人少做了多少错事。经历了30年发展的民营企业，已经具有比较好的基础，同时巨变的竞争环境无法提供空间和时间给企业在市场中犯错误，所以需要企业精细化管理，以质量恒定的思想管理自己的企业，这是新规则的又一个内涵。第三，违背顾客价值的行为选择后果是致命的。这是新规则的核心内涵，在变化和发展的市场中，顾客有能力做出选择和判断，所以需要管理者能够基于顾客价值去做判断，否则企业将快速被顾客淘汰。三鹿奶粉、达芬奇家具等事件需要引起我们的反思和警醒。

回顾中国企业的发展史，很多企业成败均因一人，中国企业发展过程中如何完成从人治到现代管理制度的过渡就显得尤为重要。对于创业而言，企业家的确具有决定性的作用，但是随着创业阶段的完成，企业开始进入成长阶段，这个时候企业所面对的问题不再是简单的产品问题，而是系统问题，企业需要更多的智慧和团队成员，依靠企业家一个人已经不能解决成长问题。民营企业发展过程中，这个阶段最重要，我把这个阶段最具影响的因素称为企业发展的内因。这些内因，曾经是企业获得成功的原因，但是民营企业需要跨越这些成功陷阱：改变单一产品的成功、改变单一资源的成功、改变企业家个人的成功、改变没有付出规则成本的成功。民营企业如果不跨越这四个门槛，是不可能持续做大的。民企发展如何完成人治到现代管理制度的过渡，需要很多条件，其中最重要的条件是创业企业家的自我超越，以及企业家自身能够符合规范和制度。企业家是制定制度的人，同时必须是践行制度者，唯有这样，把自己置身于制度之中，才能够完成从人治到制度的转变。

因此，企业组织应将内部的变革视为一种常态，一方面企业家自身必须不断超越自己，持续专注于制度建设和规则的守护并建立有效的企业文化；另一方面经过企业文化的熏陶，员工都能适应不可预测性，在产品、市场、营运和业务模式方面始终都在不断变化的环境中，一切以顾客价值为导向，所有行动与价值创造挂钩。

上面所谈到的五个方面的努力，是我近年来不断强调的部分，我觉得中国企业以及企业家，需要做出持续的变革与超越，这几年我也一直喜欢用爱因斯坦的一个小故事来提醒自己，提醒我所服务的企业的管理团队。

1951年，爱因斯坦在普林斯顿大学教书。一天，他刚结束一场物理专业高级班的考试，正在回办公室的路上。他的助教跟随其后，手里拿着学生的试卷。这个助教小心地问："博士，您给这个班的学生出的考题与去年一样。您怎么能给同一个班连续两年出一样的考题呢？"

爱因斯坦的回答十分经典，他说："答案变了。"

03

第 3 章

营销的本质

第 3 章 营销的本质

营销的本质就是理解消费者，因此营销需要研究消费者，关注消费者的思维和生活方式而不是企业的思维，更不是研究同行，或者用同行的思维来决定自己的思维。营销战略就是在合适的时间做合适的事情。

中国企业的营销总是有一些浮躁。撇去浮起的泡沫，营销的本质是什么？真正推动营销进步、企业发展的动力是什么？如今的商业环境变得越来越复杂，也越来越喧嚣混杂。许多公司纷纷卷入纷争、兼并以及重组之中。企业的重点应该放在何处？是放在渠道之上，还是放在广告、产品、创新、整合营销或者导购员队伍的建设上，抑或是放在顾客的身上？人们都说"顾客是第一位的"。但是又有多少营销经理人，多少公司真的做到这一点呢？

旧的商业模式已经解体，要想生存就必须进行改革！无论是物流方式、信息流动的方式还是现金周转的途径，这些过程都从根本上改变了原料的提供方式、产品的生产方式、仓储和运输方法、交易平台以及到达消费者手中的渠道和终端等。这些改变使得商业的生命周期正在变短，产品的生命周期也在迅速收缩，消费者正在经受着不断的轰炸与考验，每一天都在发生着企业破产和商业失败，每一天也有新的商业奇迹出现，这一切也许正是今天营销领域的真实写照。

理解消费者

对于消费者的理解是营销最根本的目标，营销是从产品和市场两个角度诠释对于消费者的理解。企业的产品如果停留在教育消费者的层面上，无疑会让企业的营销走上偏离的道路，因为消费者不是被告知，而是要理解，消费者不是需要被教育，而是企业需要向消费者学习。企业的市场认知如果停留在对于行业的理解上，无疑也会让企业走上偏离的道路。因为，市场是一个载体，承载着消费者的期望，而不是承载着行业的规则，很多企业以行业的数据作为理解市场的依据，恰恰忘了行业仅是市场的一个层面，对于企业来说市场永远大过行业，行业无法代表市场。但是大部分企业在犯着相同的错误。

第一，过度关注竞争对手，忽略市场变化，常常把竞争对手的变化误解为市场的变化。中国本土的零售企业，看到跨国零售商抓紧抢占中国市场、不断圈地的时候，就误以为做零售终端就是圈地和扩大市场区域。其实在今天中国的零售市场上，零售业的市场关键要素不是圈地和市场区域扩大，而是对于消费者的理解和单店的盈利能力，所以当看到沃尔玛快速扩张的时候，一定要知道扩张不是关键要素，单店运营能力和理解消费者才是沃尔玛的选择基础。看到中国本土零售商希望通过"跑马圈地"来占据有利地位，我真真实实地担心规模快速扩张和经营能力严重缺乏的矛盾会打垮中国本土零售企业。

第二，市场内在的变化常常被忽略，总是简单理解市场，常常把营销创新误解为市场的变化。如果仅仅以创新和变化来看待市场，其实是非常危险的。回想2005～2010年中国乳业行业，不断在营销创新上花工夫，无论是"超女"的比赛，还是网络营销的创新。在不到5年的时间里，借助于营销创新涌现出蒙牛、伊利等成功的乳业厂家。但是仅仅是5年的时间，这些乳业企业也发现，原来行之有效的市场策略正在失效——营销战不灵了，新概念玩不转了，广告更难起作用了，营销创新也不能够带动消费者对于国产乳品的信心。国产乳品在今天的中国市场上，其关键要素不是营销创新，其关键要素是对于供应链的管理，以及对于消费顾客的需求的认知和满足，人们从关注非关联因素回归到关注关联因素，从关注价格转向关注产品安全和健康，从追求概念回归到追求价值细分。所以能够回归到消费者信任的产品才能够深入人心，国外的产品是这样取胜的，国产乳品中的三元也是如此。

所以不能够简单地理解市场，必须知道市场内在的变化，这个内在的变化就是顾客需求的变化。对于营销而言，能够生存的空间不是企业的营销资源，不是营销经理或者营销人员的能力，而是在实现顾客价值的哪一点上你能够有所作为，那么这一点就是企业营销的生存空间。比如，马云对于阿里巴巴的定位，在创业的初期，马云就非常清楚地定义了阿里巴巴的电子商务：让天下没有难做的生意！从这样一个概念出发，马云带领阿里巴巴开始了著名的"服务转型"。马云以他做服务和消费品的经验，给阿里巴巴指出了一个新的逻辑：技术与功能都不等于客户价值，创造价值的关键点在于提供解决方案，在于用户如何用这种手段去创造出商业价值，而不完全在于技术本身。马云清晰地告诉大家，阿里巴巴不是高技术公司，而是一个现代服务型企业。这一主张是划时代的，正是因为这一主张，使得阿里巴巴成为最有竞争力的企业，成为全球著名的网站。阿里巴巴在为顾客解决方案这一点上最能够提升顾客价值，因此解决方案就成了阿里巴巴营销战略的生存空间，以此阿里巴巴也获得了市场的空间。[1]

回归营销基本的层面

无论营销如何的创新，营销最基本的东西没有改变，对于顾客而言，最为关心的要素还是价格和产品本身，而能够影响顾客的最基本要素依然是促销和广告，因此需要重新审视我们对于这些基本层面的努力是否做得足够。回归到本质的思考是源于这 20 年来中国营销领域的浮躁和急功近利，一些企业希望一夜成名不惜大量投入资源，更多的企业不断采用短期行为却希望获得长期的效果，还有企业不顾顾客的安危而采取令人痛心的行动……这些现象的存在，表明人们并没有真正理解营销，所有的努力如果不能够与营销的基本层面结合，其实是无法解决问题的，而营销基本层面就是产品、渠道、消费者、广告。

产品 产品的真实意义在于它是连接消费者和企业的载体，企业之所以能够进入市场中，是因为能够提供产品满足消费者的需求，所以不能够简单地把价格定位在产品的能力上，产品的能力还是要回到对于消费者关注价值的贡献中。迈克尔·波特曾经比较亚洲跨国企业与全球跨国企业的区别，他认为亚洲的跨国企业比较关心钱从哪里来，到哪里赚钱；全球跨国企业比较注重产品从哪里来，产品到哪里去。相对于中国企业来说，这个评价一针见血。在过去的 30 年，低价一直是中国产品核心优势的标志，改革开放的前 10 年，中国企业和发达国家跨国企业竞争的时候，成本的比较优势，使得中国企业可以真正面向市场。但是到了今天，消费需求的改变，环境的变化，跨国企业全球供应链管理的能力，使得产品需要能够独立发挥作用。所以理解产品要回到产品本身，而不是价格本身，如何让产品获得顾客的认同，如何在细分市场上与顾客互动，如何呈现顾客的价值等，这些都要求产品需要理解消费者，并能够真正代表消费者。

渠道 渠道代表着一个企业的营销宽度，以及这个企业有效覆盖的面积。当发现渠道变得更为集中，并与终端结合在一起的时候，比如国美、苏宁的崛起，比如沃尔玛、家乐福在中国的策略，企业跟渠道本身结合的能力就显得更为重要了。在不断研究企业的过程中，随着中国企业制造能力的提升，以及市场环境的发展，人们会发现，很多中国企业的产品与跨国企业的产品在质量水准上已经非常接近，甚至很多跨国企业的产品与中国企业的产品就是在同一条生产线，由同一组产线员工生产出来的，但是表现在终端的能力上却相差甚远。尤其是大型跨国折扣店全线进入中国市场的今天，很多跨国企业与零售巨头达成战略联盟关系，使得中国企业处于劣势。而在中国自己的渠道领域中，因为制造商和渠道商不能很好地进行沟通，直接导致本土的渠道能力在制造企业中没有得到很好的发挥、进入无利润的区域成了企业陷入困境的原因所在。不久前我去一家家电企业调研，企业的管理人员介绍，其实他们的产品水平跟美国的电器是在同一个生产线上生产的，但是因为这家美国电器公司和沃尔玛之间是战略联盟的伙伴关系，所以这家中国企业的产品要进入沃尔玛变得非常困难。但是，他认为必须进入这个渠道，才能真正打开国内市场。我们在探讨这个话题的时候发现，解决了产品本身的问题，如果在渠道上没有能力仍然是无法发力的，这是已经看到的事实。我们常常梦想中国的产品能够在真正意义上进入全球市场，但是必须明白一个基本的事实：如果不能拥有渠道，就不可能进入全球市场。我常常惊讶于美国和欧洲的企业战略，无论是沃尔玛，还是家乐福，当这些渠道与终端在全球布局的时候，美国和欧洲的产品也借此机会长驱直入。这就是渠道的力量。

消费者　营销整体的驱动是来源于顾客需求的驱动，而顾客需求驱动，取决于你对于顾客的理解。我们真正了解消费者吗？曾经看到一个资料，宝洁进入中国市场的时候，会在组织结构中设立一个70多人的市场研究部门专门研究中国消费者。即使到了今天，大部分中国企业依然没有这样一个研究中国消费者的部门，我们又凭什么说对中国市场非常了解呢？我在很多场合都讲过我到美国的一个例子，2004年我跟随农牧行业代表团访问美国17家行业领先的农牧企业，在多日的访问中，我发现美国企业最为关心的是：顾客是谁？顾客的价值贡献中自己所占的比重是多少？这17家企业在营销方面都有各自的独特性和创新，但是它们有一个共同点，那就是：对自己的客户有非常深刻、独到的理解。中国大多数企业并没有做到这一点，企业中的营销人员并不是了解顾客，而是了解同行，市场研究部其实是同行研究部。没有人关注顾客需要什么，关注的是同行在做什么，结果是同行之间花费大量的资源进行恶性竞争，而顾客真正关心的东西没有资源投入，最后三败俱伤。一个企业的营销如果不能深刻而独到地理解消费者，那么可以预见这个企业是没有办法真正进入市场的。

广告 广告所具有的真实的能力到底在哪里？这个问题需要营销人员认真思考和寻找答案，因为广告媒介的影响力以及成本的消耗是大家有目共睹的，借助于广告而获得巨大成功的案例比比皆是。但是更多的案例是投放巨额的广告费用，却得不到有效的回报，甚至因为过度广告而使企业濒临破产，究其原因是没有真正有效地使用广告。广告的核心价值是引发顾客的认同并产生购买的意愿，然而很多企业的广告并没有从这个核心价值出发，而是从企业自己的价值出发，而真正好的企业广告一定是和顾客站在一起，知道顾客需要什么，了解到顾客在什么样的环境中生活。1898年百事可乐把自己定位于"清爽、可口，百事可乐"，强调清爽的口感。这个定位到了1909年转换到顾客的感受上，"百事可乐，使你才气焕发"，1910年"喝百事可乐，让你心满意足"，直到1928年，百事可乐依然定位于积极勃发的情绪"百事可乐，激励你的士气"。但是到了1932年，百事可乐调整了自己的定位，强调价格给予顾客的照顾，因为人们生活中经济大萧条，这一年百事可乐说"一样的价格，双倍的享受"，1939年百事可乐说"一样的价，双倍的量"。而到1940年之后，百事可乐又恢复了它清爽、勃发的定位，直到今天，年轻人彰显自我，不断超越，而百事可乐说"突破渴望（Dare for More），敢于第一（Dare to Be No.1）"。[2]

回归到这四个营销的基本层面，是对于一个企业的营销最基本能力的要求，不管营销如何创新，创新都需要基于对这四个基本层面的理解和运用，为了创新而创新事实上是没有意义的，从2005年开始营销界做了很多努力，但是当不确定性成为常态的时候，离开基本层面的努力都是没有效果的。

营销本身是行动而非概念

在营销领域更多的人喜欢谈论营销概念，谈论卖点，谈论营销思想，但是这些都不是营销最核心的部分，营销核心的部分是营销执行，即营销行动。近来经常想起德鲁克先生，经常想起德鲁克先生告诫中国管理学者的一段话："中国经济改革和企业管理取得了巨大成功，一定有很多值得总结的东西。管理实践总是领先于理论。要总结中国企业管理的特征一定要从实践入手。我当年为了学习日本管理经验，也曾多次到日本考察。"[3] 对于德鲁克先生来说，与其说是他有管理思想和理论，不如说是他有管理实践和行动，对于通用的深入的实践，对于日本的深入的实践正是德鲁克先生思想的来源，没有这些行动就不会有大师的思想，我们又何尝能够例外呢？

看看三星，也许我们更能够理解营销行动的意义。让我们简单地回顾三星在李健熙带领下的发展史，透过三星发展过程中的每一件事，我们就会发现，三星所运用的管理实践并不是什么高深的管理理论和管理知识，很多都是今天大家所熟悉的管理概念，但是这些理论和概念在三星被转化为实实在在的管理方法。今天很多很流行的管理术语，诸如全面质量管理（TQM）、共同的价值观、持续改善、共同远景、学习型组织等，在三星你都会看到具体的实实在在的做法和解决之道，三星正是因为这样最终获得现在的成功。这就是我们从三星（以及其他被视为管理典范的公司）发展中能学到的最重要的东西。执行新的经营方针十年后，三星成为韩国公认的销售额和净利润排名第一的企业，从三流企业一跃成为国际上一流的企业。1992年，三星的税前利润只有2300亿韩元，2002年则是15万亿韩元，上涨了66倍。而同时期的负债率从336%减少到65%。市价总值从

3.6万亿韩元增加至75万亿韩元,上涨了20倍之多,总利润占韩国上市成长公司的61%。而且三星品牌价值的增值率是108%,更在2005年达到146亿美元,跃升为世界第一。我们知道,虽然公司销售规模和利润并不能完全反映公司的管理状况,但从1993年至今10多年的历史看,这个一直在高速成长的过程是可以说明一些问题,尤其是经历了金融危机、市场巨变、全球化浪潮、技术革命等一系列市场急剧变化考验的10年,还能够持续高速成长,我们就不得不对三星的10年给予极大的关注,不得不去理解行动的真实含义了。

在很多场合,我们都在强调战略更重要的是行动而不是思想,不管企业具有多么美好的梦想,具有多么远大的战略设想,如果企业不具备核心能力,企业就无法拥有战略的能力,不要简单地认为企业具有战略规划就具有了战略能力,也不要简单地认为价格能力就不是战略的能力。理解战略不能够基于企业自身,必须基于顾客的价值,必须基于环境,必须基于对于环境和市场运作的能力。我们也在强调营销经理人不是思想者而是行动者。营销经理人作为个体可以是一个充满理想的人,可以是一个热爱思考的人,也可以是一个不屈从于现实的人,但是当经理人作为职业选择的时候,他只能够承担职业所必须承担的角色,而这个角色决定了他必须是一个充满理想而又脚踏实地的人,必须是一个热爱思考而又身体力行的人,必须是一个面对现实解决问题的人。这样的要求也许在很多经理人看来太过苛刻,但是一旦成为经理人,你所承担的责任要求你需要如此行事、如此思考。

回归中国消费概念

2008年开始,也许是自然天气出现问题,也许是全球经济出现问题,从年初到现在,绝大部分的人都认为中国企业应该开始准备过冬。我并不同意这样的观点,并不是因为我天生乐观的秉性,而是因为所有的判断,都需要回到需求，回到市场当中。

曾有段时间大家都非常关注可口可乐并购汇源果汁的项目，人们可以从很多角度来理解和诠释这个并购案的内涵，但是在我看来，庞大的中国消费市场是可口可乐愿意用溢价来收购的根本原因。

因此，中国企业不需要看全球经济如何，也不需要过分关心美国次贷危机对中国的影响有多大，如果我们的眼睛只是对着外边，而没有关注到成长的市场、需求区域的调整以及新兴市场的改变，总是用简单习惯的思维来观察今天的环境的话，也许我们会错失掉根本的机会。

1. 谁在驱动全球的资本

公开资料显示[4]：阿里巴巴预计融资总额将达 14.9 亿美元，创下了中国互联网企业上市融资之最，其国际配售吸引了超过 1800 亿美元资金认购，公开发售冻结资金约 4530 亿港元，这个数字将创下港股 IPO 冻结资金的最高纪录。

最初，创始人凑齐了 50 万元人民币，成立了阿里巴巴网站。对于为什么取名为阿里巴巴，马云说就是要让全球的人第一眼就记住这个名字：阿里巴巴，芝麻开门！结果，网站成立不久，就获得了"芝麻开门"的效应，过去受供求信息不平衡所困的买家和卖家，好像突然看到了一块宝地。阿里巴巴很快便吸引了全世界商人的兴趣，一传十，十传百，越来越多的人知道了这个网站。从 1999 年 3 月成立到其后 1 年多的时间里，阿里巴巴就拥有了超过 200 个国家和地区的 25 万名会员，库存买卖类商业信息达 30 万条，每天更新的信息超过 2000 条。阿里巴巴连续获得软银、雅虎的资金注入，业务飞速发展，如今阿里巴巴已经成为中国互联网界最值得关注的企业。

现在，当阿里巴巴真正开启了其 IPO 航程的时候，人们不禁要问：阿里巴巴上市背后真正的推动力是什么呢？根据 iResearch 调查企业资料，作为B2B领域第一领先者,阿里巴巴企业注册用户数占了中国整个电子商务市场的70%以上。若按收益计算,2006年阿里巴巴B2B业务的收入额也约占中国B2B电子商务市场贸易总额的51%。

招股说明书数据表明,截至2007年6月30日,阿里巴巴企业的注册用户达2460万名(国际贸易平台360万名,中国贸易平台2090万名),付费会员超过25.5万名。2005年阿里巴巴注册用户数量、付费会员数量的增长率均为83%。2006年注册用户数量、付费会员数量的增长率分别为83%、55%。

资本会是阿里巴巴上市的重要推动作用,但并非决定因素,在对中国市场完成了垄断式的占领之后,借船出海积极拓展海外市场不仅是马云,更是资本对于阿里巴巴的要求,而在某种程度上更是市场在督促阿里巴巴的上市。仔细研究阿里巴巴的业务就会发现,资本的力量已经不仅体现在资本市场上,更重要的是它们从各种层面给阿里巴巴带来积极作用,这是其他互联网企业一直缺乏的层面。事实上,真正推动全球资本的正是中国市场强劲的增长能力。

2. 中国消费概念

一路走来,季琦等人组成的创业团队带给中国经济的意义并不简单地是两个纳斯达克上市企业,而是在于他们创造出了一个新的商业理念——基于传统产业之上的创新服务行业。

携程的出现改变了中国人的商旅消费习惯。如今,市场上涌现着e龙、芒果网、同程、去哪儿等众多在线旅游商,一个新兴的产业因为携程的成功而诞生。

同样,经济型酒店也是近几年突然兴起的蕴涵创新元素的传统服务产业。多年前,当锦江之星试水市场时,很多人还不知道什么是"经济型酒店",如今,引入商务服务、舒适卫浴、高级睡床和现代化管理的经济型酒店成为被人们广泛接受的业态。如家在此时适时切入，几年内便占据行业领导地位。如家上市后，甚至引发了海内外各路资本将投资目光从TMT转向创新型传统产业的风潮。

2007年，是中国经济型酒店市场进入相对成熟的一年，整体市场呈现出细分等级的状态，比如莫泰细分了168、268、驿居等几个品牌，仅99元一夜的"我的客栈"强势出击……而季琦似乎早些年已经看到了这股趋势，将汉庭旗下品牌分为中端商务酒店和经济型快捷酒店两个，且重点将倾向于前者。新崛起的7天连锁酒店以低价取胜，其最近1年的开业酒店增长率达400%，客房增长率达327%。

当中国市场出现"消费升级"之时，不仅是经济型酒店，2007年也是中国创新型传统行业获得资本市场充分认可的年份。"中国制造"的概念正悄悄向"中国市场"转变。风投、股市，各路资本都对持续上升的中国消费市场寄予厚望。新世界百货、报喜鸟、奥卡索、安踏、味千拉面等企业纷纷上市，小肥羊、一茶一座、网购企业PPG、九钻网等也成为风投青睐的对象。

3. 回归中国市场

我之前引述过这样一个故事：托马斯·弗里德曼在《世界是平的》[5]这本书里记录了他采访微软二号人物史蒂夫·鲍默尔的一个问题。他问史蒂夫·鲍默尔："微软是当今美国最重要的企业，微软衡量力量的标准何在？环顾世界，哪个国家是当今世界上最有力量的，为什么这么看？"史蒂夫·鲍默尔仅是简单地回答说："我们衡量的标准就是看一个比率——每户拥有家庭使用电脑的数量。"史蒂夫·鲍默尔认为，微软增长最快的地区是亚洲，韩国每户拥有家庭电脑数量最多，日本也赶上来了，但是微软销得最火的却是在中国。

当然，托马斯·弗里德曼在讲述这个故事的时候，和我需要引用的角度有所不同，但是，有一点是明确的，那就是不管技术和环境如何变化，中国成为最重要的全球市场已是事实。

看看宝洁的成功。2004 年，宝洁在中国的销售额约为 18 亿美元，约占其全球收入的 3%。但是到了 2007 年，按其销售量来计算，中国已经成为宝洁在全球最大的市场之一。在美国商会 2006 年进行的中国商业环境年度调查中[6]，74% 的受访会员企业表示它们在为中国市场生产，64% 的会员企业表示实现了盈利或者盈利丰厚。例如，通用汽车在 2005 年的全球利润中 1/3 来自中国。2011 年，通用汽车实现全球利润 76 亿美元，比 2010 年飙升 62%，中国区贡献最大。

这些跨国企业在中国市场的成功，正是因为中国市场本身的巨大需求，有多种巨大的力量在推波助澜，使得中国大大小小的城市中已经开始形成了庞大的中产阶级，消费的能力和增长的速度，令企业具有了更多的机会和实现增长的可能。肯德基在 1987 年 5 月进入中国开设第一家店，今天，百胜已经成为中国快餐和休闲餐饮行业的领跑者。到了 2007 年，肯德基在中国大陆已经拥有 1695 家门店，这个数字较 3 年前已翻了一番，门店的平均价值是 110 万美元，销售额以每年 20% 的速度增长。

如今，百胜每年要在中国新开 400 家门店，百胜的一个雄心勃勃的目标是要在数年内让门店数量达到 24 000 家。但是为什么它们可以这样设立目标？看看以往的数据，2002～2005 年，公司运营利润以每年 22% 的速度增长，到了 2006 年达到了 2.9 亿美元，这就是中国市场对于百胜的贡献。

在中国，实际购买力正在从富裕阶层转向中产阶级，超过 3/4 的中国家庭年收入不到 2.5 万元人民币，但在 20 年内，这一比例将缩减到仅有 10% 左右，届时中国消费市场的年消费额将升到约 20 万亿元人民币，成为世界上第二大消费经济体。看到这些数据，我们可以想象，如果企业能够服务于这个新兴的中产阶级，那么其成长速度一定是可以预期的。

所以，我并没有悲观地看待今天的经济形式，也不认为中国企业处在一个"冬"的环境中，问题的关键是，我们是否全力去认识中国消费市场，认识中国消费者，我们的企业是否真的深入中国市场当中，深入中国的消费者当中。就如肯德基一样，推出适合中国消费者的产品，努力迎合中国人的口味，它在每一个产品类别下都有几种针对性的核心产品，种类丰富，兼顾早中晚餐，而且适合多种场合。现在，肯德基在中国的典型快餐品种既包括原味鸡腿汉堡和鸡肉卷等在美国常见的品种，也包括烤鸡翅、早餐鸡肉卷、冬日暖汤以及时令蔬菜等中国独有的品种。当肯德基做出这些适合中国消费者的口味产品的努力时，我们自己做得如何呢？只要我们也这样去努力，中国消费市场一定会给企业新的增长带来机会。

营销战略就是在合适的时间做合适的事情

最近 5 年对于我们来讲意味深长，所有中国企业的生存坐标开始发生根本的变化，世贸标准、国际成本、全球化市场、开放纬度、能源的约束、不确定性等这些成为企业生存的环境，更需要清楚的是，不仅仅是宏观环境将要发生根本的改变，从企业自身来讲市场所带来的挑战，也发生了根本的改变，我归纳为以下六点。

第一，经营重点从公司转向了价值链。以往的经营单位我们都会放在公司内部，所有的选择和发展都是围绕着公司本身来展开，包括战略的选择、资源的运用、技术和品质的标准、业务流程的设计、人力资源开发以及企业文化的建设等，这些努力带来的最为直接的效果是公司本身有了非常好的成本、效率和运营能力。但是随着市场环境的改变，我们发现公司自身的能力仅仅是一个部分，我们还要理解和确定公司所在的价值链能够在市场中创造价值，因此新的环境要求公司经营的重心从公司内部转向公司外部，需要在价值链的概念下展开公司的所有活动，同样包括战略要基于价值链的出发点、资源运用的价值链分享，技术和品质的标准要成为价值链的标准，业务流程设计要以供应链为基础，人力资源开发是源于系统思想，企业文化必须能够让企业内外部共同分享。这个转变最大改变是：以公司为经营重心的时候我们追求的是成本、品质和规模，而以价值链为经营重心的时候我们追求的是服务、速度和顾客价值。

第二，通过降低成本和有效增长来创造利润。人们通常简单地分析，企业利润来源于降低成本。但是这里面有一个根本的问题需要大家理解，那就是企业的成本不可能也不能够追求最低，我们只能够追求合理成本。尤其在今天的竞争环境下，对于一个企业的衡量标准有了更为全面的要求，一个企业的社会责任、社会资源的运用、企业的公民责任、员工的所有成本、技术和环境的成本都是我们必须付出的，在这种情况下，单纯通过降低成本创造利润已经是非常困难的事情。所以我坚持选择多一个方向，就是通过有效增长来创造利润。强调有效增长，是基于两个理由：一方面，目前的市场是一个增长的市场，无论区域市场还是全球市场；另一方面，中国企业的集中度非常低，有足够的空间给企业成长。如果可以一边降低成本，使得自己的成本合理并具有竞争力，一边又能够有效增长，使得市场的成长和规模带来成本和资源的有效性，这样就会获得企业所要的利润空间。

第三，以能力为本。多年来我们向西方学习，同时看到日本、美国、欧洲成功的企业案例，把"以人为本"的管理理念引入中国的企业管理中，从理论的意义上这是非常正确的。但是有一点可能大家忽略了，就是"以人为本"理念的本质含义是什么，其实很多企业并没有搞清楚。以人为本事实上有三层含义：①企业以领导者为根本，需要找到一个好的领导者；②领导者以员工为根本，领导者需要一切以员工为出发点；③员工以顾客为根本，员工需要在任何时候、任何情况下都以顾客需求为出发点。但是现实的管理中，是反过来的，员工以领导为根本，领导者以顾客为根本，所以"以人为本"这个理念在很大程度上成了企业内部管理的一个口号，反而影响了企业的发展，因此我认为强调"以能力为本"应该更适合中国企业的管理，这样可以让所有人不易混淆。还有一个更深层次的考虑就是我们需要奠定能力的概念而不是人本的概念。

第四，变化、变化、再多些的变化。我把变化用递进的表述方式，是想提醒大家只有变化才是唯一不变的真理，企业需要透过变化寻求出路，这些变化包括需要平衡以下几个方面：外部环境的不确定性成为企业面临的一种常态；内部的动态平衡是组织管理基本内容；人员推出机制的设计成为人力资源的核心内容；创新导向是企业文化建设的基础；超越自己成为永恒的话题。

第五，技术。技术的作用在接下来的竞争中会成为主导性的要素，包括新产品、新的替代材料、新市场、新的商业模式、新的企业组合等。同时技术更重要的是成为生活方式，成为商业方式，成为管理的基本工具，这就意味着没有技术作为基础，你会被淘汰出局。

第六，吸引、留住和衡量有能力的优秀人才。我在描述行业趋势的时候有三个标准：①决胜终端；②渠道创新；③人力份额。前两个标准在这里不作论述，第三个标准就是告诉大家，如果你要在行业里居于领先的地位，你不要关心市场份额，要关心的是在这个行业里，顶级的人才你拥有多少，也就是人力份额。就如我们认为剑桥、哈佛是著名大学、是顶级的学府，其中的理由之一就是他们拥有多少学术大师、诺贝尔奖获得者，所以吸引、留住和衡量有能力的优秀人才是目前的关键之一。

我早在2005年就撰文提醒中国企业必须理解市场带来的环境改变，并有所准备与应对，因此在这里，我依然用一种营销战略理念的方式来表达自己对于新的际遇的观点，即在变化中做有效的选择是在合适的时间做合适的事情。因此，我对营销战略也用这个观点界定：营销就是在合适的时间做合适的事情。

也许这是一个太简单的说法，但是我坚持这一点，是因为营销本来就应该简单。我看到好的企业都是运用最简单的思想，松下幸之助的"家庭电器应该像自来水一样便宜"；杜邦公司的"宫廷的女仆也能像女王一样生活"；雀巢咖啡的"味道好极了"；沃尔玛的"总是用最低价格销售"。这些应该能够说明我的观点，我相信你会同意我的观点，不过你可能会问，对于营销战略来说：什么时候是合适的时间？什么事情是合适的事情？我试图用坐标的方式来阐述我的观点。

营销战略的时间坐标

营销的理解就我个人的观点，应该是在合适的时间、合适的地点做合适的事情。所以我们选择营销战略的时候，不能够只是评估这个战略的基本因素，还应该考虑它的时间坐标。但是营销战略的时间坐标并不是以时间为单位的，而是以市场关键要素为单位的。比如拿家电行业中国市场的例子：1985～1989年，价格是市场的关键要素，此期间长虹、康佳做得很好；1989～1992年，质量是市场的关键要素，海尔、新飞、容声做得很好；1992～1996年，服务是市场的关键要素，海尔、TCL做得很好；1996～2000年，速度是市场的关键要素，海尔、美的、TCL做得很好；2005～2010年，国际化、全球化是市场的关键要素，目前表现好的是海尔、TCL、美的。你的营销就应该是与这个时间段相匹配，我们看到海尔、TCL、美的、创维等在相应的时间做了相应的事情，所以一直处在领先的地位，长虹的被动就是一直停留在价格这个时间段，结果就是这样。在家电行业这个发展的例子中我想说明的是营销战略的时间坐标只能够是以市场关键要素的持续时间为基准，当市场关键要素的持续时间改变，新的市场关键要素产生，便是一个自然时间单位的结束与开始。因此我们需要分析的是在任何一个自然时间段内，市场的关键要素是什么？而不是我们自己擅长做什么？我们不能够以自己的发展时间作为参考坐标，只能够以市场关键要素作为参照标准，只有这样做的企业才是在时间坐标上选好了位置。

在营销战略的时间坐标上我们通常出现的误区是以下一些情况。

第一，过度关注竞争对手，忽略市场变化，常常把竞争对手的变化误解为市场的变化。最近看到格兰仕出了一款圆形的微波炉，就有同业的学生问我是否关注到，我说关注到了，并反问这些学生，这个变化重要吗？这是真正的市场变化吗？这些学生无法回答我的问题。很多人都在意行业领先的企业所做出的变化，但没有深入理解这些变化是否真正具有意义。如果不是代表市场需求真实的变化，并不需要过度关注，否则会走向误区。

第二，简单理解市场，忽略了市场内在变化，常常把营销创新误解为市场的变化。看看中国的汽车行业，在短短不到三年的时间里，汽车业的营销创新不断涌现，如会展营销和事件营销在汽车业的运用、奇瑞 QQ 的时尚营销、君威的文化营销、新蓝鸟的概念营销等。但到了今天，汽车生产商发现，原来行之有效的市场策略正在失效——价格战不灵了，新车型玩不转了，广告更难起作用了，营销创新也不能够带动疲软的汽车市场。汽车行业在今天的中国市场上，其关键要素不是营销创新，其关键要素是目标顾客的解决方案，所以能够满足目标顾客的解决方案的汽车产品仍然占据市场并脱离价格战的怪圈，做得好的奥迪、宝来正是如此。

营销战略的空间坐标

与上一个问题一样，如果营销是在合适时间、合适的地点做合适的事情，那么就需要回到什么是营销战略的空间坐标这个问题上。营销战略的空间坐标不是以市场所处的空间为坐标的，而是以对于实现顾客价值的定位为坐标的，也就是在实现顾客价值的哪一点上你能够有所作为，那么这一点就是你的空间坐标。比如，IBM 的"服务转型"，1996 年，郭士纳就非常清楚地定义了IBM的电子商务：使企业能够通过信息系统增加企业整体的运营竞争力，而不是单个员工的工作效率。从这样一个概念出发，郭士纳带领IBM开始了著名的"服务转型"。郭士纳以他做服务和消费品的经验，给IBM指出了一个新的逻辑：技术与功能都不等于客户价值，创造价值的关键点在于提供解决方案，在于用户如何用这种设备去创造出商业价值，而不完全在于技术本身。这一主张是划时代的，因为这等于指出了微软、英特尔这批公司的"要穴"：微软和英特尔等高科技公司为客户提供的是工具效率，而IBM提供的是提升客户价值的解决方案。到2001年，IBM的服务收入达到349亿美元，占总收入的42%，首次超过硬件成为IBM的第一收入来源。IBM在为顾客解决方案这一点上最能够提升顾客价值，因此解决方案就成了IBM的营销战略的空间坐标，IBM也获得了市场的空间。

营销战略在空间坐标上的误区表现在以下方面。

第一，不断追求产品的变化，误以为这是实现顾客价值的方法。20世纪最伟大的产品是什么？英国一家机构的结论是：抽水马桶。美国《财富》评选20世纪最杰出的产品，曲别针（1900年）、安全剃须刀（1903年）、拉锁（1913年）、胸罩（1914年）、创可贴（1921年）、月经棉条（1931年）、袖珍简装书（1935年）、无带平跟鞋（1936年）、家用胶布（1942年）、拼插玩具（1958年）、滑板（50年代）、尼龙搭扣（维可牢，1954年）、尿不湿（1961年）、粘贴式便条（1981年）。这些产品与苹果麦金托什计算机、国际互联网、英特尔微处理器、施乐复印机和传真机、飞利浦和索尼激光唱盘、波音707飞机等并列齐名。看到这些产品我相信你会同意这样一个观点，产品变化并不是实现顾客价值的方法，一个产品当它能够体现顾客价值的时候它本身就决定了它的存在价值，如果我们不断地追求产品的变化，而忽略了产品对于顾客价值的单纯功能，结果一定导致产品偏离了顾客价值这条轨迹，真正有生命力的产品是那些真正简单而便捷地满足了顾客需求的产品。

第二，过度关注促销、广告、服务，误以为这些都是顾客需要的东西。实现顾客的价值的关键是确定什么才是顾客的价值。从我们引入菲利普·科特勒的4P理论开始，在中国市场上，人们开始打价格战、服务战、促销战、广告战，但是对于消费者而言，这些手段带来的直接与间接的影响是什么，我相信大家没有认真分析过。从表象上看，加大广告宣传，带来了销售额的增长，增加了服务顾客的满意度增加，打折是消费者喜欢的，能够促销就一定会有效果，这些都是真的，你可以实实在在地看到，但是没有人愿意真正分析这些结果是否能够最后获得一个关键的东西：顾客的忠诚度。我相信这些方式与顾客忠诚度没有一个正相关的联系，因此也就看到我们在营销市场上的混战和无奈。顾客要的还是产品本身，请我们永远牢记这一点。

什么才是营销战略所选择的合适的事情

与上两个问题一样，如果营销是在合适的时间、合适的地点做合适的事情，那么我们最后需要回答什么才是营销战略所选择的合适的事情这个问题。营销战略所选择的合适的事情就是能够反映市场关键要素的时间坐标和能够实现顾客价值的空间坐标的结合点（见图3-1）。

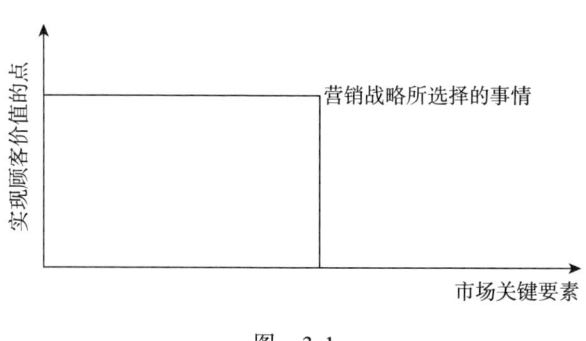

图 3-1

我们用日本本田摩托在美国市场的营销战略来做例子。据有关资料显示，20世纪五六十年代的美国，是哈雷－戴维森的美国，这个只生产重型摩托车的品牌几乎就是摩托车的代名词，其市场份额曾一度高达70%。可以想见本田摩托要想在美国闯出一片天地的难度。经过前期的试探之后，本田认为哈雷－戴维森在重型摩托车上太强了，坚信哈雷－戴维森不屑于生产轻型摩托车的事实。于是本田用一款完全没有竞争对手、价格仅为美国大多数摩托车1/5的小型轻便摩托车打入美国市场。而这款摩托车在当时的哈雷－戴维森看来不过是工艺精致的"玩具"。就这样，为消费者提供截然不同的选择的本田，通过一系列有效营销措施，在美国市场的占有率从0急升到80%，从而成为美国摩托车市场的新王者。我们回到上面的方法上来分析，本田进入美国的时候，摩托车市场的关键要素是给消费者提供不同的选择，而从顾客的价值实现上来说本田能够创造价格仅为美国大多数摩托1/5的小型轻便摩托车，因此本田的营销战略的时间坐标是不同的选择，而空间坐标是小型轻便便宜的摩托车，符合两者的结合点就是本田摩托车在美国市场的定位。比如当年海尔通过服务支撑品牌，比如联想通过渠道增值提升竞争力，比如格兰仕通过整合全球微波炉产业链获得成本优势等。

我们选择两个大家最熟悉的产品来总结我的观点，营销就是在合适的时间、合适的地点做合适的事情。

麦当劳的儿童娱乐　麦当劳在全世界增长最快的消费群体是儿童。对儿童而言，吃什么样的汉堡其实并不重要，价格也不那么重要，关键是要"吃得开心""好玩"。于是，麦当劳推陈出新速度最快的是不断变化的儿童套餐玩具。对于"七个小矮人"这样的成套玩具，有些儿童生怕凑不齐，无形中增加了消费频率。麦当劳还不断推出新光碟，让儿童吃汉堡时看得更开心。每到节假日，麦当劳总不忘推出逗乐儿童的游戏。在麦当劳看来，新的食品品种并不是其所在市场的关键要素，其所在市场的关键要素是给儿童快乐和新奇，它的空间坐标是儿童价值，所以必须不断推出把孩子们逗乐的娱乐项目。

可口可乐的"新瓶装旧酒" 让我们再看一看经典的可口可乐。尽管可口可乐在不同国家的配方稍有差异，包装也不尽相同，但配方一旦定型，不会轻易改变。可我们却从来没有厌倦可口可乐的感觉。可口可乐是用来解渴的吗？当然是，但却不完全是。可口可乐公司没有把解渴作为饮料市场的关键要素，可口可乐公司赋予可乐清新、愉悦的感觉，这就是可口可乐公司对于这个产品市场关键要素的认识。这种感觉一方面来自于可口可乐中溶解的二氧化碳，另一方面来自于它不断更新的包装。可口可乐里溶解的二氧化碳浓度之高，让你在喝可乐时总要打几个饱嗝，这种感觉确实很棒。而在空间坐标中可口可乐公司认为实现顾客价值的地方恰恰是包装的更新，可口可乐公司恰当地把握了消费者喜新厌旧周期，总是在消费者还没有厌倦时及时更新包装。而这种"新瓶装旧酒"的创新游戏，却是可口可乐公司常胜的法宝。

理解文化营销

2010年12月11日，在伦敦的特拉法尔加广场等世界的许多角落，《愤怒的小鸟》的粉丝们聚集在一起，热烈庆祝《愤怒的小鸟》诞生一周年，这一天被称为"愤怒的小鸟节"[7]。与此同时，在2010年岁尾，《愤怒的小鸟》毫无争议地成为苹果公司官方评选的"年度应用"之一。截至周年纪念日，制作该游戏的Rovio Mobile公司表示，《愤怒的小鸟》已经在苹果的iOS平台卖出了1300万份，而来自Android平台的带广告的免费游戏，每月也能带来100万美元的收入。现在，它的总下载次数已经达到5000万次，超越了当年任天堂的头号经典游戏《超级马里奥》。每天人们花在这款游戏上的时间共计两亿分钟。而《愤怒的小鸟》的研发费用仅仅为 10 万欧元。2010 年 2 月，该公司才仅有 9 名全职员工。

在很多人看来，表情愤怒的小鸟以自身为弹射武器，报复偷走鸟蛋的猪头，摧毁猪头的简易城堡之后取得金蛋，这种简单的情节设置似乎并没有什么特别之处。然而，"快文化"已成为人们生活的主旋律，对速度和效率的崇拜让"快文化"占据了人们的消费潜意识和价值体系。在这样的社会文化背景下，"愤怒的小鸟"确确实实已经成为一种文化符号，这也暗示了娱乐工业和品牌世界的巨大转变，而其中所蕴含的，把握与引领流行文化而实施的文化营销，则极大地推动了这款游戏及其品牌的成功。

从许多成功的产品和品牌我们看到，当一种产品或一个品牌融入某种文化内涵时，产品的生命力和品牌的影响力就会像文化一样长远流传。在一个新技术浪潮蓬勃发展的时代，文化营销以其独特的渗透性、长远的影响力，在营销实践中发挥着巨大的作用。

那么，到底什么是文化营销？它又具有怎样的特征和价值呢？

产品借文化贴近生活激发共鸣

愤怒的小鸟之所以成功，不仅仅是借助苹果公司的 App Store 和 iPhone 的平台提升了创意和时尚的产品内涵，更重要的是，以手机游戏的产品形式融入了人们现代快节奏的生活方式，以其简洁的游戏设定迎合了人们在忙碌之余对于片刻休闲娱乐的需求，借助日益流行的触屏手机的简易操作体验融入了人们电子娱乐的生活方式，而其游戏的卡通形象更是有效地借用了皮克斯公司系列动画的风格，从而唤起了人们源自于喜爱"皮克斯风格"的内心共鸣。所以，这不仅仅是一款游戏产品，更是今天人们全新的生活方式以及生活体验，通过这款游戏巧妙地融入了人们的时尚生活方式，并从产品文化进一步提升到品牌内涵的积累和品牌文化的形成，从而推动了其相关的服饰、影视等周边产品的拓展与热销，这正是文化营销的真实魅力：通过深刻地理解和把握消费者的心理需求，将其内心深处的情感、人生体验和感受,或是所追求、所向往的生活方式,通过生活化的产品或服务形态表现出来,同时赋予品牌特定的内涵和象征意义,在消费者内心中产生共鸣,引发消费者的信任,从而实现价值的创造与传递。

文化是人群为生存对环境做出的适应方式。文化定义本身就是告诉我们文化是生活方式的选择,由此可以知道文化营销所具有的特殊魅力的因由。文化营销的力量来自于消费人群对于社会文化中所包含的生活方式与价值观念的共性认同,通过与顾客在精神层面产生"共鸣",激发出顾客对特定情境的认可或者记忆,从而获得消费群体对于企业品牌与核心产品的深度认同与持续消费。

统计数据显示[8],《喜羊羊与灰太狼》各地的收视率能达到10%以上,播出集数超过500集,电影《喜羊羊与灰太狼之牛气冲天》首轮票房就达到8000万元。随着电影、电视剧的热播,该剧获得了巨大的经济效益和品牌效益,剧中的动漫形象衍生产品迅速铺开,充斥着大街小巷,品种达数十种。该动画片市场价值已超过10亿元,创造了中国动漫史上的商业神话,也创造出国产动画前所未有的价值。

喜羊羊也是从人们的生活方式和价值观念中寻找与消费者的共鸣,所不同的是,喜羊羊更多的是从中国的传统文化和中国人的价值观念与思维方式去创造这种共鸣。这也正是这部定位在6岁以下的动漫巨作同时吸引了成年人的目光的关键所在。通过借用中国文化的智慧以及当前社会生活来源,具有浓厚的中国特色,让观众总觉得似曾相识,从而引起观众内心的共鸣。例如,贯穿影片的整个故事主调——中国传统的"和而不同,贵和尚中",弱者有了智慧与勇气,强者有了责任与道义,青青草原充满了和平。这并不仅是因为剧情的需要,它更反映了我们中国人的世界观与人生观。此外,狼族与羊族之间的故事始终贯穿着家族的观念,源远流长的家族文化是中华文明重要的组成部分。再如,故事中许多情节和场景正是来源于我们的现实生活，也道出了中国人多方面的人性特点，亦正亦邪、亦善亦恶。而灰太狼与红太狼稳固的婚姻关系就是在吵吵闹闹中居家过日子，也是中国现在最为普遍的婚姻特点。这些都通过文化的方式为这部动画实现了与消费者的生活体验产生共鸣，进而获得消费者的价值认同。

可见，不论是愤怒的小鸟还是喜羊羊，其所获得的广泛的市场和持续的生命力，更本质的原因在于，它们都通过在产品中融入文化内涵，充分反映并贴近消费者的生活方式和人生体验，从而激发消费者内心的共鸣。当然，这种文化营销的力量不仅可以通过文化产品得以展现，非文化类的日常消费产品也可以很好地运用这种力量，王老吉就为我们提供了极佳的范本。

由加多宝打造的王老吉作为新兴饮料行业的领军企业，正是因为文化营销的魅力才缔造出一个强大的凉茶帝国。王老吉用独特的文化输出不仅使自己成为草根饮料文化代表，更成为中国饮料品牌的领军者。王老吉把握住凉茶成为"非物质文化遗产"的机会，整合行业力量，通过赞助世界杯转播、开办论坛、与其他行业结盟等方式，大力突出凉茶的独特功效，将作为饮料的凉茶与文化成功地融合，从而在推广消费认知上取得重大的成功。2003 年，红罐王老吉销量 6 亿元，2005 年销量超过 25 亿元，2007 年达到 50 亿元，2008 年更是飙升到 120 亿元，几何级的增长体现出王老吉在业内的龙头地位。现在它已迅速跃升为中国饮料行业销量最高、品牌影响力最大的品牌。中国式文化营销加上出色的商业化运作，王老吉取得了巨大的成功。2012 年一个令人不愿意看到的事实呈现在人们的面前，加多宝已经不再拥有王老吉，然而加多宝作为最大的投资人投资"中国好声音"，再一次让人眼前一亮，如何再借助于文化营销的魅力，再造一个加多宝凉茶并重新回到饮料行业领军企业，非常值得期待。

同样是在中国市场卖凉茶，饮料巨头可口可乐的"健康工坊"却在意犹未尽的落寞声中败走麦城。可口可乐这个全球最大的饮料生产商，一直以来，在全世界出售的不只是一罐小小的饮料，更是一种美式的消费文化和生活方式。然而，可口可乐横扫全世界的文化基因在中国，则遭遇了王老吉这罐从概念到包装、从配方到卖点完全中国式的凉茶的狙击，其"防上火"的诉求点在外国人看来甚至是无法理解的。因此，王老吉的成功从本质上讲，在于其"怕上火"的核心诉求符合了都市人快节奏的生活方式与消费文化，既有中国人生活习惯的诉求，也有中华民族的养生理念。这正是通过从传统文化精髓中寻找与消费人群现代生活相契合的文化营销。所以，王老吉在中国市场上能够战胜品牌、资金实力远胜于己的可口可乐，其实更多靠的是文化的推动力。

品牌借文化契合社会引领消费

文化重要功能是达成共识，引导并塑造行为。因此，具有强大品牌的企业，常常借助于文化营销，传递自己的核心价值观与社会的契合，从而获得消费者的认同，并在目标消费人群中形成一种归属感，通过反映、适应甚至引导消费文化来改变消费者的行为。

菲利普·科特勒在《营销革命3.0》中指出[9]，科技不仅把世界上的国家和企业连接起来，推动它们走向全球化，而且还把消费者连接起来，推动它们实现社区化。在今天，消费者更愿意和其他消费者而不是和企业相关联。"我们的信任感并没有缺失，它只是从垂直关系转化成了水平关系。如今，消费者对彼此的信任要远远超过对企业的信任，社会化媒体（社交网站，如Facebook等）的兴起本身就反映了消费者信任从企业向其他消费者的转移。在这种水平化的信任体系中，消费者喜欢聚集在由自己人组成的圈子或社区内，共同创造属于自己的产品和消费体验，而企业必须学会利用这种消费者水平化网络中的协同创新能力来帮助营销。"

在这一方面，苹果公司运用产品和品牌文化强化顾客的群体意识和归属感的文化营销方式，为我们提供了良好的借鉴。苹果品牌通过各种方式不断地强化消费者崇拜苹果产品的文化体验,维系了消费人群与苹果品牌的联系,而且强化了它们对自己"苹民"身份的自豪感,巩固了忠诚消费群。苹果每次重大产品的发布会都会选择在具有浓厚艺术氛围的场所召开,从而营造一种高尚、圣洁的文化氛围,使参与者产生"朝圣"般的心理体验。发布日的精心设计就像阅兵仪式一样隆重。这种仪式性的文化营销手段产生了极大的成效,使得消费者更加相信苹果产品不是"寻常百姓"家的俗物,而是需要隆重迎接、顶礼膜拜的"神器"。2010年9月1日的苹果新品发布会首次进行了网络视频直播,但是用户不能从普通的电脑上观看,必须使用安装有雪豹操作系统的电脑或者 iOS 3.0 以上版本的系统设备。在电子产品领域,还从来没有任何一家公司要求使用本公司的硬件观看自己的官方发布会。苹果通过强化苹果使用者的身份和有意的行为来暗示苹果的使用者,他们是不同寻常的人,是被苹果选中的"天才",他们有着强烈的群体意识和归属感。

从 1998 年的 iMac,到 2001 年的 iPod,再到 iPad、iPhone,乔布斯以自己的行动告诉消费电子行业,这个时代需要"与消费者产生情感共鸣""制造让顾客难忘的体验"。当产品能召唤消费者情感时,它便驱动了需求,这比任何一种差异化策略更有力量。苹果的产品影响并重新定义了消费群的生活、娱乐和工作行为,甚至影响了消费群的价值观念和消费文化。例如,当 iPhone 刚刚在国外发布,对于很多刚刚从国外购入 iPhone 的消费者而言,手机里的很多软件都是摆设。不要说与当时很多名牌手机不能比,就是与一些极其普通的国内小品牌手机相比,其功能也是寥寥可数的。但为什么会有那么多消费者买呢?明知很多功能在国内无法实现还这样执着呢?因为他们买的不是功能,而是苹果这个品牌带给他们的一种超越于手机价值之上的消费者体验。iPhone 不是一个手机,iPhone 是集合了苹果品牌时尚、创造性诸多审美元素的文化符号。

作为中国目前盈利能力最强的四家消费类零售网站之一,互联网服装零售商凡客诚品,基于其"诚信、务实、创新"的企业文化,致力于打造互联网快时尚品牌,"凡人都是客,我们是一个诚恳的品牌"。凡客诚品将目标客户主要定位为伴随着互联网成长起来的70后、80后新生代,这一人群习惯于使用互联网工作,热衷于电子商务,在生活中也不断和互联网发生着关联,并且追求个性时尚的生活方式。凡客的品牌精神"提倡简单得体的生活方式,希望跟别人打交道时是得体的",正是对于这一人群的生活方式和消费文化的深刻理解。此外,通过产品和服务来强化和突出其品牌理念的核心价值——诚信,也正是很好地抓住了现有网络营销中,特别是服装产品中,顾客因为不能看到实体、具体尺寸,不敢购买这个软肋。通过承诺免费办理退换货解除了顾客的后顾之忧,让诚信的形象深入人心。这些都是通过贴近消费者的基于网络的流行时尚的生活方式,关注消费者的内心体验和价值诉求,从而获得消费者的认同。在此基础上,凡客诚品聘请明星代言,塑造一种追求个性的文化。推出了品牌宣传广告,由韩寒、王珞丹演绎的"我是凡客"视频在10多个一线城市LED、地铁内LED、公交移动播出,因照片简洁、生活化以及精准的个性定位语言让人眼前一亮,立刻引起互联网热潮,收到网友的追捧,唤起了70后、80后等新生代消费人群强烈的共鸣和作为"我是凡客"的群体归属感。

这些都是基于对消费者的生活方式和消费文化的准确把握,运用人群的共同生活方式和共同特征创造一种归属感,借助于消费者对于其核心价值观的认同而形成群体归属感的文化营销方式。

用持续的互动与创新面对动态的社会文化

文化的一个基本属性是可以自我更新,这也是其持久生命力的根源所在。社会文化也处于不断的发展演化之中,而作为其亚文化层面的流行文化和消费文化,都处于一种动态的发展过程。而这种动态性在全球化趋势的背景下正日益变得更加显著。那么,这就要求文化营销以不断地创新来面对这种变化。

文化营销要实现创新，除了依靠自身的内源性创新途径，一个重要的方式就是利用科特勒所说的"水平化的消费者信任网络"实现协同创新，与消费者保持持续地互动，从中获得持续价值创新的动力。而这一方式也是源自于文化的交流沟通功能和群体互动特性。

例如，《愤怒的小鸟》的创作团队虽然多次表示，没有研发《愤怒的小鸟2》的计划，但是保持每四周为这款游戏进行升级。正如他们所说的："你可能永远看不到《愤怒的小鸟2》，但你目前所见的，仅仅是愤怒小鸟世界中很小的一部分。"而另一方面，《愤怒的小鸟》的成功，除了角色与游戏设定的完美把握，Rovio Mobile 公司非常重视与用户互动的企业文化也发挥了重要的作用。该公司40人的团队中，竟有23人专职回复邮件和 Twitter 微博，并且负责向研发团队及时反馈信息。这种在用户互动方面的投入比例，是其他科技公司无法比拟的。并且来自用户的反馈意见，也切实地影响了《愤怒的小鸟》的研发策略。例如，一位5岁孩子的母亲给他们寄去了她孩子所设计的一个关口图样，经过讨论，随后真的就在游戏新版本中采用了这一设计。这种用户互动取得了非常好的效果。在没做任何广告投入的情况下，《愤怒的小鸟》在上线4个月后，竟成为竞争日趋残酷的苹果 App Store 应用商店收费和免费应用类的下载第一名。

2011年，凡客诚品大力推出社区化（SNS）网购平台"凡客达人店"，面对所有网民无门槛开放开店平台，欲打造全民营销新模式。达人店主可以按照自己喜爱的风格随意搭配凡客的各种服饰，亲自充当模特来吸引朋友、同学等粉丝团在自己的达人页面点击链接购买。发货、物流等环节，都将由凡客诚品公司来承担。店主则可轻松获得每笔订单约10%的分成比例，通过后台系统能实时查询账户情况。凡客提供的"无本生意"平台对于卖家来讲具有巨大的吸引力，而对于凡客本身，对于不用付月薪，不用人力管理，不用培训，无形中产生的无数宣传员、销售员，只需支付10%的分成比例。达人展示本身就是一种对产品的宣传，达人们在展示自我的过程中，便不自觉地在为凡客诚品做免费植入式宣传，而这些想秀敢秀的达人们更容易带动周围的朋友圈一并加入，继而形成一系列的SNS社交网络循环，达人计划便如同滚雪球一般，越滚越大，参与活动的达人以几何数字增长。这也正是充分运用科特勒所说的"协同创新"来发挥消费者水平信任网络的营销推动力，借助对于社会文化的适应和创新来实现文化营销的持续推进。

无论是与消费者的持续互动、还是通过创新不断地适应社会文化（流行文化、消费文化）的动态发展，其终极目的都是获得消费者持久的价值认同。正如德鲁克先生所说的，创造顾客是企业存在的唯一理由，而创造顾客的重要基础则是在消费者与企业之间形成价值认同。

用品牌文化衔接企业与社会

营销的本质是理解消费者，这也是营销最根本的目标。文化营销所强调的也正是这一点，通过更深入地理解消费者，以消费者所认同的价值诉求激发其共鸣，以更加人性化的方式适应甚至引领顾客需求的变化。文化营销的真正价值正是在于关注到了在实现顾客价值的那一点上企业能够有所作为，而这也就找到了企业营销的生存空间。

对于顾客的理解，对于顾客情感需求的满足，对于顾客认知理念的理解和认同，可以引发顾客更为强烈、更细微、更复杂的原动力。这正如需求理论所描述的那样：渴望有归属感、纽带关系、希望有所超越和自我实现、希望感受快乐和满足等。最成功的品牌总是能够激发起积极的情感。而文化营销则是实现这种理解与认同的重要方式。就像苹果公司每一次新产品的发布会都会成为一个故事，而这个故事就像一部伟大的神话，永远也讲不完，因为故事的主人公是顾客，而不是企业自己。

企业确定品牌的关键是与顾客的价值需求相一致，简单地说，就是品牌定位于顾客意图而非企业核心竞争力。而文化营销基于对环境和顾客的理解与认同，则可以有效地达成这种一致性，并充分地将其能量释放出来。斯科特·贝德伯里和斯蒂芬·芬尼契尔[10]认为，对于品牌而言有7种核心价值最为重要：①简洁；②耐心；③关联性；④可接触性；⑤人性化；⑥无处不在；⑦创新。文化营销旨在理解和融入消费者的生活，并且依托于产品或服务等载体进行文化的传递，从而实现无处不在和可接触性的价值。而文化培育认同与归属的特征则激发了品牌内涵联想从而支撑了关联性的实现。文化营销通过触及消费者内心深处的体验满足其情感需求，从而激发出品牌核心价值中人性化的部分。

企业文化是组织得以存在和延续的生命线与保持活力的源泉。企业文化会直接影响到品牌的运营理念。通过文化营销将企业文化向外部受众进行广泛的传播，不仅可以把企业核心价值观与经营理念有效传递给公众，还可以促进品牌文化与社会文化的互动。根据文化的定义"人群为了生存而对环境做出的适应方式"[11,12]，我们可以了解到，企业文化是企业为了求得生存与持续发展而适应环境的方式与价值规范，流行文化或消费文化则是消费者作为社会群体的一种生存和生活方式，那么，品牌文化应当要实现二者的契合。品牌文化反映并传递企业文化，影响甚至引领消费人群的流行文化，因此，是企业与消费者之间沟通与互动的一个重要的渠道。而文化营销也正是通过这一契合的过程发挥其价值（见图3-2）。凡客诚品的品牌文化理念"互联网快时尚品牌，性价比高，全球时尚，最好的用户体验"正是建立在其"诚信、务实、创新"的企业文化之上的，并且借助品牌内涵也很好地向消费者传递着其企业文化的精髓，通过坚持不懈的产品和服务品质有效地使品牌文化适应甚至引领着反映流行时尚的消费文化，而这正是社会文化的亚文化圈。

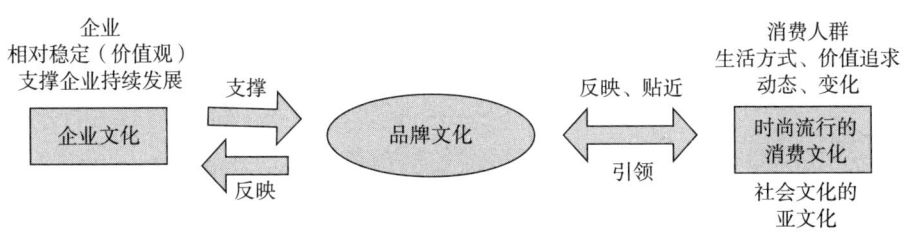

图 3-2 文化营销的过程

从表面上看,文化营销似乎只是一种营销方式或手段,而实质上,这是以品牌文化为契合点,从价值观和消费理念的层面上寻找更好地贴近顾客并贡献价值的方式。也就是说,对于文化营销,我们还是要回归到基本的层面上,与消费者保持一致的思维方式。我们需要准确理解消费者,关注环境与市场的内在变化,而不是简单地将文化营销等营销创新误解为市场的变化。因此,面对日益丰富和流行的"文化营销"热潮,无论是从经典悠久的传统文化中进行挖掘复兴,还是借助时尚潮流的社会文化开拓创新,我们都要清晰地了解并把握其本质:通过贴近消费者的生活寻找与其内心的共鸣,并获得其价值认同,从而拥有企业持续存在和不断成长的基础。

营销的起点与终点

营销作为企业与顾客和市场互动的根本性环节,如何发挥其有效的作用,就需要明确其起点和终点,顾客价值是营销的基本出发点,也是营销最后的结果,如果要用一句话来描述什么是营销,那么这句话就是:营销就是顾客价值的实现。多年来我们的企业总是自以为已经了解了顾客价值,很多企业不断地用自以为理解的顾客价值做着产品创新或者服务创新。但是事实上什么是顾客的价值,一直没有人真正理解,所以才出现了中国乳业的困境。

新加坡之新

每一年的 11 月是我到新加坡国立大学讲学的日子，2010 年后的新加坡给了我不同于以往的感受。转型增长也是新加坡这几年的发展模式，围绕着休闲产业、服务业所展开的产业调整和经济增长方式的调整，已经让新加坡在 2010 年成为全球增长最强劲的国家之一。以往的新加坡会非常依赖于美国经济和全球经济的增长，但是今天的新加坡已经摆脱了这样的困境，可以借助于自己的力量来发展自己，在全球金融危机之后的动荡环境中，走出了一条自己的转型增长之路。新加坡转型成功背后的逻辑可以给大家提供非常好的借鉴，我曾经总结为思维空间决定成长空间。这的确是根本的原因，思维决定命运。随着研究的深入我更加发现，新加坡战略转型的成功更源于其顾客导向的思维与行动安排。

如何去寻找成长空间，是每个经营者都必须清楚的问题。在经历了 20 世纪 90 年代亚洲金融危机，2008 年全球经济危机之后，新加坡开始选择转型增长的路径，当其思维方式转变了之后，成长的空间就被创造了出来。答案似乎是不言而喻的：应该在产业机会和市场机会的生长演变中去寻找成长空间。企业成长只能在其思维空间之内成长，新加坡确定了自己全新的增长方式之后，从移民政策、产业政策、投资政策、政府服务以及相应的一系列的配套政策和服务安排方面全面展开，从 2010 年之后，我每一次到新加坡都会看到变化，感受到服务，并为其繁荣和蓬勃向上的氛围所感动。

经济学家熊彼特[13]的这段话可谓一针见血："没有发展就没有利润，没有利润就没有发展，对于资本主义体系还必须补充一句：没有利润，就不会有财富的积累。"新加坡就是这类专注于创造利润的实用主义者，善于借助一切服务和机会来创造并提升利润。

在 30 多年的时间里，中国企业表现出来的短视、急功近利、拼杀价格的行为为数不少，这种价值取向曾在一个阶段里，让中国企业得到快速的发展,在中国本土市场上因为价格优势,成功地占领了市场。但是在海外市场,在中国市场上称雄的模式没有产生任何作用,究其原因是不同的思维方式导致了对于顾客和市场的认知的差异。如果中国企业还是借助于中国市场的思维方式,只是围绕着价格展开,而不是围绕着顾客价值展开,其结果不言而喻。长期观察中国的企业发展,并与发达国家跨国企业的发展相比,我还是感受到一些很特别的不同:跨国企业对于技术和人有着独特的偏好,在持续创新、发掘人的创造能力上不遗余力;中国企业对于成本和规模有着独特的偏好,在不断地降低成本、扩大规模上竭尽全力。前者的努力会让顾客直接感受到,而后者的努力仅仅是企业自身的需要。

其中有两种价值链思考方式:传统价值链与现代价值链(见图3-3)[14]。

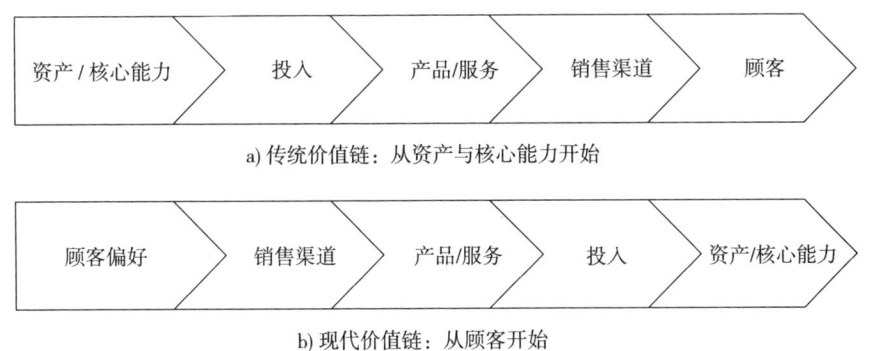

图 3-3

资料来源:斯莱沃斯基,等. 发现利润区[M]. 凌晓东,等译. 北京:中信出版社,2010.

新加坡采用的恰恰是现代价值链的方式。以申请新加坡入境签证为例,新加坡完全从顾客的立场出发,动用了完善的信息系统,从提交申请到获得审批,往往只需要2个小时左右就可以得到结果,更令人惊喜的是在入境处,可以快捷地得到帮助并感受到那份欢迎和热情,甚至如果身上没有新加坡币,坐出租车到酒店,可以直接和酒店结账而无须去找兑换外币的地方。从新加坡政府,到商业机构,再到每一个新加坡人,让你切切实实感受到作为顾客所受到的欢迎程度，这也是 2010 年后新加坡逆市增长的根本原因之所在。

称雄市场之源

看看以下的个案。

一个家居用品维护商店的业务员打电话给顾客，询问上周为新阁楼买的吊扇好不好用？顾客说，很好。业务员又问，还有什么需要效劳。顾客说，餐厅的调光开关不灵了。业务员马上说，今晚给你带个新的来。成交金额：6.71 美元。商店利润：零。这家公司是宜家家居，宜家家居的销售额在过去 5 年中每年递增了 37%，差不多是同业平均水平的 3 倍。最为关键的不是这家公司得到了增长，而是这家公司所做的事情：为顾客贡献价值。

我又想起了另外一家美国公司，在美国房地产不是一个能够增长的行业，但是恰恰有个叫作 Build Net 房地产服务商创造出奇迹。在美国市场一般的建筑商需要盖精装修房子，还带家具电器，利润率为 7%，经济不景气时利润率不到 4%。Build Net 对行业分析之后得出结论：竞争激烈使购房者不停地进行价格比照；购房者一般居住 15 年，期间可能坏掉 4 万件东西，而且平均一辈子换 3 次房子。对此 Build Net 找出了自己的策略，这就是关注服务价值：用最好的材料盖最好的房子，以成本价出售，赚取其后 15 年服务带来的利润，其他竞争对手无法应对。现在 Build Net 成为房地产服务商，原有 10 万家竞争对手成为 Build Net 建筑商；顾客超过千万；供货商超过 1 万家；专注于服务提供，购房者不计较换电器零部件的价格。

这两家公司虽然是不同的企业，但是有一样是相同的，这些公司销售给顾客的是一种超级价值。而且不限于此，它更是一种不断完善的价值。宜家家居的超级价值体现在对顾客始终如一的高水平服务和帮助上。

Build Net 关注的是住户的服务价值。

这样看来，企业能否在市场上成为主导者，最为关键的是找准顾客并为顾客贡献价值。无论是制造型公司还是服务型公司，抑或技术型公司，这些都不重要，重要的是公司所面对的顾客是谁，为谁创造价值？很多人希望中国企业能够从制造走向创造，我并不觉得这是一个很困难的问题，制造和创造并没有本质的区别，如果制造能够基于顾客的价值，这样的制造本身就是创造，所以问题的关键不是制造和创造的区别，而是对于顾客价值认识的区别，换句话说：由制造提升到创造，只要能够提升对于顾客价值的认识，就可以实现。

那么顾客价值认识又应该如何提升呢？

曾经有学者研究过80家领先市场的公司后，发现这些领先市场的公司的顾客可以分为三类。

- 一些像3M、耐克等公司的顾客，他们把产品的性能或者是独特性看作价值的核心。
- 第二类顾客是诺斯托姆（Nordstrom）和空投快递（Airborne Express）等公司的顾客，他们多数看重个性化的服务和建议。
- 第三类是联邦快递和麦当劳的顾客。他们主要希望在保证价格与可靠服务的前提下，尽量追求最低价格。

借助这个研究的分类，可以看出公司提升顾客价值的方向可以是：

- 最低总成本；
- 最优产品；
- 最优服务。

这样看来，从制造到创造可以有三个方向选择。

第一个方向是用最低的成本提供产品以满足广大消费者的需求，正如沃尔玛所做的努力一样"总是用最低的价格销售"。一个零售百货公司，因为清楚地知道日用易耗产品对于顾客的价值就是最低的价格，因此独创出全新的百货业态，以全行业最低的成本使得自己在一个传统的、微利的行业中脱颖而出并保持强劲的增长。

第二个方向是提供最有竞争力的产品提升顾客的价值。这里最出色的例子是三星。三星正如很多中国家电企业一样是一个制造型公司，但是从1993年开始，三星由顾客需求出发，展开工业设计、数字技术、显示技术等一系列变革，使得三星电子产品具有全球竞争力，更使得三星这个品牌成为全球电子第一品牌，用三星董事长李健熙的话来说，就是三星必须全心关注产品。

第三个方向是服务带来增值。这里面最出色的是IBM，从郭士纳开始IBM走上持续变革、服务增值的方向，从技术导向转向顾客导向，从智慧地球到全球整合。这一系列的变革，使得IBM从一个制造公司转型成为一家服务增值公司，并引领着持续变革的潮流。

市场的主导地位，从根本上讲是由顾客价值决定的，能够为顾客贡献价值，那么你就是主导者，这也是企业和营销所必须经由的道路。

04
第 4 章

产品的本质

产品是企业与顾客交流的平台,既是企业进入市场的前提条件,也是企业存活于市场的根本原因。产品是企业生命与品牌的承载体。

2011年,达芬奇家具与奥迪斯电梯成为公众关注的品牌,一个不争的事实摆在我们的面前:企业赖以生存的东西到底是什么?企业品牌所具有的真实的价值到底是什么?企业生命周期或者企业品牌的生命力到底靠什么?不知道为什么,我最近总是想起一件事,20世纪80年代初,日本经济学家小宫隆太郎来到中国考察后发表一个令人吃惊的观点:中国没有企业[1]。30年后上述这些现象让我又想到了小宫隆太郎的观点,究竟是什么元素让我们的企业无法成为真正的企业而只能够在竞争中苦苦挣扎?也许很多人会从不同的角度回答问题,但是我会想到一个关键元素,这个元素就是"产品"。产品对于企业而言,既是企业进入市场的前提条件,又是企业在市场中存活的根本原因。如果没有产品,企业就没有了与顾客交流的平台,也就没有了在市场中存在的理由,顾客在认知企业品牌的时候,感受到的正是企业的产品,如果不在这个元素上做出努力,反而在其他的地方花心思,一定会让企业丧失自己的生命力。

产品是企业生命与品牌承载体

1993年的李健熙以"除了妻儿,一切皆变"为理念开始了10年的改革和铸造品牌之路,三星这10年正好也是中国家电企业快速发展的10年,但是10年后的三星成为全球第一电子品牌,中国企业还无力进入全球市场并陷入困境。三星的10年路,中国家电企业20年的路,让我们不得不思考如何走出代工的困境,获得企业真正的价值,这也需要认真思考什么样的企业才能够摆脱陷入困境的命运,成为一个"布局者"。像通用电气那样,20年来海尔一直这样做,但是无论比之通用电气,还是三星,海尔都还有很大的距离,究竟是什么元素让我们的企业无法成为布局者而只能够在竞争中苦苦挣扎?也许很多人会从不同的角度来回答问题,但是总有一个关键元素,就会改变根本的格局,这就是"产品"。对于企业而言,产品既是企业进入市场的前提条件,又是企业在市场中存活的根本原因,如果没有产品,企业就没有了与顾客交流的平台,也就没有了在市场中存在的理由。回答企业能够生存的理由的时候,排在第一位的就是:企业能够提供产品(服务)。所以能够带领企业离开竞争的第一个选择的方向是专注于产品。

专注于产品的生命

迈克尔·波特在研究典型亚洲跨国企业时,非常惊讶地发现,亚洲企业家把办企业完全看作在做生意,而不是创造新产品和服务。但是一个不能够首先想到产品内在的诚信、创新产品的企业家是不可能把企业发展下去的。当达·芬奇家具出现问题的时候,公司总经理面对公众并没有站在消费者的层面做出努力,仅仅是强调自己创业的艰难。当一个企业出现问题的时候,企业负责人如果不能够担当起对自己产品的责任,担当起对消费者的责任,这个企业就开始离开消费者,没有生存的理由,这是非常错误的选择。虽然一部分人会认为达芬奇事件中所折射的是国人对于"洋品牌"的偏爱导致这个结果，但是我并不认同这个观点，消费者心理的认知的确是需要考量的因素，但是企业本身无论如何理解消费者，在产品上都必须专注于产品的生命力，而不是利用消费者认知。

三星打动我的第一个地方是它对于产品的专注和偏执，1993年李健熙曾经告诫三星人：如果我们与中国的家电企业做一样的事情，我们一定输掉，因为中国家电企业更有能力做到物美价廉，所以三星必须走另外一条路，走数字产品、高端产品以及技术领先的方向。三星大刀阔斧地剥离非核心业务，认准数码方向全力以赴，转变为以高技术和尖端设计为核心的追求高利润率和现金流的品牌生产营销的模式，结果获得成功。中国家电企业虽然也非常关注产品，但是对于产品创新的理解以及发展方向的把握，还是令人担心。事实上产品拥有自己的生命特征，如果企业不能够全力发展产品的生命，赋予产品内涵，产品也不会发挥它核心的作用，企业与产品之间是生存和生命的关系，产品对于企业而言是企业生存的方式，企业对于产品而言是产品的生命创造者。企业和产品之间是相互依存的关系，只有赋予产品生命力，企业才有在市场中独立存活的力量。

以质量和品质取胜的思考模式

1993年，李健熙提出了以质量和品质取胜的"新经营"，掀起了三星的改革高潮。[2] 以后的岁月"新经营"带领三星渡过了无数的难关，并使三星成为全球瞩目的公司。1997年亚洲金融危机使韩国的现代和大宇先后倒下，而三星却因为李健熙推行的新经营顺利度过。实行新经营十年后，三星成为韩国公认的销售额和净利润第一的企业，三星从三流企业一跃成为国际一流的企业。1992年，三星的税前利润只有2300亿韩元，2002年则是15万亿韩元，上涨了66倍；同期间的负债率从336%减少到65%；市价总值从3.6万亿韩元增加至75万亿韩元，上涨了20倍之多，总利润占韩国上市成长公司的61%。而且三星品牌价值的增值率是108.46亿美元，跃升为世界第一。到了2011年，三星更是从2010年世界500强的第32名，一跃而上升为第22名，销售规模也达到了1 337.8亿美元，再一次做到了强劲的增长。

质与量是企业直接面对的问题。面对这一问题，三星的做法值得借鉴。三星只保留最重要、最有盈利前景的核心项目，比如消费类电子产品、金融、贸易和服务等，而边缘的、亏损的领域或者非核心的领域则一律放弃。对于企业，李健熙要求只追求企业的质量而非数量，不要虚无的框架，只要实实在在的利润。这种"舍弃经营"的模式值得我们借鉴。在产品的质量方面，三星也抛弃当时盛行的"以数量为主"，积极推进质量经营。当有一款手机出现不合格产品时，三星将生产的15万部手机全部回收，员工们一起宣誓"绝对不会再制造这种产品"，并把它们全部烧毁。烧毁15万部手机，这需要非常大的决心。海尔走过同样的路，以质量取胜的选择也使海尔在中国家电行业中脱颖而出。

质与量是企业直接面对的问题。面对这一问题，很多企业都无法做到合理安排，因此导致2010年发生了"奥的斯质量"事件。相对于其他品牌而言，这个企业在技术、企业发展的历史以及消费者认知方面都具有强劲的影响力，但是为什么还是发生了人们不愿意看到的质量事件，甚至伤害到消费者的安全。究其原因，就是过度追求规模增长，而忽略了企业对于顾客的承诺。一旦企业以快速增长作为自己的追求目标，就会出现背离顾客的行为和结果，对于企业而言，追求企业的质量而非数量，不要虚无的框架，只要实实在在的利润，"舍弃经营"的模式才是一个企业持续的生命力所在。在这个高度，这些企业的管理回答的是产品的问题，管理所要解决的问题是围绕产品及其质量展开的，这样的理解使得这些企业成为一流的企业而领先于同行，也使得管理真正承担了自身的职责。是否以质量和品质思考，决定了企业的管理活动是否有效，也决定了企业在市场中的能力。

以顾客为本的产品设计原则

可口可乐2004年就努力进入中国乡土市场,而在此之前可口可乐一直是在中国中心城市和一、二级市场。它为此开始做一个可口可乐的中国下乡运动,因为这个运动就使得我们看到可口可乐在中国整体市场的延伸。宝洁公司在中国就有一个庞大的中国消费者研究部。在肯德基,你会发现它已经在口感、口味设计上,贴近中国人的喜好,有"老北京肉卷""翡翠芙蓉汤"等产品先后出现。这一系列的现象,表明这些领先的跨国企业共同在关注一个问题,这个问题就是如何让产品直接代表顾客,并因此而具有优势。

李健熙的产品观:强调设计要以人为本。他认为以往三星电器的遥控器设计过于复杂,因为技术人员没有考虑使用者的方便,他提出要设计出容易握在手上,而且只有启动和关闭功能,操作简单的遥控器。这一细节突显三星产品的人性化设计理念。产品的最终消费者是人,如果企业只是研究市场开发产品而不考虑消费者的需求,这个产品就无法打动消费者。

乔布斯的产品观:"如果你是正在打造漂亮衣柜的木匠,你不会在背面使用胶合板,即使它朝着墙壁,没有人看见。但你自己心知肚明。所以你依然会在背面使用一块漂亮的木料。为了能够在晚上睡个安稳觉,美观和质量必须贯穿始终。"这是苹果产品创造奇迹的原因,也是值得人们借鉴和学习的核心。

中国企业一向以在本土市场中自己的产品能够以低成本竞争感到骄傲,大部分中国企业在本土市场用低价策略与很多跨国企业进行竞争。这种比较优势,使得中国企业在以往的时间里可以真正面向市场。但是,如果仅仅以成本而言,随着跨国公司在中国建立生产基地和全球化采购策略,低成本优势已经不再具备。所以成本并不是产品的关键,产品的关键是对于顾客价值的体现,沃尔玛"顾客永远是对的"的经营原则,使得这个公司做出了一系列的创新来实现这个经营原则,沃尔玛带领整个百货业态的改造，开架销售、24小时经营、连锁经营、仓储式销售、会员店、全球定位系统的推出，使顾客获得了最优廉的商品，并带来了全球百货业的兴旺与发达。真正影响企业持续成功的主要重心不是公司的策略目标，也不是发展策略的流程，而是专注、集中焦点为顾客创造价值的力量，这个力量最为直接的体现就是企业的产品。

但是，在企业现实工作中，为顺应来自各部门的需求，资源经常分散，忽视了集中焦点于为顾客创造价值这个关键基本元素。必须再次提醒企业，聚焦于为顾客创造价值是企业成功关键中的关键，应该专心致志于为顾客创造价值的能力不断成长，根据顾客的价值需要来发展策略，让顾客价值成为企业产品的起点、企业服务附加价值的起点、企业策略的内在标准、企业行为的准则。

产品是企业理念的诠释

最近几年，人们不断探究苹果公司创造奇迹的原因，为什么苹果的产品可以改变整个行业，甚至整个市场和世界。因为苹果，人们很自然地把上帝、牛顿和乔布斯并列在一起来谈论，这的确是一件令人意想不到的事情，的确因为苹果公司的产品，产生出这样神奇的效果。让我们来看看乔布斯怎样评价自己的产品。"我们不做市场调查。我们不招收顾问……我们只想做出伟大的产品。""专注和简单一直是我的秘籍之一。简单比复杂更难做到：你必须努力理清思路，从而使其变得简单。但最终这是值得的，因为一旦你做到了，便可以创造奇迹。"[3] 看到这里，我们就不难理解苹果产品为什么能够那样深入人心，在一个极其复杂技术的背后，呈现出简约时尚的产品，这正是今天人们对于产品的期待，而乔布斯所带领的苹果公司做到了。

在技术同质化的今天，产品本身需要更多地体现企业的理念，也更需要产品具有企业领袖的价值取向。我一直很喜欢农夫山泉，因为这个产品有着企业领导者对顾客负责的价值观。我也很喜欢香港的星光集团，这个印刷企业的领导者坚持"八不印"，看星光的产品你一定可以感受到企业领导人的社会责任感。因为企业的理念在产品上的体现，你可以区分不同的产品，同样是家电产品，人们会接受海尔，因为产品意味着服务；同样是手机，很多人会选择苹果，因为产品意味着时尚与互动；同样是汽车，一些人会选择奔驰，因为奔驰意味着成功的商业人士，而另外一些人会选择宝马，因为宝马意味着成功及其年轻。每一个可以区分的产品正是源于产品对于企业理念的诠释。

企业如何诠释自己的理念是非常重要的事情，人们之所以对于中国的乳业企业有很大的不信任，大部分的情况下是因为这些企业的理念不好。整个中国乳业，在理念的诠释上，都会强调，品质、原材料来自于大草原、可控的生产过程、绿色的标准。这些理念元素的确是大家期待的，也是必需的，但是，当三鹿公司的产品给幼小的孩童带来痛苦的时候，这些诠释理念的概念显得如此苍白，真正让消费者感受企业理念的是企业的产品，每一个可以区分的产品正是源于产品对于企业理念的诠释。同样的情况又发生在达芬奇家具、奥迪斯电梯上，我相信这两家企业的理念在概念上是很好的，但是需要知道的是，企业的理念并不是只用概念来诠释的，而是通过企业的产品来诠释的。产品是一个需要持续关注、付诸行动的东西，同时更是企业与顾客连接的平台，只有持续关注产品质量的企业才是获取顾客的心的企业，也正是与顾客交心，企业才能够保持持续的领先地位，一个能够真正关注顾客价值的产品一定能带领企业走上持续发展之路。

写到这里，我还希望大家能够向李健熙学习。李健熙自己的家里是一个电子产品实验室，公司的新产品和其他对手公司的产品他第一时间试用。三星鼓励公司同仁使用其他品牌的电器以取他人之长。保持和时代同步、吸取同行的优点也是三星人的优势之一。我们很多企业明确规定一定要用自己的产品，当然能够使用自己产品也是很好的做法，但是比较三星来说，我们还是相差了很大一截，因为能够学习同行的产品，无疑是对自己企业的产品提出更高的要求，没有对别人的理解，不可能真正理解自己，这句话放在产品上也是同样成立。只有充分理解同行的产品，才能够充分理解自己的产品。而这种欣赏同行的学习能力，正是创新的真正来源。反过来，如果仅仅局限在自己的产品上，不但不能够了解产品本身，更可能失去创新的来源，使得企业的员工远离市场和顾客。所以我并不提倡企业员工一定要使用自己企业的产品，相反我也很赞同李健熙的观点和做法，鼓励企业员工使用同行的产品，在使用的过程中体会同行产品与企业产品的差异，以寻求新的突破。

产品是一个需要持续关注、付诸行动的东西，同时更是企业与顾客连接的平台，只有持续关注产品的企业才是获取顾客的心的企业，也正是与顾客交心，企业才能够保持持续的领先地位，一个能够体现顾客价值的产品一定能带领企业走上领先之路。

产品意图

战略控制企业命运，因此人们总是非常明确地要求企业确定自己的战略，这是明智的选择。但是明晰了战略的公司，并不都能够在竞争中获得有利的地位，原因到底是什么？隐含在战略之后的关键要素又是什么？

认识产品意图

在今天，中国许多企业都在为赶超全球范围内对手的竞争优势而努力奋斗，人们不断地关注生产力成本，不断地关注供应链体系的建设，不断地寻求技术的突破，甚至为了获得有利的竞争地位，开始尝试建立战略联盟。在欣赏这些努力的时候，也同时感受到我们几乎都未能超出模仿的范围，许多公司发展到几百亿的规模，但也仅仅是创造出国际上竞争对手早已拥有的成本与质量方面的优势。当我们对自己企业的进步欢欣鼓舞的时候，国际竞争对手已经早已放弃这些，进入一个全新的领域，这个全新的领域到底是什么？

这些具有优势的国际企业寻求的是另外一种战略，与我们传统意义上的理解完全相反。这一根本的不同需要我们做出积极的思考。这10年来我一直收集关于战略、竞争优势和管理角色的不同观点，最后我认同了加里·哈默尔（Gary Hamel）和C. K. 普拉哈拉德（C. K. Prahalad）[4]的观点，他们认为战略有两种相反的方向，一种是西方管理普遍认可的，即中心是保持战略的适应性；另一种中心是让资源产生杠杆作用。虽然这两种战略的方向不同，但是两者都清楚地意识到，利用有限的资源在充满敌意的环境中进行竞争这一问题，前者强调挖掘可持续的内在优势，后者强调必须促进企业学习如何通过创建新优势而超越竞争对手。

先回顾一下历史：1970年，没有几家日本公司拥有原材料基地、制造规模，或者美国的先进技术、欧洲的产业基础、世界市场的品牌。本田公司比美国通用汽车公司小，还没有向美国出口汽车。佳能公司最初带有迟疑地涉足复印机技术时，规模与价值40亿美元的施乐公司相比，小得可怜。但是在今天，本田公司几乎为世界制造了与克莱斯勒公司一样多的汽车，佳能公司已占有与施乐公司一样的世界市场的份额。这令人着迷的现象，一定有着内在的要素，我把它称为"产品意图"，（这个想法的产生受加里·哈默尔和C. K. 普拉哈拉德"战略意图"[5]的启发。）这些弱小的公司能够经过20年的努力一跃成为与大公司并驾齐驱的公司，就是因为它们拥有明确的"产品意图"：将企业组织的注意力集中于产品成功的本质；透过产品传递企业的价值；将员工与产品连接在一起从而激发活力；让产品成为连接个人与团队的价值纽带；当环境发生变化的时候提出管理的新定义以保持热情；利用产品意图并始终如一地指导资源配置。

可口可乐是一个产品意图非常明确的公司，公司清晰地表达了自己的意图"买得到，买得起，乐得买"的"三买策略"。沿着这条产品策略，可口可乐公司不断地寻求展示这一意图的所有方法，这家公司努力在全世界范围内能够让每一位消费者都能"伸手可及"地喝到可乐，培育分装、经销体系，不断与全世界的消费者沟通，从而成为全世界最为著名的企业。同样成功的是微软公司，微软的产品意图表现为"为世人提供一个看世界的窗口"，所以微软一直致力于操作系统"傻瓜化"，微软所做的努力给微软带来了无穷尽的未来。相同的例子是阿里巴巴，阿里巴巴所创立的交易平台，帮助商家获得了直接的服务，而淘宝与天猫商城更给众多买家提供便捷的平台，阿里巴巴以平台服务的方式体现产品意图，结果从众多的同行中脱颖而出，成为今天行业的领导者。

透过产品传递公司价值

公司价值如何展示一直是企业必须解决的问题，没有价值的公司是无法存活的，有价值的公司用什么方式传递价值又是一个非常难以选择的问题，恰好产品能够在其中起到作用。研究企业的成功，很多人从企业战略入手，但是我更倾向于从产品入手。很多公司在确定产品的价格时，没有理解产品本身并不体现价格，而是体现公司的价值追求。如果仅仅从产品价格去理解市场，只能够导致企业在市场上陷入竞争的困境，这也是中国企业目前普遍的问题。只有从公司的价值追求出发，通过产品传递公司的价值，才可以让顾客和企业之间建立一种价值选择关系，一旦建立起这样一种价值选择的关系，企业就可以回到顾客的价值追求中做出贡献。

小米手机就是一个很好的案例[6~10]。小米公司（全称北京小米科技有限责任公司）专为发烧友和手机控打造一款高品质智能手机。雷军是小米的董事长兼CEO。手机ID设计全部由小米团队完成，该团队包括来自谷歌中国工程研究院原副院长林斌、摩托罗拉北京研发中心原高级总监周光平、北京科技大学工业原设计系主任刘德、金山词霸原总经理黎万强、微软中国工程院原开发总监黄江吉和谷歌中国原高级产品经理洪锋。手机生产由英华达代工，手机操作系统采用小米自主研发的MIUI操作系统。手机于2011年11月正式上市。小米公司创始人雷军在谈及为何做小米手机时说，就目前发展趋势看，未来中国是移动互联网的世界。智能手机和应用会承载用户的大部分需求，虽然过去的很多年，花了很多钱买手机，从诺基亚、摩托罗拉、三星，到现在的iPhone，在使用过程中都有很多诸如信号不好、大白天断线等不满意的地方。作为一个资深的手机发烧友，深知只有软硬件的高度结合才能出好的效果，才有能力提升移动互联网的用户体验，基于这个想法和理想，又有一帮有激情、有梦想的创业伙伴，促成了做小米手机的原动力。

小米手机已于2011年10月20日产量出货，只接受网购。小米公司拟定了先满足9月30万订单客户然后再广泛出售的战略。截至12月17日已出售302 601部。12月18日限量10万发售。2012年1月4日中午13:00开始，第二轮开放购买正式开始，10万台小米经3小时疯抢后，售罄！为了满足广大"米粉"，2012年1月11日又放出50万台，与前两次不同的有两点：①此次开放购买，每人预付100元；②成功购买后，赠送小米会员后盖一个！经约35小时抢购，50万台再次售罄。此次成功订购的小米手机会从2月1日开始发货，发货前三天会收到短信通知付余款。

看看当时的最新动态：2012年5月18日，小米公司新产品——小米手机青春版正式上线，售价仅1499元，目前已正式接受预定，报名人数日前超过75万，但是官方在5月18日开放购买的时候仅限量供应15万台！[11]

员工与产品连接激发真正的活力

如何激发员工的活力更是企业关注的根本性问题，人们从不同的角度思考这个问题，更多的企业选择激励机制、企业文化建设和创造全新的组织环境。我同意这些努力都是必需的，但是并不是这些努力做到了，员工的活力就被激发出来，甚至更加让人们觉得困难的是，激发出来的活力也只能保持一段时间，等过了一段时间员工又呈现出原有的状态无法改变。但是观察有活力的公司，发现一个令人振奋的现象：活力来源于员工与产品的互动。比如3M公司，这是一个被公认为具有活力的公司，员工们津津乐道于全新产品的开发，每一个员工都以能够创新产品为荣，公司上下都在不断释放出热情。同样具有活力的公司是美国西南航空。这家小型航空公司，在简单朴实的机舱里创造出快乐享受的旅程，创造了连续20多年的持续增长和盈利，更重要的是创造了顾客全新接受的航空模式。虽然公司员工的收入不高，但是因为每位员工都是西南航空服务产品的代表，所以每一个员工真心感受到快乐所带来的幸福，从而激发每一个员工给顾客带来快乐的力量，让产品成为连接个人与团队的价值纽带。

我一直很感兴趣青岛港的"许振超现象"[12]。许振超是一个普通的码头集装箱装卸工，当有一次总经理告诉许振超装卸集装箱的世界纪录的时候，许振超决定冲击这个世界纪录，他与总经理约定打破这个领域的世界纪录，结果许振超真的就刷新了这个装卸集装箱的世界纪录，成为这个领域的"世界冠军"。这是一个让人激动的例子，当装卸记录成为许振超和总经理之间的约定的时候，青岛港和许振超创造了装卸领域的超人价值，换个角度说，当产品连接个人与团队的时候，个人和团队都会产生价值。

环境的不确定性已经成为常态，这是我近几年来不断强调的观点。但就是在这个不断变化的环境中，仍然有很多公司一直保持旺盛的发展势头，一直处在领先者的地位，人们不断地找寻它们成功的机理，不断寻求这些成功公司内在的逻辑。我也分析这些企业，之后发现，这些成功企业的发展逻辑是基于变化重新定义管理而保持热情。整个20世纪60年代到90年代初期，日本人通过注重低成本、高质量和生产率，悄悄地创建了制造强国。美国公司别无选择，只能够静下心来研究如何转型，企业领导人被迫把精力集中在经营业绩上，在这个时代的代表人物是通用电气的杰克·韦尔奇。他将一个平庸乏味的工业企业集团转型为充满活力的服务型企业，使得通用电气成为精密的增长机器，拥有先进的管理模式，特别是核心业务单元战略的计划管理带领通用电气成为全世界价值最高的公司。主宰90年代后期管理思想的四大信条是：商业模式创新、生产力、速度和股东价值。比尔·盖茨拥有了这些特征，他是"速度之父"，在他主导下，电脑成为每个人必需的工具，他用创造性的商业模式，把一个少数大企业支配的市场转变为一个开放的舞台，新的商业机会不断涌现，价格不断下降。当环境变化的时候重新定义管理，让新的产品意图激发全新的激情。到了2010年，互动与价值网络成为核心价值，乔布斯拥有了这些特征，在乔布斯的执着和创新中，对于产品和产业的全面维新变革，缔造了苹果、IBM以及小米手机等一大批创新的领导者，并缔造出全新的产品，提升了人们的视野。

产品承载"精神"

今天的消费不再是纯物质的消费，人们所需要的是通过消费来满足精神的追求。市场上涌现出许多高精神含量的产品和服务，足以说明这个现象。

观察市场不难发现，可以成功的产品都要和顾客的内心产生共鸣。消费者要通过产品消费达到价值认同。最常见的做法就是在功能之外提供精神上的愉悦。例如快速扩张的"真功夫"，除了享受餐厅本来就提供的服务（食物）外，还可以让人们联想到李小龙的真功夫，身在其中，顾客多了些想象的空间与趣味。到北京，正院大宅门里感受到宫廷的氛围，无论是门前的格格，还是店里的设计，古朴的摆设，加上京剧的渲染，顾客就直接在"宅院"的场景里多了不同的体验。

体验与想象

丹麦未来学家罗尔夫·詹森（Rolf Jensen）在2001年出版的《梦想社会》(*The Dream Society*)[13]中认为："我们可以这样说，1999年是个临界点，是欧洲和美国开始明显发现资讯时代不会延续下去的时点。换句话说，人类即将进入新纪元——一个以故事为主导的年代。我们将从重视信息过渡到追求想象！"

罗尔夫·詹森举了鸡蛋的故事来说明这点。他说，在1990年，几乎所有丹麦人都购买在工业化农场生产的鸡蛋，只有少数选择天然农场的鸡蛋，毕竟自然生产的鸡蛋的价钱是"工业"鸡蛋的两倍。及至1999年，在丹麦超市的鸡蛋竟有一半来自自由放养的鸡群。产品一样，味道也一样，甚至实验室都找不出两者之间的分别。顾客就是渴望天然、有乡村情怀和动物福利的浪漫，他们宁愿为此付出代价。由此可见，"我们现在选择那些包含感人故事的产品"。

他也描述著名美国烟草牌子万宝路（Marlboro）的故事，这是德国旅客购买到美国西部荒野刺激的冒险经历。万宝路在世界各国，和在德国与美国情况一样，不仅是香烟而已，还是个完整的故事，万宝路的故事包括有个性的衣服和冒险旅行。这个关于美国西部旷野的故事倡导独立的价值，冷静、锲而不舍的个人力量，这些价值早已通过无数产品和服务体现出来。罗夫钱森的结论是"当我们购物时，事实上我们在商品内寻找故事、友情、关怀、生活方式和品性。我们是在购买感情"。

的确，一个产品如果不能够附着人们的想象力和向往，这个产品就无法存活下来，也许我们可以用"情感""精神""梦想"等一系列的概念来诠释它，但是这一切都在描述着一个根本的事实，那就是具有灵魂的产品，而不是一个简单的功能和结构。2010年年底两部中国电影风靡各大院线，一个是姜文的《让子弹飞》，一个是冯小刚的《非诚勿扰2》，两部电影的票房都创造了本土电影的奇迹。这两部电影之所以产生如此巨大的商业成功，究其原因是很多人都在这两部电影里有了情感或者心理上的共鸣，每一个进入影院的人，无论是年龄、生活背景以及阅历都不同，都可以在这两部电影里找到自己的思绪和情感的宣泄。甚至《让子弹飞》引发了无数的网络语言，而《非诚勿扰2》中引用的一首小诗也成了时尚的语言。相比之下，张艺谋的《山楂树之恋》并没有获得预期的成功，因为这部片子只能够让20世纪五六十年代的人产生内心的共鸣，而除了这些人之外，年轻人无法和这个影片产生互动和交流，甚至在影院出现让妈妈级的观众热泪盈眶，而孩子级的观众无动于衷的情形，从影片的画面、人物以及故事情节的安排上，你完全可以对张艺谋放心，但是放映的结果就是这样，因为今天看电影的主流人群无法和这个电影产生共鸣。

人们消费的产品，已经不再是产品本身，而是消费者情感和期望本身，消费者把自己的想法、期望甚至梦想折射到产品上，希望借助于产品来寄托、感受甚至宣泄自己。瑞士手表深谙此道，在瑞士所诞生的这些著名的手表品牌，并不是一个时间的刻度，而是深邃、守约、精准以及典雅的象征。当腕上带着其中一款瑞士手表的时候，消费者内心中所感受到的已经不再是时间，而是承诺和确信。传统的手表产业，因有着个性的追求，越加焕发出时代的光芒，并具有了永恒的时间价值。

西部超导与"人造太阳"

2003年成立于西安的西部超导科技公司[14~16]，是中国参与的全球规模最大、影响最深远的国际大科学工程项目——"国际热核聚变实验堆"（简称"ITER"）的合作方，作为重要的实物制造及材料供应方，主要承担总计划9%的实物贡献部分的磁体、线圈、供电等部件制造任务，均为核心技术。经过严格的评审，专家们一致认为，西部超导科技公司生产的NbTi和Nb3Sn超导线材，各项性能指标优异，具有较高的稳定性，质量保证体系完善，已全面达到ITER供货标准，具备了开始第三阶段大批量生产的条件。

这个偏居西部内陆、成立不过8年的企业，是如何将"西安元素"注入国际最大科技合作项目"人造太阳"计划的呢？第一个原因是它们拥有参与"人造太阳"的强大信念。国际热核聚变实验堆（ITER）计划是21世纪最雄心勃勃的能源科技合作项目，它仿照太阳发出能量的原理，将为人类提供用之不竭的能源，因而，该计划又被称为"人造太阳"计划。2003年2月，中国正式加入ITER计划，与欧盟、日本、俄罗斯和美国等世界科技强国一起成为ITER计划的成员国家之一。恰在这一年，西部超导材料科技有限公司在西安诞生了。

超导材料不仅是热核聚变实验堆的关键性材料，同时在医疗、交通、军事、通信等诸多领域，都有广泛的应用，发达国家早已相继开展了超导材料的商业化制造。为实现我国超导材料的产业化，一批海外归国学者、国内专家和技术人员共同组建起了西部超导最初的创业团队。

刘海明副总经理回忆道："我们最初的目标就是希望以超导线材来参与ITER计划。创新团队当中不少人在海外已经有所成就，收入待遇非常好；国内的人员都在科研院所，待遇优厚。做这件事，大家都是共同的目标。"刘海明副总经理当时就职于西北有色金属研究院，签了一张承诺书，就放下了科研单位的"铁饭碗"。

西部超导成立之时，"人造太阳"计划还在酝酿，而国际热核聚变实验堆的选址都尚未确定。在诸多的未定因素下，敢于以参与"人造太阳"计划作为公司成立的目标，不仅是西部超导战略眼光和市场敏锐性的体现，更折射出超导公司团队"报效祖国，服务人类"的坚定理想信念。"我们始终怀着'报效祖国，服务人类'的理想。能源问题是人类社会发展必须要解决的问题，作为国家培养出来的技术人员，都饱含着报国的热情，希望为国家做出自己的贡献。"谈起西部超导的创业历程，刘海明的话语中依旧充满着激情。

2004 年 11 月，西部超导一期项目正式投产，受到国际国内超导技术领域的高度关注。国家科技部评价说，西部超导公司的建成投产，是我国超导技术发展的一个重要里程碑，标志着我国低温超导材料正式拉开了产业化的序幕。从此，中国拥有了国际化、专业化、具有自主知识产权的超导产业，国际上能同时生产超导棒材和线材的企业目前只有西部超导一家。

2010 年 12 月 20 日，西部超导参与"人造太阳"计划的梦想终于实现。中国国际核聚变能源计划执行中心代表国际 ITER 组织，与西部超导签署了总量约 210 吨，价值 6 亿元的超导线供货合同。"这标志着由西部超导承担的 ITER 项目线材供货任务将正式进入实施阶段，同时也意味着这样一个企业，代表着西安、陕西，乃至我国，在新材料、新能源领域的自主创新能力及生产技术已充分达到了发达国家水平，具有了世界领先的核心竞争力！"签约仪式上中国国际核聚变能源计划执行中心主任罗德隆的评价饱含着对西部超导的赞誉。

西部超导的研发方向就是面向市场需求，寻找市场空白，做别人做不了的东西，要做到国内空白，国际领先。在西部超导，研发投入历年来都占到了销售收入的 10% 以上，2010 年，研发经费达到 5000 万元。短短几年时间，公司已获得授权专利 20 余项，申请发明专利 80 项。新产品研发已经成为公司高速增长的强大动力，仅 2010 年新定型产品的产值就占到了公司总产值的 80% 以上。

西部超导的目标是"百年老店"。为此，他们坚持的产品理念是：现在的产品永远是低端的。西部超导的人认为，"假如自己不主动淘汰现有的产品，不研发新的高端产品，市场就会把企业淘汰"。

差距的来源

人们一直在关注中国企业和西方跨国企业之间的差异，很多人说差距源于技术、资金以及经营历史。但是我想对于顾客而言，根本的差距其实是产品的差距，不是产品功能上的差异，是产品给予顾客价值感上的差异。那么产生差距的缘由是什么呢？其实就是产品所承载的"价值之差"。

饮料是最通常的产品，但是可口可乐却能够让每一个时代的人集聚在它的周围，超越时代、距离和地域甚至文化，这个产品连接不同消费人群的就是它所给予每一个顾客的"挡不住的感觉"。可口可乐的市场总价值中情感实体远大于物质实体，罐装饮料厂、卡车、原材料和建筑物这些有形物质资产对于可口可乐公司和华尔街来说，并没有全世界的顾客对这一品牌的好感重要。换句话说，可口可乐公司所创造的顾客忠诚度在未来难以估量，要量化这一部分的资产负债即使让最出色的首席财务官都无法完成，而价值的确就在那里。

在北京首都国际机场 T3 航站楼，只要时间足够，我都会到哈根达斯店里坐一会儿，吃吃哈根达斯冰激凌，让绷紧的生活即便是在飞机场的候机厅里也能松弛下来，享受瞬间的美好。试想一下，哈根达斯其名称本身，甚至它的标志，都能够让人触觉到美。是的，它代表冰激凌。但是，所有喜欢哈根达斯的人都知道它更代表美好的感觉。

对于那些和人们的生活融合在一起的产品，已经不能够简单地称为"产品"，常常会把这些产品和生活方式等同一体。20 世纪 50 年代，在摩托车行业，日本摩托车便宜可靠，使用者的裤子不会沾染油脂，日本企业的竞争使得美国许多公司停产，甚至威胁到其他欧洲品牌。当时美国哈雷摩托是美国剩下的唯一摩托车生产者。但是在 1999 年，却开始出现新现象，美国又重新生产美国样式的摩托车，比起日本的竞争者，美国的历史更善于给摩托车创造某种类型的故事，这让哈雷摩托依然保留着强劲的竞争地位，在富裕的社会里，摩托车不仅是交通工具而已，还可以告诉别人许多故事，诸如展现车主的品位、风格等无形的价值。哈雷摩托不仅是一部摩托车，更大程度上是个性和理想的化身，是某种生活方式的表达。

2009年10月，在广州，每一天早上会看到"跑起来"的运动，这是耐克在这一年所牵动的全民运动，看到一双双踏着耐克跑鞋不断运动的人群，可以感受到健康、快乐和阳光，这就是耐克所追求的。菲尔·奈特（Phil Knight）推出耐克品牌后，将运动健身的灵感与渴望达到价值水平的创新性产品展示结合起来。例如耐克的气垫运动鞋展示，耐克本来可以花上千万美元宣扬产品的价值，这种运动鞋鞋跟中薄而柔韧的膜中装了气垫，外面包着成型的脚框架，并附有一种动力健身系统。但是耐克只简单地展示了一下产品，却与顾客在更深、更鼓舞人心的层次上做了交流，让人在更广阔的运动健身世界里了解这一产品的真正意义，这超越了产品本身，让人感动。

上述这些产品可以和顾客连接在一起，就是因为它们具有了顾客所要的价值，可以说产品就是顾客想象和期待的载体。按照密歇根大学商学院教授普拉哈拉德及拉玛斯瓦米（Venkatram Ramaswamy）[17]的说法，权力钟摆向顾客的移动使产品"不过是一种顾客体验"。就像柏拉图所认为的那样，人们在日常生活中体验的任何具体事物的各个侧面都存在着该事物的"理念"，是"理念"使事物更长久，甚至拥有永久的意义。

事实上，追求想象的未来已经浮现。星巴克的咖啡严格来说是饮料，人们前往星巴克的真正理由是需要一个属于自己的可以享受的时间，因为人们渴望属于自己。换句话说，独立才是消费者要的东西，咖啡和咖啡厅只不过为人们提供一个场地和陪衬工具而已。因此，你可以在北京东方广场的星巴克里，在香港海港城的星巴克里看到安静看书的年轻人，在一个繁华的购物广场，在喧闹的人群中看书写作业，这就是星巴克的魅力。

中国等了10年的创业板终于开闸，一夜而诞生的众多亿万富翁让国人兴奋和羡慕。我关注到"探路者"这家做户外运动服饰的公司，资本市场上的神话我并没有多大的兴趣，真正可以让我关注的是这家公司对于生活方式的认识，对于产品与生活意义之间关联的认识。在今天，户外运动所展示的就是一种跨越、融入自然、自我主宰的生活方式。与"探路者"关注户外相反,一些企业关注到人们的疲惫和需要"慢生活"的意愿,应运而生的是养生产品。我们可以把这样的追求称为个性的生活风格市场,这个生活风格市场的持续成长,无关物质的追求,而是驱向感觉的塑造。

如果企业还是孤立地看待自己的产品,显然是落后了。产品仅是载体,打动顾客的是"内涵",是企业所要传递的企业价值和追求。许多企业需要做适当的反应和调整,当消费者购买产品时,就等于购买这品牌所代表的某种信念和态度,产品反而是随着购买这些观念而来。所以企业必须了解到产品是企业价值的载体。

从企业所追求的价值出发,而非产品本身出发,就是优秀的企业和一般企业之间的差距。随着技术和市场的开放,产品之间功能上的差异不会有太大的差异,但是顾客感知价值的距离会非常巨大,就如20万的汽车和200万的汽车,在行驶功能上不会有太大的差异,但是在驾驶的乐趣、拥有的感受上,以及一系列相关的联想上却会有非常大的差异,而这200万的支付正是这些"核心价值"在起作用。给产品赋予"生命的意义",是中国企业缩小与世界优秀企业之间距离的根本选择。

05
第 5 章

服务的本质

服务是企业寻求营销创新的一个有效方法，但是服务如果不能增值，服务没有任何意义。服务是行动而非形象，服务是承诺而非态度。服务就是给顾客意外的惊喜。

服务是中国企业寻求营销创新的一个有效方法，如阿里巴巴、海底捞和招商银行等很多中国企业以服务取胜，获得了非常好的效果。但是认真评价中国企业所做的服务的实际绩效时，却发现一个奇怪的现象，大多数中国企业的服务不是增值，相反是用服务来弥补产品的不足，服务并未带来产品的附加价值。如果不能增值，服务就没有任何意义。

"在这 10 年里，服务将会步入产业的前沿"，不记得什么时候在自己的读书笔记上记下这句话，这句话可以说明服务对于今天各个产业变化的影响。许多曾经被视为制造业巨头的企业已经开始把它们的注意力转向服务业。IBM 是其所处行业内的领先者，郭士纳先生刚上任时断言，在未来的 10 年里，信息技术产业内服务会成为市场的主导，而不是硬件和软件，在一定程度上实现"硬件和软件都在服务的包装下进行销售"。一本 IBM 公司的小册子上写道：IBM 是世界上最大的服务企业。从 20 世纪 90 年代中期开始，服务就开始成为 IBM 成长战略的主导，而且在 21 世纪的第一个 10 年，这种情况仍在继续。IBM 通过其全球服务分部在全球范围内提供产品支持服务、专业咨询服务和网络计算服务。许多企业已经开始向

IBM外购整套服务职能，因为IBM提供的服务比其他公司都要好。

我们确信服务经济是真的到来了。1999年，美国服务业的就业人数占总就业人数的80%，所创造的价值至少占国内总产值的78%。服务业在世界各国已经逐渐成为一个主导力量。在制造业和信息技术产业中服务是必要的业务；汽车、计算机和软件等制造业与信息技术产业也已认识到进行全球竞争需要提供优质的服务。它们的大部分利润来自于服务。在通用电气公司，首席执行官杰克·韦尔奇发动了一场名为"第三次革命"的运动，旨在把通用电气的增长率增加到两位数。第三次革命的重点之一是推动通用电气更深入地进入服务业。

我们更清楚服务等于利润。从20世纪90年代中期开始，企业对于服务战略的可行性就有了显著的需求。学者们也构建了一个可靠的方案，即适当实施的服务战略可以带来大量利润。这比关注成本节约或者希望同时实现这两方面的战略能够实现更多利润。

服 务 认 知

两位著名学者B.约瑟夫·派恩（B. Joseph Pine II）和詹姆斯H.吉尔摩（James H. Gilmore）[1]在世纪之交借一本书指出了体验经济（experience economy）的来临。书中一开篇就讲了一个故事：经济的演进过程，就像母亲为小孩过生日、准备生日蛋糕的进化过程。在农业经济时代，母亲是拿自家农场的面粉、鸡蛋等材料，亲手做蛋糕，从头忙到尾，成本不到1美元。到了工业经济时代，母亲到商店里，花几美元买混合好的盒装粉回家，自己烘烤。进入服务经济时代，母亲是向西点店或超市订购做好的蛋糕，花费十几美元。到了今天，母亲不但不烘烤蛋糕，甚至不用费事自己办生日晚会，而是花一百美元，将生日活动外包给一些公司，请他们为小孩筹办一个难忘的生日晚会。这就是体验经济的诞生。书中提到的服务经济时代，服务是附属于产品、帮助产品实现价值的。而到了体验经济时代，服务本身成为关键性的增值部分。我们正处在这个时代，所以必须认识服务的两个基本特征：行动、承诺。

服务是行动而非形象

在一次 EMBA 的课程中，我和同学们讨论服务与形象的关系，大部分的同学认为甜美的形象可以向顾客传递服务的理念，甚至用航空公司空姐的例子来说明。这些例子和观点似乎得到了很好的验证，但是当我问大家：如果还是这些漂亮的空姐，但是飞机一直晚点，应该配给的餐饮没有送到，您还觉得航空公司的服务很好吗？同学们纷纷摇头，他们说再好的空姐形象对于飞机延误来说，都可以忽略不计。

青岛的海景花园酒店是我极其推崇的酒店，这家普通的五星级酒店，总是给客人不寻常的感受，总是能够让顾客在细微之处感受到被照顾和关怀，而这一切都是透过一线员工一点一滴的行动感动着顾客。在网络上看到这样两篇博文[2,3]。

> 我在海景香园楼多伦多厅宴请朋友吃饭，也算是家庭聚会吧，吃饭的时候，8岁的儿子要看他喜欢的卡酷动画，要求服务员帮他调出动画频道，我们搜了好多频道，都没有发现卡酷动画。后来知道，包间的电视不是有线的，所以就安慰儿子不能看他喜欢的《喜羊羊与灰太狼》，告诉他回家从电脑上补上落下的那一集。当我们几个大人聊天聊得正高兴的时候，突然听到儿子"咯咯"地笑个不停。一看，原来他已经被动画片逗乐了，才知道服务员已经用随身带的对讲机连线网络部门给遥控调出频道了，这让我们非常感动。服务员的这一做法，真正诠释了海景的文化理念之一："设法满足顾客需求，让顾客有一个惊喜"。
>
> 宴请完朋友，我电话咨询了解到晚上的美容美发营业到凌晨

1:30。晚上9:40后,我来到美容美发中心想做一个美容,做完美容,我问服务员回房间后,刚做完美容的脸是不是可以洗澡。服务员笑着告诉我:我帮你洗洗头发,回去就可以不用洗脸和洗头发了。服务员的反应很快,她站在客人的角度上着想,立刻让我产生了好感。洗完头发后,我感觉很开心,其实我就是来美容的,没想到服务员又帮我洗了头发,而且并没有增加费用,给客人的也是一种惊喜。美容完回到房间已经是晚上11:40了,冲完澡想刷牙入睡,挤牙膏的时候,突然发现我自己带的牙膏旁边多了一个"伴",是一支新牙膏,旁边有服务员的一张小留言条:"看到您自带的牙膏不多了,为不耽误您用牙膏,特意送您一支高露洁,希望您能喜欢。"

我记住了花园酒店里随处可见微笑着问候顾客的服务员。住进酒店给我印象很深的有一位女服务员,尽管我不知道她的名字,但我记住了她的微笑,深深的一对酒窝,还有那深深的鞠躬,一个细微的动作让我记住了她。她为我送水果,临走的时候她和我面对面笑着弯腰退出房间,我一抬头看到了她的这个动作,我的脑海里立刻想到了日本电影中的女人,温文尔雅,彬彬有礼。我不经意咳嗽一声,出门以后再回来发现酒店里面已经有人送来"金嗓子喉宝",还有一张温馨的卡片,提示我吃润喉片,考虑到我的嗓子,酒店还专门给我送来银耳汤,作为一个宾客真的有一种强烈的感觉:自己是他们的上帝。

为了寻找服务中的问题,我特意设置了一些障碍,在垃圾桶里扔了一双破损的丝袜,晚上回房间的时候发现房间里已经放着一包袜子。服务员让客人在他们准备的意见簿上写出意见时,已经给客人准备好了可以选择的小礼物:点心、香水、玩具,旁边还有几张精致的问候卡片和明天的天气预报提示,还有一盘精致的水果。服务员是怎么知道我的袜子需要买呢？我想知道，于是特意打电话给服务员表示感谢，我问怎么知道给我准备丝袜？服务员告诉我说她看到垃圾桶里有我丢的袜子，心想肯定我出门带的袜子不多，就送给我一包……类似的细节还有很多，海景花园酒店的服务员心够细吧！

海景精神是"以情服务，用心做事"，注重以充满真情和细致入微的服务打动客人，进而打造品牌。海景人都懂得，没有给客人留下可以传颂故事的服务就是零服务，努力实现"三个境界"：让顾客满意——让顾客惊喜——让顾客感动。海景成为一所育人学校，十几年中不断提炼和升华企业文化，坚持以文化育人，企业文化学习成为员工的必修课。企业先后编写了《企业文化手册》《优质服务》《理念一句话》等多种手册，构建了有自己特色的文化体系。十几年的文化渗透，使酒店好的文化理念深深植根于员工心中，使顾客意识和服务观念潜移默化地成为员工自觉的意识延伸和行动。

"海景人"的行为习惯就是想方设法、竭尽全力去解决顾客的一切问题，看似没有问题也要发现问题，用实际行动超出顾客的心理预期，带给顾客惊喜，其实是一种对顾客体贴入微的习惯，这种习惯从意识延伸到行动。

服务是承诺而非态度

大部分情况下，人们都认为服务好的标志是"微笑"，很多窗口单位，在提倡或者强调服务的时候，都会要求做到"微笑服务"。但是这真的就是服务好坏的关键吗？我认为这个认识是错误的。服务的好坏可以用微笑来表征，因为微笑服务表明人们的立场和态度，表明人们愿意做好服务所付出的努力，但是这绝对不是服务好坏的关键，因为衡量的标准是承诺，而不是态度。

到北京的时候，朋友告诉我一定要去试试"海底捞"，起初我并没有特别在意，因为天太热，不想吃火锅。但是在朋友的一再推荐下，我选择去海底捞吃饭，到了餐厅我被眼见的情景所震惊，三伏天竟然有食客排长队！海底捞是何方神仙，竟有如此能耐？它靠什么招数赢得"见多识广"的首都火锅爱好者的青睐？我问那些三伏天在门外排队的食客：为什么喜欢海底捞？

他们说："这里的服务很'变态'。在这里等着有人给擦皮鞋、修指甲，还提供水果拼盘和饮料，还能上网、打扑克、下象棋，全都免费啊！""这里跟别的餐厅不一样：吃火锅眼镜容易有雾气，他们给你绒布，头发长的女生，就给你皮筋套，还是粉色的；手机放在桌上，吃火锅容易脏，还给你专门包手机的塑料套。""我第二次去服务员就能叫出我的名字，第三次去就知道我喜欢吃什么。服务员看出我感冒了，竟然悄悄跑去给我买药。感觉像在家里一样。"[4]……

2006年，百胜中国公司将年会聚餐放在海底捞北京牡丹园店，并说这顿饭的目的是"参观和学习"。百胜是世界餐饮巨头，旗下的肯德基和必胜客开遍全球，而当时海底捞总共不过20家店，海底捞的创始人张勇说："这简直是大象向蚂蚁学习。"次日，在百胜中国年会上，张勇应邀就"如何激发员工工作热情"做演讲时，被这些"大象学生"追问了整整3个小时。

1994年，还是四川拖拉机厂电焊工的张勇在家乡简阳支起了4张桌子，利用业余时间卖起了麻辣烫。14年之后，海底捞已在全国6个省市开了30多家店，张勇成了6000多名员工的董事长。张勇认为，人是海底捞的生意基石。客人的需求五花八门，单是用流程和制度培训出来的服务员最多能达到及格的水平。制度与流程对保证产品和服务质量的作用毋庸置疑，但同时也压抑了人性，因为它们忽视了员工最有价值的部位——大脑。让雇员严格遵守制度和流程，等于只雇了他们的双手。

大脑在什么情况下才有创造力？心理学家的研究证明，当人用心的时候，大脑的创造力最强。于是，服务员都能像自己一样用心就变成张勇的基本经营理念。怎么才能让员工把海底捞当成家？答案很简单：把员工当成家里人。海底捞的员工住的都是正规住宅，有空调和暖气，可以免费上网，步行20分钟到工作地点。不仅如此，海底捞还雇人给员工宿舍打扫卫生，换洗被单。海底捞在四川简阳建了海底捞寄宿学校，为员工解决子女的教育问题。海底捞还想到了员工的父母，优秀员工的一部分奖金，每月由公司直接寄给在家乡的父母。

要让员工的大脑起作用，除了让他们把心放在工作上，还必须给他们权力。200万元以下的财务权都交给了各级经理，而海底捞的服务员都有免单权。不论什么原因，只要员工认为有必要，都可以给客人免费送一些菜，甚至免掉一餐的费用。聪明的管理者能让员工用大脑为他工作，当员工不仅仅是机械地执行上级的命令，他就是一个管理者了。按照这个定义，海底捞是一个由6000名管理者组成的公司。

海底捞把培养合格员工的工作称为"造人"。张勇将"造人"视为海底捞发展战略的基石。海底捞对每个店长的考核，只有两个指标，一是客人的满意度，二是员工的工作积极性，同时要求每个店按照实际需要的110%配备员工，为扩张提供人员保障。

我不记得自己去过这家餐厅多少次了，我所看到的能够打动顾客的就是海底捞员工们的努力，而公司的理念也通过员工们的行为传递出去，无论是跑步送菜的员工、像表演一样拉面的员工，还是站在顾客身边做服务的员工，你看到的都是发自内心的快乐，细腻而准确地解决问题，一餐饭给予顾客的一定是赏心悦目的感受。"顾客满意"这四个字可以很清晰地传递出来，不是口号，不是理念，是实实在在的顾客感受。

服务的真谛

服务作为一种商业模式已经被人们广泛认同，但是如何能真正实现这一商业模式,却是需要经营者好好思考的问题。到底什么样的服务才是顾客真正需要的服务?在很长一段时间,以海尔为代表的中国家电企业用服务作为主要的营销战略来推进企业的成长,但这真的是顾客所需要的吗?我想对于购买家电的顾客而言,他最需要的就是产品的稳定性和可靠性,而不是售后维修服务。因此经营者需要了解到服务的真谛是什么?我从两个方面来表达我的观点:服务是给顾客创造意外的惊喜;服务是由员工所呈现的。

给顾客创造意外的惊喜

去南极是我最大的梦想之一,2011年1月乘坐公主号邮轮开始了这段旅程,一路上很多的震撼,冰川、企鹅、鲸鱼、变化无常的天气、汹涌的波涛、灿烂的旭日与艳美的晚霞……还需要一些时间来仔细回味和感触。但是在船上的一件小事,却让我感动不已,让我真切感受到什么是服务的真谛。

同舱的团友找不到自己的手机,我们翻遍了房间里的所有地方,还是无法找到,所以就和负责客房卫生的服务生说,手机不见了,请他留意,希望可以找到。和服务生说好之后我们就到餐厅去吃饭,回房间的路上,团友还说:"你说,我的手机会找到吗?"我还安慰她说:"应该会找到。"当打开舱门的时候,真是一个大大的惊喜:一个白色的小企鹅,握着团友的手机在等着我们回来,真是太惊奇了,那一刹那,我们都惊呼了起来,不仅仅是看到手机,是看到一个可爱的"小企鹅"。服务生不仅找到手机,还用白毛巾折叠了一个企鹅,并让企鹅握着手机,真的是太神奇了,带给我们的那份惊喜简直无法用语言形容,这一刻,我开始理解服务的真谛的是什么:就是用心创造出意外的惊喜。

派恩和吉尔摩[5]说得对,到了体验经济时代,服务本身成为关键性的增值部分。

迪士尼乐园创造出独特、丰富的体验项目,用心去描绘、激发每个人心里潜藏的梦想。在迪士尼乐园,每一位员工都被称为"演员",米老鼠、唐老鸭就是表演的道具,员工的任务就是利用这些道具"制造欢乐",而管理阶层的任务就是"分配角色"。新员工到迪士尼乐园上班的第一天,并不会被告知"你的工作是保持这条大道的清洁",而是"你的工作就是创造欢乐"。迪士尼乐园利用服务创造出了独特价值"制造梦想,激发快乐"。

这一次公主号邮轮寻找手机的际遇,也让我感受到这份"快乐和喜悦",感受到由员工创造出来的服务所带来的增值。很多时候,企业经常幻想留住所有顾客,这是不现实的。但是如果像公主号邮轮这样的服务,真的可以留住顾客。当我离开邮轮的时候,就告诉自己如果有机会选择邮轮,我还会选择公主号,因为这个小小的白毛巾企鹅。服务来自于对每一个顾客的体验的认识,来自于对每一个顾客价值的理解,能够站在顾客的角度来看待问题,同时又超越顾客的想象,给顾客带来惊喜,这样的服务不是单纯的承诺,而是创造性的承诺,是用心和创意带给顾客的超值体验。

企业必须真正以顾客为中心,重要的不是产品和服务本身,而是能让企业员工释放出创造力的服务,不要一味将资源用在所谓的服务设计身上,多放些关注在能让员工理解顾客和理解服务真谛的启发上。如果所有的员工都在实施服务体验的行动,置身于这样的服务环境中的顾客一定会分享到非常多的意外惊喜,进而认同企业并成为忠诚的顾客。这其中关键是每个员工能够创造性地服务,在服务中融入创意、喜悦和用心。

到南极是一个比较需要耐力的旅程,但是因为一部手机失而复得,反而让这个充满惊喜的行程具有了温馨的色彩。很多时候企业会认为服务是一个比较难以衡量的因素,因此企业常常把服务确定为承诺的条款,这些并没有什么错误,服务本身就是承诺和行动,但是一个真正带来顾客忠诚度的服务,却必须是给予顾客意外的惊喜,并超越顾客的期望价值,这说出来好像很难,但是员工如果愿意用心去做,又是非常容易做到的事情,最重要的还是员工的创意以及对于顾客导向的价值认同。用心,一切创意皆有可能。

员工拥有服务的心态

员工是否具有服务的心态是能否形成有效服务的关键,因为心态决定态度,态度决定行为。我们知道服务是一种承诺,服务是一种行动,如果员工自己不能够从内心认同服务,那么在行动上就会迟缓甚至不作为。如何让员工拥有服务的心态是服务真谛的另一内涵。

企业必须真正了解员工到底掌握了什么技能,必须真正了解员工在工作中具有什么样的心态和想法,因为员工直接面对顾客,他们的能力和态度就决定了企业服务的品质。企业必须保证最有能力和水平的员工留在一线,最愿意为顾客提供服务的员工留在一线,让员工的积极性和创造性充分发挥出来,以获得顾客称赞的服务品质。

优秀的服务型企业要求员工必须承担流程所赋予的责任,必须直接面对客户需求,提高解决问题的能力。员工必须找到基于流程的业务专长,并以带给用户价值为衡量标准。比如销管人员就不能仅仅停留在订单处理层面,而要在了解用户的效果、价值链服务平台信息支持、资源的有效调度、客户群信息管理等方面强化自己的服务能力。

优秀的服务型企业要通过对价值用户的细化服务,一体经营,形成模板,示范带动整个用户群体的成长。对内要关注好优秀员工的能力提升,对外要选择优秀用户群体与公司共同发展。这样的企业可以提供一个用户价值服务模式,借助于这个用户价值服务模式可以表现为以下这些特征:①掌握市场信息;②完善数据库管理;③动态选择价值用户;④分析价值用户的关键问题;⑤针对关键问题提供解决方案;⑥持续跟踪和反馈。

由此可以看到服务绩效的评价:一方面以每个用户满意代替使所有客户满意;另一方面以顾客忠诚代替顾客满意。

了解我的人都知道我喜欢青岛海景花园酒店,我喜欢它的地方是它的服务堪称一流,每个客人都和我一样能感受到这家酒店给人自然的关心和呵护。一个冬天的早晨我自己的车子无法启动,酒店的门卫问我是否需要帮忙,我问他如何帮,他说可以打电话让车队里的人来帮忙,我问他这么早、这么冷,你能叫他吗?他的回答非常有意思:只要是客人的问题总经理我也可以叫来。这就是为什么海景花园酒店能够为顾客解决问题了,因为它的一线员工有权调动酒店的资源。

正如俗语所言"最长的脚趾"最先知道疼,一线员工因为直接接触顾客,他们最清楚顾客所想所需,如果我们能够给予一线员工资源的使用权,他们就会第一时间解决顾客的问题,而这也就是服务的基本要求。

萨姆·沃尔顿曾经说过:"与你的员工分享你所知道的一切;他们知道得越多,就越会去关注;一旦他们去关注了,就没有什么力量能阻止他们了。"[6] 如果我们能够让员工参与到顾客成长的服务中,他们一定可以给顾客带来极大的价值创造。

当一位顾客带着心爱的小狗到达机场,准备进行假期旅行的时候,却发现航空公司规定小狗不能携带上飞机。这时候,登机口的服务人员不会让他取消这次旅行,而是主动在这两个星期内为这位顾客照顾他的小狗,以便顾客能够安心旅行。还有一位员工陪同一个年长的乘客一直到达下一个机场,确保她能顺利转机。这类故事在美国西南航空公司不胜枚举。因为公司非常理解员工决定服务品质的道理,事实上,"顾客"这一词总是以大写的形式不停地出现在公司的文件中,西南航空公司把员工看成是"内部顾客",确保公司是一个舒适、快乐的工作场所是公司管理层追求的目标。因为在公司看来,如果员工感觉十分舒适,他就会笑脸常开,并提供更优质的服务。

西南航空公司的领导人赫布·凯莱赫(Herb Kelleher)说:"我总觉得工作不应该老那么严肃,专业精神不会轻易受损害的,快乐是一股激励力量，可促使员工更开心、更有效地工作。"[7] 对于西南航空公司来说，不会因为员工过分倾向顾客而责备与发难，但是会因为员工不懂一些基本常识而严厉处罚他们。

到底有多少人具有愿意为别人服务的心态呢？又有多少人真正喜欢他所从事的行业和工作呢？在一次次的企业访问中，我最常感受到的是人们对于工作和职业的厌倦，大部分人都认为他所从事的职业和行业是最辛苦、收入最低、最没有前途的。在有的公司里我们看不到快乐的员工，在日常生活中我们也常看到忧郁的人群。我曾经惊讶于一些中国员工和美国员工的精神面貌的区别，以及同龄人所显示出来的差异。后来我才明白，是因为有些人对于职业的心态不同，导致在长期工作之下人的身心的变化。试想如果我们都不能够喜欢自己的职业、自己的工作，又何来快乐的心态，更加不要奢谈服务了。

免费服务的模式对吗

服务对于中国企业应该说是最不陌生的一个词，从海尔"星级服务"开始，企业用服务来经营的不在少数，但是企业在服务上的努力并没有给企业带来期望的结果，反而出现了拉高顾客的期望，支付更高的成本，但是顾客并不满意。为什么会是这样呢？我在《中国营销思考》这本书里专门分析了中国企业服务模式：免费服务[8]。书里我非常明确地提出，这个服务模式是错误的。如果你不对自己的服务收费，就没有压力迫使企业明确自己的承诺。如果不对自己的服务收费，也绝不会有人关心客户最需要的到底是什么——我只管做那些我想到的事就好了。顾客满意往往被等同于顾客服务，但顾客满意比顾客服务的范围更广，它包含很多因素，例如提供服务类型、产品质量、价格可达成性。当提到使顾客满意，优秀的公司意识到不能试图满足所有人，而要依靠一两个关键因素。服务与产品之间不是一个相互提升价值的关系，而是为顾客创造价值的两个同等重要的方面，两者不是互补关系，而是平行关系。产品的价值须由产品自己来解决，服务的价值须由服务自己来解决。绝不能把服务当作弥补产品不足的手段，服务必须能够带来增值，我们还没有形成有效的服务模式。

简单的道理，一些企业却屡屡犯错。

服务"补偿"

把服务定位于弥补产品不足带来的顾客不满，是一个非常可怕的观念。这些企业在意识到客户不满的同时，高举起服务的大旗，却忽略了产品才是战略的中心，错把服务当作弥补产品不足的手段，错把顾客服务等同于顾客满意。殊不知服务与产品之间不是一个相互提升价值的关系，而是为顾客创造价值的两个同等重要的方面，两者不是互补关系，而是平行关系。产品的价值须由产品自己来解决，服务的价值须由服务自己来解决。因此，服务能够带来的应该是一个增值的部分，如果服务没有增值，服务就没有意义。

每次看到企业强调服务如何有效、及时和终生相伴的时候，我总是很紧张，因为我担心企业把服务的价值忽略掉，我担心企业是因为对自己的产品不够自信，担心在使用的过程中发生故障，因此把服务放在了非常重要的位置，并不惜投入巨大的资源。在一次参加一家拥有自主创新产品的公司讨论其发展战略的会议中，经理人在认定企业自身拥有的优势的时候，认为服务是其最大的优势，因为这家公司拥有超过400人的服务队伍，而对手只有不到10人的服务队伍。经理们坚持这是自己的企业超越对手的最重要的部分。但是，我提出一个问题问大家：为什么对手只需要10个人的服务队伍？而且对手和这家企业在销售规模和市场占有率上没有太大的差距。相反，可能因为对手服务人员很少而被顾客认定为质量可靠，400人的服务队伍却让顾客了解到产品质量的可靠性有待确认。所以，在强调服务是企业优势的时候，我非常希望管理者可以认真思考：服务带给顾客的价值是什么？服务是否在替代产品发挥作用？服务是否在弥补产品的不足？一定要清晰地回答这些问题，并找到答案，唯有这样，才会尽量减少服务替代产品价值的情况出现。

苹果公司在中国的直营店给我留下特殊的印象。苹果直销店的特色服务之一 Genius Bar，如果你对 Mac 或 iPod 有任何疑问，或者需要任何实际操作的技术支持，你将能够在 Apple Store 零售店内的 Genius Bar 天才吧得到友好而专业的建议。在所有 Apple Store 零售店里的 Genius Bar 天才吧，Genius 苹果天才将为你提供专业的技术服务。他们都在苹果总部接受过专业培训，对苹果的全线产品了如指掌，能完满解答你的各种技术问题，负责从查找故障到着手维修的一切事务。只要提前预约时间，店里就可以为顾客保留座席。Genius 苹果天才们都经过苹果公司精心挑选，在美国苹果公司总部接受过强化培训。通过培训他们掌握了关于 Mac、iPod 和 Apple TV 的丰富知识，对苹果产品了如指掌。

发掘一种绝佳方式以了解和体验全新的苹果产品是苹果公司设计的服务"补偿"。免费的私人购物服务确保你不受干扰地享受资深 Specialist 苹果专家为你提供的私人服务：展示苹果产品，提供建议并回答你的任何问题。你只需选择合适的时间和计划前往零售店，不需要有任何压力——完全没有购买的义务。

在享受私人购物服务的过程中，你可以从容试用你感兴趣的苹果产品而不必顾虑时间。如果你不了解某款产品的使用方法，Specialist 苹果专家会随时为您提供协助，并帮助你从 Mac、iPod 或 Apple TV 中选择最适合你的产品。不妨向你的 Specialist 苹果专家咨询有关中国 Apple Store 零售店独家上市的红色特别版 iPod 系列产品信息。

苹果公司凭借着服务"补偿"与苹果产品进行完美的互动，在整个服务的设计和过程中，不会是为产品不足做补救措施，而是为顾客购买产品的增值需求做出努力。无论是对于应用中所关注的技术，购买的时间，对于新资讯的了解，以及私人培训、商务活动，青少年活动等，这些用心设计的服务都提升了人们对于产品的兴趣，并诠释了产品本身的价值。

服务应创造独立的价值

朋友买了一部手机，半年修四次，每次维修中心的态度都极好，派人上门取，维修期间给代用机，修好了专人送回来，全是免费的。但朋友发誓说她再也不用这个牌子的手机了。这家公司投入了大量的资源做服务，试图用服务去弥补产品的不足，但它们失败了。2004年这家公司的业绩表现证明朋友绝不是唯一逃离者。

上汽通用汽车金融公司的贷款利息比银行高出了1.1～1.5个百分点。总经理魏德明说："我们相信这样的利率真实地反映了我们提供的服务的价值。我们的目标是把世界一流的服务带到中国来，并成为市场中最优秀的公司，我们不期望通过低价竞争达到这个目标。"[9]

有一家普通的机械制造公司，下面有两个事业部，产品分别是小型包装机和小型食品机。和其他珠三角无数民营企业的成功经验一样，它的产品以低价和快速的模仿创新占据了低端市场。它们的客户一方面极为欢迎这些物美价廉的产品，一方面又对不稳定的质量怨声载道。为了安抚这些受伤的客户，它们建立了庞大的售后服务网络，每年的利润又有好大一部分重新回到了客户那里。于是虽然销售额保持两位数的增长，利润率却直线下滑，更要命的是，客户并不买账，他们依然怨声载道，依然一有机会就选择更优质的进口产品。

痛苦的老板开始寻求咨询顾问的帮助。

顾问问了一个问题："你的服务收费吗？"

老板瞪大了眼睛，说："当然不收！"

顾问告诉他："那就开始收费吧！"

老板的眼睛有原来的两个大，寻思要不要把这个顾问赶出去。不过最后他决定试试。

当售后服务部门被迫要向顾客收钱时，他们发现单凭维修机器根本不可能，同时他们也发现自己原来还可以为客户做更多的事情：帮助客户培训维护人员从而减少生产停机时间，帮助客户改善工艺从而挖掘设备潜能，帮助客户设计配套方案从而实现总成本最低。直到有一天，售后服务部门突然发现，两个事业部的两类产品往往分别销售给同一个客户，而售后服务部门完全有能力把这两类产品与一些外部产品加以组合，从而为客户提供完整的产品线解决方案。而客户愿意为这样的方案支付的价钱几乎是设备款的25%！

一年后。这家企业又一次实现了营收和利润率的同步增长，同时客户满意度大幅提升。新利润来源于它的售后服务部门，这个部门不但实现了服务收费，而且当年这个部门实现的设备销售额占到整个公司的15%。对了，这个部门已经不再叫售后服务部了，而改名为客户增值服务部。

这是一个真实的故事。表面看起来匪夷所思，里面的道理却出奇的简单：客户愿意付钱的服务才是他真正需要的，换言之，凡是无法为企业带来利润的服务，就无法保证为客户创造价值，当然，也就不能指望客户能够真正满意。

魏德明说的没错，低价竞争不但无法达到优秀的目标，相反会使得企业远离这一目标。但战略理论从来没说过不能低价，只是说低价不能成为优势。

有价值的服务来源于对客户价值的深刻认知。深圳一个房地产集团，旗下有一家物业管理公司。它们的物业收费水平在所属区域不高也不低，客户的评价也是不咸不淡。集团老总希望提高住户的客户满意度，同时也明白价格战是死路。于是他要求物业公司提供更全面、更丰富的服务内容。这个战略叫作"用价值竞争，而不用价格竞争"。结果怎样呢？在资源的不断投入下，客户满意度有了小幅提升，但物业公司的盈利一落千丈。

我告诉他，降价吧，一直降到物业公司铁定亏本的水平，然后要求物业公司必须盈利，不盈利，整个管理团队走人。一年后，这家物业公司被评选为深圳最佳物业公司之一，无论是经济指标还是顾客满意指标都名列前茅。

秘密很简单，当物业公司的管理团队发现原来的物业服务肯定无法盈利时，他们就去开发了一系列的有偿服务，这些有偿服务帮他们赚了钱；更重要的，这些服务恰好是住户需要的，而顾客支付的价钱却比原来还低。用理论来说，在集团投入没有改变的前提下，物业公司优化了自身的资源配置和投放，物业公司和住户都从资源使用效率的改善中获得了利益。

到底哪个是价格竞争，哪个是价值竞争？看样子，这个问题不是字面上看起来那么简单。这里的关键是要找出那些客户真正需要的服务，然后把所有资源都投入进来。在客户不需要的地方花的每一分钱最后仍要客户买单，忽视了这一点的企业要警惕：你的客户已经在准备离你而去——你浪费的资源使得他们支付了本不用支付的高价。

不要用服务弥补产品的不足，不要提供一厢情愿的服务，你提供的服务必须具有独立的价值，而是否有价值只能由顾客来评判。

让顾客来决定

让顾客来决定什么是有价值的服务，这是对于服务判断的基本原则，如果打算从服务入手来获得竞争能力，就要把握这个基本的原则。竞争获胜的本质在于找到恰当的细分市场，把企业的所有资源用以满足这一细分市场的客户需求。成功地执行服务战略需要五个步骤。第一步：了解并明确你的顾客；第二步：确保你的顾客认识你；第三步：随时知道你做得好不好；第四步：要知道究竟哪里需要改进；第五步：改进你自己。

要使这个战略有效,你必须专注于盈利。顾客愿意付钱是最可靠的信号,专注盈利可以使你随时知道自己有没有偏离航道。

第一步:了解并明确你的顾客。企业经常幻想留住所有顾客,这是不现实的。企业应该懂得每个顾客的价值,从而发展出越来越强的细分能力:从一般的人口群细分成为基于需求的细分,最终成为基于购买和优先模式的特殊细分。

企业必须以真正的顾客为中心,重要的不是大顾客,而是能让企业盈利的顾客。不要一味将资源用在所谓大顾客身上,多些关注能让企业盈利的顾客。所有顾客都应该享受服务,关键是要对每个层次的顾客提供相应的服务,使服务成本和潜在收入相匹配。必要时甚至要剔除一些服务成本太高的顾客。

因此,另一个重要细分尺度是财务细分:了解每个细分部分的特殊顾客带来的利润率。如果能够根据利润率区分顾客,企业就能识别出它们最有利顾客的特征,并决定如何经济地为每个层级服务。

如果你不对自己的服务收费,你永远不会知道你的顾客的利润率。如果不对自己的服务收费,也绝不会有人关心到底应该对谁服务。

第二步:确保你的顾客认识你。公司透过清晰的制度表达并积极实现服务承诺,能大大加强顾客满意度。

当提到承诺时,很多公司通常会走进一些误区。例如有时候,公司认为让顾客高兴非常重要,因此试图为顾客做所有的事情。但是这个目标是不现实的,因为如此多的要求,例如"方便""一致""便宜",不可能全部都满足,要想全都做好反而会导致这些公司在每个方面都做不好。如果想增加超过期望值的机会,公司就不应该集中于"顾客想要什么",而应该是"顾客最重视什么",把公司的大部分力量集中于一两件与顾客最相关的事情上。

另一个误区是公司不明确告诉顾客具体的承诺,所以当它们没有满足顾客要求的承诺时，它们会感到很惊讶。一旦公司的顾客策略制定，它们需要给用户一个重要概念：告诉顾客它们的承诺并积极做到。

顾客满意往往被等同于顾客服务，但顾客满意比顾客服务的范围更广，它包含很多因素，例如提供服务类型、产品质量、价格可达成性。当提到使顾客满意，优秀的公司意识到不能试图满足所有人想要的所有事情，而要依靠一两个关键因素。

如果你不对自己的服务收费，就没有压力迫使企业明确自己的承诺。如果不对自己的服务收费，也绝不会有人关心客户最需要的到底是什么——我只管做那些我想到的事就好了。

第三步：随时知道你做得好不好。了解并且对顾客满意度做出反馈需要企业的眼光超出历史，超出表面现象，历史和表面现象不能帮助你检查问题。公司应该观察顾客对公司所作所为的反映（例如每个顾客的投资回报率），以及什么因素影响顾客满意度（例如员工流失率）。

客户愿意为你的服务付费，这就是最清楚的肯定，比任何市场调查都更加清楚有效。

第四步：要知道究竟哪里需要改进。直接的顾客回馈，无论好坏都是对市场趋势的了解，是形成新产品思想的最好来源。成功企业总是能够不断地学习了解，虽然看上去很荒谬，但确实公司可以从顾客投诉中获利。不同意见者并不只是一个不满的顾客。

经过持续记录并评价顾客的不满、需求、回馈以及购买活动，公司能够找出未满足的需求以及潜在的问题，可以利用调查结果重新定义顾客策略，并改进操作执行。

不幸的是，如果你不收费，大多数顾客都不愿意告诉公司他们什么时候感到失望，相反，他们会告诉其他顾客。

付了钱的客户不一样，他们会来公司投诉。这一点很重要，投诉的顾客给了公司改正的机会，采取改进措施能够潜在地保留有价值的顾客关系，阻止负面的口头影响。

第五步：改进你自己。顾客满意度与股东价格相关联，这是一个真理。问题是企业中大多数人都不是股东，所以你需要一个办法强迫他们持续地、始终如一地关注客户满意度。最简单的办法就是迫使他们不断寻找能让客户买单的机会，客户买单的同时也就清楚地告诉了你，你做错了还是做对了。但同样是米老鼠、唐老鸭，迪士尼乐园在全球长盛不衰，而迪士尼连锁零售店却表现平平，这是为什么？

迪士尼乐园收取了高额门票，就不得不创造出独特、丰富的体验项目，用心去描绘、激发每个人心里潜藏的梦想。在迪士尼乐园，每一位员工都被称为"演员"，米老鼠、唐老鸭就是表演的道具，员工的任务就是利用这些道具"制造欢乐"，而管理阶层的任务就是"分配角色"。新员工到迪士尼乐园上班的第一天，并不会被告知"你的工作是保持这条大道的清洁"，而是"你的工作就是创造欢乐"。迪士尼乐园利用服务创造出了独特价值——"制造梦想，激发快乐"。全球10个游客最多的主题公园，迪士尼占八席。而在迪士尼乐园之外的连锁零售店，却与其他商店没有区别，令人失望。这正是因为迪士尼零售店没有收门票，所以也不费心设计有价值的服务。米老鼠还是米老鼠，唐老鸭还是唐老鸭，产品没变，服务却没带来增值，迪士尼零售店从来都是个平庸的竞争者。

借助这个例子让我再强调一下我的主旨：

服务与产品之间不是一个相互提升价值的关系，而是为顾客创造价值的两个同等重要的方面，两者不是互补关系，而是平行关系。产品的价值须由产品自己来解决，服务的价值须由服务自己来解决。绝不能把服务当作弥补产品不足的手段，服务必须是能够带来增值。如果没有带来增值，服务就没有意义。

从理念到行动

对于服务本身人们已经不陌生，经历了市场激烈的竞争之后，服务所表现出来的价值，已经不再是简单的为产品带来影响，服务从战略的层面在企业和顾客之间构建了一个全新的关系。这种关系决定了顾客价值的真正体现而不是企业或者产品价值的体现，因此，今天要讨论的不再是一个做法的创新，一个理念的传播，而是企业整体运营对于服务的体现，包括企业思维习惯所要做的转型。

先回到市场中去看：到底如何看待今天的经营环境。很多人都会有各种各样的判断，我把经营环境简单归结为以下几个特点：①市场容量有限增长；②新的商业模式出现；③文明程度与经济状态决定需求及消费行为；④生产商、经销商经营风险加剧，产品结构、市场结构、经营模式的调整已成为必然；⑤只有研发能力更强，产销成本更低，产业链相对健全的企业才能最后生存。这些特点无论是从市场变化、从消费者行为变化，还是经营模式的变化都告诉企业所面临的经营环境已经发生了根本性的改变，我用托马斯 W. 马隆的话来说就是："对于政策而言，从积极的财政政策到稳健的财政政策；对于厂商关系而言，新型厂商关系是由命令与控制转入协调与培养。"这种变化事实上要求企业进入服务转型的阶段。

服务转型的准备

问题的关键在于如何实现服务转型，我认为需要做好以下几个方面的准备。

1. 服务文化准备

服务文化的核心价值观应回归服务价值。而服务价值体现在三个方面，第一，只有将同质化的产品竞争推进到价值链与价值链的竞争，我们才能真正使产品成为向用户交付价值的载体，才能真正成为整体解决方案中不可或缺、真正具有竞争力的部分；第二，价值链服务平台是通过服务来体现价值的关键，企业要成为价值链上优质资源的提供商；第三，服务价值对于企业来讲就是从产品优势到组织优势，从产品同质化竞争到服务系统化竞争。

2. 与客户无边界

在这个方面堪称典范的是宝洁与沃尔玛的合作。宝洁与沃尔玛一同制定出长期遵守的合约，宝洁向沃尔玛透露了各类商品的成本，保证沃尔玛有稳定的货源，并享受尽可能低的价格；沃尔玛也把连锁店的销售和存货情况向宝洁传达。这种合作关系让宝洁更加高效地管理存货，简化生产程序，以降低商品成本。另外，也使沃尔玛可自行调整各店的商品构成，做到价格低廉、种类丰富，以使顾客受益。具体做法来讲，宝洁采取跨职能客户服务小组的管理办法，使它们与沃尔玛物流中心一起办公，时刻关注宝洁产品在沃尔玛的销量变动、库存周转率、销售毛利率等业绩表现，并以此作为评价客服小组的依据。以用户价值最大化为宗旨，成长为服务型企业，就要改变传统的营销模式，使我们每个岗位都要承担用户成长的责任，通过专长能力的发挥提升用户的水平。例如：六和饲料的化验员就可以从供应商出厂产品质量控制、产品使用效果跟踪分析、用户自购原料品质控制指导、用户畜禽病理检测等方面提供服务。

3. 用户需求驱动流程

要成长为服务型企业，不能传统地按照自己的职责、自己的部门被动地等待客户要求，而应主动根据用户的需求牵引内部流程解决问题。通过对服务型企业模型的理解，流程不再是起于某岗位结束于另一岗位，而是起于客户需求的提出，结束于客户问题的解决（见图5-1）。

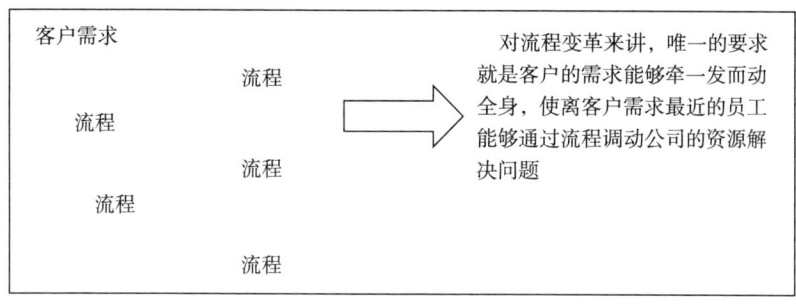

图 5-1

4. 流程界定职责

职能部门的设置使得专业化分工优势明显，但这实际上是职责导向，而不是解决问题导向；是人员所属的专业化，而不是能力的专业化。

成长为服务型企业，流程不再是职责范围的边界，而是带来员工在流程中承担相应的职责，协同解决用户问题。

5. 培育员工服务专长

服务型企业要求员工必须承担流程所赋予的责任，必须直接面对客户需求，提高解决问题的能力。员工必须找到基于流程的业务专长，并以带给用户价值为衡量标准。如果不能，则将面临精员合岗。比如销管人员就不能仅仅停留在订单处理层面，而要在了解用户的效果、价值链服务平台信息支持、资源的有效调度、客户群信息管理等方面强化自己的服务能力。

6. 服务于价值用户

服务型企业要通过对价值用户的细化服务，一体经营，形成模板，示范带动整个用户群体的成长。对内要关注好绩优员工的能力提升，对外要选择优秀用户群体与公司共同发展。借助于图 5-2 所示的顾客细分的三维模型你会得到一个价值用户服务模式，这个价值用户的模式可以表现为这些特征：①掌握市场信息；②完善数据库管理；③动态选择价值用户；

④分析价值用户的关键问题；⑤针对关键问题提供解决方案；⑥持续跟踪和反馈。由此可以看到服务绩效的评价一方面以每个用户满意代替使所有客户满意，另一方面以顾客忠诚代替顾客满意。

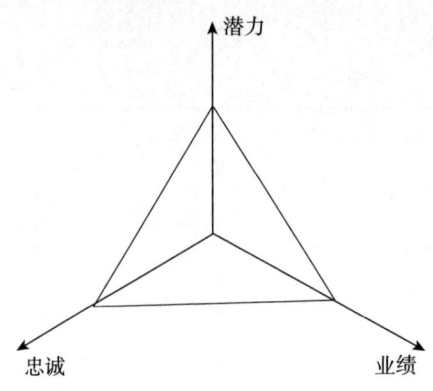

图 5-2　顾客细分的三维模型

我们做得如何

对于服务转型的准备明确之后，需要看看企业做得如何？很多人都认为这几年来企业的服务已经做得非常深入，更多的人认为服务本身已经做得很好，难道真的是这样吗？对于服务、品质、渠道、服务管理、职能这几个体现服务价值点的理解上，企业还存在非常大的偏差。

1. 对服务是否有深刻的理解

企业调研的时候，当我问到大家如何看待价值链上所有环节的价值，很多人的观点是：价值链整合就是社会优势资源为我所用！资源获取后得善用、活用、用好！但这是错误的理解。正确的观点应该是：价值链整合就是为社会优秀资源服务；资源整合后可以获得价值分享。

2. 对品质是否有深刻的理解

对于品质没有谁会忽略它，所有企业也都视品质为企业的生命，从这个意义上讲，品质的确引起了企业的足够重视，但是如果细致分析好像又有些问题，大家认为：追求生产合格率100%！客户零投诉！这就是品质。但是这是错的，正确的观点应该是：品质需要有自己可衡量的标准而不是生产合格率；不是客户投诉为零而是具有客户投诉的处理能力。

3. 对服务管理是否有深刻的理解

服务是否真正起作用，除了服务本身，还需要进行服务管理。对于服务管理人们这样理解：服务管理是现场管理！服务管理是过程管理！这样理解服务管理太过简单。正确的观点应该是：服务管理蕴涵在企业的多个层面，可以用时限、流程、适应性、预见性、信息沟通、顾客反馈、组织和监督七个层面来表达。

4. 对职能是否有深刻的理解

职能如何配合服务是很多企业需要关注的问题，现实中也可以看到很多很好的企业的例子。不过依然有很多企业不能够解决好这个问题，根本的原因是大家认为，只有形成一个类似于跨职能的工作小组才有可能协调各个方面的服务作用。但是如果这样，企业的组织体系变成可有可无的了，所以这个理解也是错的。正确的观点应该是，职能应该表现为系统的能力以及流程的能力，通过系统和流程来展开服务。

关注一线队伍建设

整理清楚上面的观点，服务营销的关键也就自然而然地表现出来。对于管理者来说，服务营销的理念基本都具备，如何实现就是关键。针对中国企业在服务转型中的种种误区，我们需要强化对于行动的理解而不是对于理念的理解，而行动最为直接的体现就是一线队伍的建设。

1. 让一线员工能够调动资源

在26个国家拥有60 000名员工的HCL科技公司最近几年实施了一个名为"员工第一，客户第二"（employee first customer second，EFCS）的管理变革[10]。这项管理变革的宗旨十分简单，即将公司的注意力和资源集中在经营流程中直面顾客并直接创造价值的一线员工。

维尼特·纳亚尔（Vineet Nayar）是全球领先的IT服务公司HCL Technologies Ltd.的CEO，在他推动公司这项管理变革的时候写道：我想不通本公司的这项管理改革会引起如此大的争议，难道公司高管不应该尽其所能帮助一线员工提高工作效率和工作质量吗？尽管如此，EFCS还是在业界掀起了一场风波。因为人们认为基本的商业规则是，做生意，客户永远是第一位的。或者换句话说，客户永远是对的。其实所有人都了解这个商业规则，非常明白客户对于企业盈利和发展的至关重要性。但是作为一个经理，何谓客户至上？是不是应该为了客户把我们所有的产品或者服务降价3.5%销售，抑或是与其征求员工的意见，还不如征求客户本公司该如何经营？

一个企业的客户应该是需要该企业创造顾客价值的人群，而不是通过价格优惠、特别交易或者中看不中用的促销项目拉来的客户，而为客户创造和传递价值的唯一方式就是：把员工摆在第一位。

关于把员工摆在第一位有几个认识误区，一种观点认为，EFCS与公司的经营业绩毫无关联。事实上HCL公司的实践彻底否定了这种观点。从EFCS实施的2005年至今，HCL的市值增长了近2倍，而员工满意度指数则提高了70%。一种观点认为，EFCS在经济不景气的环境中完全不起作用，这也有悖于事实。经历了2008～2009年的金融危机，HCL许多竞争对手都采取了应急式裁员和成本缩减政策，HCL刚好相反，公司的管理团队大量向员工征集有关缩减成本和增加收益的建议，从这些建议中找出应对的策略并加以执行，最终帮助HCL成功地在金融海啸中获得了增长。[11]

HCL公司的"员工第一,客户第二"的管理变革,并不是无条件地关怀所有员工,也不是简单地提高工资或者给予员工更多关注,这是一个战略举措而不是一个人力资源手段。通过这项管理变革,可以帮助HCL达成全新的战略,也就是全新的商业模式,整合过去的分散信息技术服务,为全球客户提供一站式的全面服务,并与客户建立长期的合作伙伴关系。因为这项管理变革的实施,使得HCL公司实现了全新商业模式的战略转型。

2. 将组织能力嫁接到一线员工

IBM每年用于员工培训的费用达20亿美元,大约占到每年营业额的1%～2%。每名员工每年至少会有15～20天的培训时间[12],被认为是美国具有顶尖培训职能的公司之一。公司所有管理人员都必须参加公司每年为期40小时的培训,以保证他们能够始终如一地遵循IBM的管理方式。在IBM公司,所有新进员工都要进行公司信念的培训,也就是becoming one voice(BOV),使全球新员工听到来自IBM的同一种声音。随后公司针对普通员工、各级管理人员和外籍人员进行相应的培训,对前线销售服务等人员的PELT,即professional entry level training,以及针对行政财务等人员的AELT,即admin entry level training。

通过这些培训,使得新员工了解企业文化。随着职务的晋升,IBM公司会对各级各类的管理人员实施专门的培训。第一线的基层经理在走上新岗位的第1年内需要接受80小时的课堂培训,内容包括公司的历史、信念、政策、习惯做法,以及对于职工的激励、赞扬、劝告等基本管理技巧;部门经理则要在公司专设的中层管理学校中接受有效交往、人员管理,以及经营思想和战略计划等方面的培训;对于有经验的中、高层经理公司则要安排学习社会和经济方面的课程,或学习哈佛大学高级经理课程或麻省理工斯隆管理学院、斯坦福大学等院校的有关课程，时间从1周到1年不等。E-learning 是 IBM 公司里员工学习的一种重要趋势，IBM 在全球的局域网上有一所网络学校，称为 Global Campus，其中有2000多种课程，全球范围内的员工都可以利用这所网络学校来进行有计划的学习。通过这一系列的学习和培训，IBM 帮助员工获得了公司所需要人才的特质：解决问题的能力、有效的价值选择，以及相一致的公司理念和信念，也就是全员具有公司所需要的适合的组织能力。

如 IBM 一样借助于培训和学习帮助员工获得组织能力的企业很多，但是这样的做法在中国企业中却明显不足。根据中国企业管理协会组织的一次《经营管理者素质、能力调查》显示，培训经费/销售额在2%以上的企业只占9.9%，半数以上的企业培训经费/销售额在0.8%以下。也许中国企业可以借助其他手段来帮助员工具有组织能力，但是作为最直接获得能力的培训手段都没有运用，结果可想而知。

让组织专业运作优势成为一线员工的竞争力这是非常关键的能力，但是很多中国企业往往忽略了这一关键点，企业之所以非常在意能人，就是因为企业自身不能够把组织能力与员工嫁接，唯有依靠员工个人的能力来创造奇迹。IBM 或者宝洁这些优秀的公司绝对不会依赖于个人的能力，在它们的体系中，普通的大学毕业生一样可以很好地胜任岗位创造奇迹，这一点尤其需要中国企业学习。

3. 管理人员要贴近市场

任正非的一篇文章"让一线来呼唤炮火"[13]敲醒了华为，也敲醒了很多企业的管理者。在这篇著名的文章里，任正非明确指出，要那些掌握机会的人来指挥战争，而不要那些掌握资源的人来指挥战争。授予一线团队独立思考和追求最佳的权力，后方只是起保障作用。这样，由推式改成拉式，是一次看起来平常而影响深远的革命。中央集权可以避免小单位盲目为了争夺资源而争夺资源,对于以捕捉机会为主的企业发展过程是必需的。可是一旦企业发展超越了战略制胜的阶段,中央与一线的协调与促进,又成为至关重要的。

如何在向一线授权的同时保障对整体效益的承当?华为在北非的做法,重点在于考核指标的设定。北非运作不是理念,不是思维,不是心智,而是一种卓有成效的实践。在任正非看来,具体的授权金额不重要,重要的是建立一种文化,使之形成一个强势的场,让任何一个业务现场都充满了承当、激情与改变的创造者。一线团队与公司高管可以形成一种水乳交融的关系。

一线客户经理要向一线服务团队转化。团队可以由客户经理、解决方案专家和交付专家组成。客户经理需要加强客户关系、解决方案、融资和回款条件、交付的综合能力。解决方案专家一专多能,对自己不熟悉的领域也要打通求助渠道。交付专家要具备和客户沟通工程与服务的解决方案的能力,同时对后台的可承诺能力和交付流程的各环节了如指掌。铁三角对准的是客户,目的是利润,这是主心骨和灵魂。围绕着这样的流程和系统构建管理团队,使得华为具有了快速的反应能力,并紧紧和客户走在一起,也成就了华为在行业内和市场中独特的竞争力。

06
第6章

共享价值链

第 6 章 共享价值链

今天已不再是产品与产品、企业与企业之间的竞争，而是价值链与价值链之间的竞争。共享价值链已经是今天战略的基本出发点。从价值链到价值网络的开放式成长，成为必然选择。

"价值链"这一概念，是哈佛大学商学院教授迈克尔·波特于 1985 年提出的[1]。波特认为，每一个企业都是在设计、生产、销售、发送和辅助其产品的过程中进行种种活动的集合体。所有这些活动可以用一个价值链来表明。企业的价值创造是通过一系列活动构成的，这些活动可分为基本活动和辅助活动两类，基本活动包括内部后勤、生产作业、外部后勤、市场和销售、服务等；而辅助活动则包括采购、技术开发、人力资源管理和企业基础设施等。这些互不相同但又相互关联的生产经营活动，构成了一个创造价值的动态过程，即价值链。

价值链在经济活动中是无处不在的，上下游关联的企业与企业之间存在行业价值链，企业内部各业务单元的联系构成了企业的价值链，企业内部各业务单元之间也存在着价值链联结。价值链上的每一项价值活动都会对企业最终能够实现多大的价值造成影响。波特的"价值链"理论揭示，企业与企业的竞争，不只是某个环节的竞争，而是整个价值链的竞争，而整个价值链的综合竞争力决定企业的竞争力。用波特的话来说："消费者心目中的价值由一连串企业内部物质与技术上的具体活动与利润所构成，当你和其他企业竞争时，其实是内部多项活动在进行竞争，而不是某一项活动的竞争。"[2]

战略的全新出发点

企业增长与企业寿命是人们所关注的两个重要的话题，如何获得有效的增长、如何保持企业的持续性都是需要企业管理者谨慎思考并做出选择的。对于这两个问题的回答，都会归结到战略出发点的选择上，如果不能够正确理解增长的来源，不能够设计企业的可持续性，也就是如果不能够正确地理解战略的出发点，做出正确的选择，企业无法获得稳定而持续的发展。

企业三种错误增长方式

在过去 30 多年中国企业发展历程中，中国部分企业在获得增长与持续性这两个问题上走上了三条歧途。

第一，在错误的企业设计之下的增长。这种增长是用资源投入获得结果，企业在投放资源的时候感受到快速增长的势头，因为资源投放而导致的增长效果非常明显，甚至企业会认为增长是可以无限的，可以脱离市场按照自己的意愿获得。但是管理者忘了投入资源只换来规模的增加和产能的扩充的话，企业就一定会陷入"经济黑洞"，一旦没有资源的投入，企业就失去所有增长机会。常常可以看到企业用大量的广告获得市场占有率，而不是用真正的产品竞争力获得市场认同。这是一种可怕的选择，但可惜的是很多企业习惯选择这个增长方式。

第二，高速增长。脱离现实的高速增长，虽然能够带来快感，但是也带来对企业管理的挑战。高速增长本身没有任何错误，错误是在于高速增长来源于什么？企业是否具有了支持高速增长的体系？从外部环境看，如果高速增长是以牺牲产业价值或者过度占有价值链上相关者的利益而获得，这种高增长必然导向失败。所以很多时候，我反对企业提出"超常规发展"或者"跨越式发展"的观点，企业增长需要符合市场规律，即使是做出创新，也是在顾客价值方面，而不是在企业增长速度上。从内部环境来看，如果企业组织与文化没有相应做出变革，企业依然沿用原有的组织和文化来支撑高增长，势必导致企业组织体系落后于企业增长所带来的冲突和挑战，这也会导致企业失败。

第三，将企业业务延伸到一个以前从未打算进入的客户群。表面上看，这种增长是一种必然的选择，很多企业或者高估自己品牌的力量，或者高估自己渠道的能力，或者高估自己技术的能力，或者高估自己整合资源的能力，有的甚至可以说高估了自己的"核心竞争力"。认为只要企业自己愿意，任何事情都可以去做，这种过度地"自信"也必然导致盲目地"自大"。

因为这三个错误发展的方向，导致一些高速增长的企业陷入困境，因此我们不得不重新回到一个根本问题上来，那就是：企业的战略出发点可能是错的！

很多企业可以拥有今天的发展地位，应该说主要归功于顾客的包容和庞大的市场需求。但是随着环境的变化，顾客能力的提升以及技术所带来的消费习惯的改变，消费者已经不再包容，市场也开始出现"顾客不足"的情况，这些都要求企业改变自己的发展逻辑，因此需要好好地理解：什么才是今天公司战略的出发点？

战略出发点选择

对于这个问题的思考让我联想到可口可乐，这样一个单纯的饮品公司，持续存活了超过100年，同样的联想让我想到IBM，这样一个服务型公司，持续存活也超过了100年。这两家超过100年的公司，一定有着一些根本性的东西推动着它们,这个根本性的因素到底是什么?这里我以可口可乐为例更详细地做个说明,在后面探讨价值网络的部分,IBM的经验会有同样的启迪。

可口可乐的早期经营模式可以这样描述:可口可乐先确定软饮料行业的价值链,即浓缩液制造－装瓶－库存－分销－广告促销－零售－客户关系管理等环节,根据价值链的判断确定公司产品所在价值链中的价值地位。可口可乐进行了两个选择:第一,可口可乐的价值活动定位,即浓缩液的制造商以及商标使用授权与广告;第二,向区域性的企业提供独家装瓶许可和地区销售许可权,可乐公司在各个装瓶厂几乎不占任何股份。在当时的情况下,每个装瓶商都与可口可乐签订"特许协议合同"。合同中规定浓缩液的价格,以及授予装瓶商地区独家经营权——这种早期的特许装瓶商模式取得了巨大成功。消费者满意,装瓶商致富,可口可乐则成为头号大公司。

经历了100年的沉淀,可口可乐公司在保持竞争力的同时,根据市场的变化,又确定了自己新的经营模式,简单整理后可以看到这个新的经营模式由六个基本核心构成:第一,扩大消费者的范围——为顾客提供选择;第二,成为价值链的管理者——确保价值链上所有环节的价值获得;第三,对销售渠道进行重组——用为顾客创造价值作为战略控制;第四,关键业务的确定与拓展——明确的业务范围界定;第五,进军国际市场;第六,从追求市场份额转变为努力增加股东的价值。

从可口可乐早期的经营模式到现在的经营模式选择,虽然在市场领域做出了巨大的拓展,但是其核心的策略没有改变,那就是共享价值链。因为可口可乐帮助其价值链上所有成员共同成长,可口可乐自己定位于价值链的管理者,帮助其价值链上的成员一起分享价值。不管市场如何变化,一代又一代、不同区域的消费者都聚集在可口可乐的红色标志下,感受着可口可乐带来的活力,就是源于价值链的共享。

IBM公司作为全球IT领域的企业，在它的每次转型中，其表现都堪称价值链战略管理的典范。郭士纳出任CEO之后，对IBM实施转型，将其定位于高端服务和高端计算技术，推出NC网络电脑，为了增强这方面的核心能力，1995年IBM以35亿美元收购莲花软件（LOTUS），使其网络软件与IBM电脑集成，大大增加了产品附加价值。20世纪90年代末期，IBM再次战略转型，公司定位于"提供硬件、网络和软件服务的整体解决方案的供应商"。为了发挥IBM硬件优势，针对IBM公司不擅长管理咨询服务的现实情况，2002年IBM斥资35亿美元收购普华永道旗下咨询子公司PWCC Consulting。至此，IBM公司拥有一流的硬件，一流的软件，同时又具有专业的管理咨询服务能力，最终形成了一条完整的客户服务价值链，为客户提供整体解决方案的能力大大增强，完成了从一家IT硬件制造商向IT服务商的初步转型。在IBM打造自己的价值链过程中，针对自己不具有竞争优势的环节，也在不断优化组合。例如2002年IBM剥离硬盘制造业务，将硬盘业务卖给日立公司。2004年，IBM剥离PC业务，将PC业务出售给中国联想集团。IBM公司基于自己的整体价值链分析，认为："PC业务越来越具有家电行业特征，它创造的利润将依赖于规模经济和价格优势，不符合IBM公司的整体战略和定位。"从以上分析中可以看出，IBM一系列的动作都是围绕价值链管理、打造企业核心能力、去掉不具有竞争优势的环节来实施的。到了彭明盛出任CEO之后，IBM打造"智慧地球"战略，提出了从"跨国企业"转型为"全球资源整合企业"的战略选择，在这一战略的指导下，IBM开始打造全球资源的价值网络，并随着价值网络的拓展获得了强有力的发展和增长。

现在来看看中国企业的处境，大部分中国企业都成功地做到内部挖掘、降低费用与成本；改进生产设备、提高质量；创新及改进；关注人才，积极引进新的管理工具和方法。但结果是什么，拥有持久市场地位的企业少之又少。如何解决？必须明确战略的出发点是共享价值链。

正像可口可乐、IBM 等成功企业的做法一样，企业要想持久的成功，需要管理者从思维方式上做出根本的转变，我在很多场合下坚持：一定要记住其他同行不是你的对手，从某种意义上讲它们也是你的合作伙伴，都正在逐渐扩展产品的使用范围；企业必须致力于使其服务对顾客价值有所贡献，必须致力于是否能够带动业绩成长的营销服务；企业管理者应该知道服务营销的目的性是价值分享的可能；要始终如一关注交付价值，公司必须能够对从产品设计、生产到销售、分销和定价这一完整的业务流程中关注价值交付。

确定把共享价值链作为今天战略的出发点，就是要确定价值链中的所有成员可以贡献和分享价值。因为产品价值界定，产品直接使用的差异化营销，价值分享的可能性都来源于价值链成员对于价值的把握，都来源于价值链成员对于顾客价值的理解。因此对于企业而言，只有把分享价值作为自己战略的出发点，不断地超越自己，才能够真正地服务目标顾客，也才真正具有竞争力，才能够获得经营根本目标的实现，那就是为顾客创造价值。

渠道价值的本质

在全球成功的企业不断进入中国市场的竞争中，人们只是关注到这些企业的技术、战略、实力以及品牌，其实这些企业能够长驱直入中国市场或者其他市场，还有一个更为重要的因素，就是渠道价值的设计和掌控。很多跨国企业在中国市场与沃尔玛是旧友重逢，正是基于这样的认识，在 2000 年之前，我会坚持渠道驱动优先于品牌驱动，当时在中国市场"渠道为王"成为基本的共识。但是一个问题自然浮上水面，那就是如何理解渠道，2004 年以沃尔玛为代表的超级渠道引领了中国市场格局的改变，2005 年以国美为代表的家电零售渠道的强势崛起又导致了家电行业的纷乱和竞争格局的改变。2010年前后的几年时间里，淘宝商城、京东商城的异军突起让网络渠道陷入纷争，而2012年苏宁易购的全面启动，让本已硝烟弥漫的网络渠道更加陷入一触即发的混战格局，到底渠道应该如何设计、如何创新、如何发展？

渠道需让价值分享成为可能

对于沃尔玛、国美、苏宁、京东商城等超级终端应用什么样的策略，企业会做自己的选择，但是如果从战略的层面上，制造商、渠道商、零售终端之间不应该是"你死我活"的关系，而是依存共赢的关系。这里面一个根本的错误就在于对于顾客的理解的错误。制造商对于顾客的理解来自对自身产品的概念，认为产品本身满足了顾客的需求；零售商对于顾客的理解来自对自身服务的认识，认为服务本身满足了顾客的需求。事实上顾客既没有跟随产品制造商，也没有跟随服务零售商，顾客只是顾客，顾客没有在零售商那里，顾客是在顾客自己那里。

要想解决这个错误，无论是制造商、渠道商、零售终端都需要有勇气面对渠道和营销所必须面对的变化，这种变化可以归纳为以下几点。

（1）顾客不是工具。"顾客导向"这个词在今天是非常时髦的，很多企业都会认为自己是顾客导向的公司，而真正可以做到这一点的企业是非常少的。在现实生活中常常可以看到：一家企业把顾客的投诉从一个部门转到另一个部门；在医院随处可见，病人拖着病痛的身体在医院里来回穿梭，寻找挂号、医生、交费、拿药、打针的地方；银行可以在周日早早下班而从未关心顾客是否有时间，工作人员可以在工作时间里离开自己的工作岗位；电信行业尽可能地维持其垄断地位以保持高价收费等。如果是顾客导向的企业，应该可以看到顾客投诉在两周内得到解决；病人到医院不再自己走来走去而是由护士提供相应的帮助；银行差异化的工作时间设计，电信行业自己能够定位为开放竞争中的赢家，收取较低的价格。

（2）企业要想生存下来，建立真正的顾客导向就是必要的选择。在一个顾客不断成长和拥有能力的市场环境里，企业和顾客之间的关系也发生了戏剧性的改变，真正成功的企业，都不再仅仅向它们的顾客"销售"或者"营销"，这些企业与顾客结成了一种伙伴关系。它们也不仅仅只是提供给顾客产品或者服务，而是提供"解决方案"。因此对于制造商而言，如何让自己的生产计划系统直接与终端对于顾客的预测、生产管理或者销售系统联系起来，就成为需要考虑的出发点，而对于渠道商、零售终端来说没有这些制造商，顾客不会来找你，不能把方向搞反，把顾客作为筹码向制造商施加压力而获得霸权地位。

（3）全流程的观点。竞争环境的改变，要求竞争变为基于价值链的竞争，在这样的要求下，需要制造商和零售商采用全流程的观点（见图6-1）。我所定义的全流程是指，价值链上的每个企业都是流程的一个部分或者环节，只有每一个企业的经营被看作始于顾客需求、止于满足顾客需求的整体流程和价值链的时候，企业才能够适合这个竞争的环境也才拥有价值。

图 6-1

全流程观点的关键是：任何一个企业都不可能完全拥有这个流程，只有它们能够共同为这个流程贡献自己的力量的时候，整个流程才会贡献价值。因此，全流程观点要求企业必须把自己的经营延伸到企业外部，而不是停留在内部，必须依据市场流程来决定企业自身内部流程的效率、成本、质量以及服务。

（4）贴近、再贴近顾客。更深入更贴近地了解顾客，要求企业重新审视广告、对顾客市场的定义、对供应商的定义。如果贴近顾客，对于广告的有效性就会有个新的评价，例如人们每天都遇到的邮件广告，绝大部分人会把广告邮件看作垃圾邮件，这些邮件不但不能够引起人们的兴趣反而会引起讨厌的情绪；在电视节目中的广告越来越多被认为是噪声，以至于主管部门出台相应的政策来约束和规范。许多企业的营销系统仍然沿用传统的对于顾客的定义，比如用年龄、性别、区域、收入、社会阶层、受教育程度等来简单定义顾客的区分，并没有真正进入顾客需求的内在来理解顾客，更糟糕的习惯是营销部门借助于这样简单的方式做顾客的理解，开始回答"我们能够向哪个顾客群销售什么产品？销售多少以及如何销售？"的问题，而不是设计如何帮助顾客识别需求。对于供应商的定义更是存在根本性的误区，绝大部分企业还在奉行每一种产品需要两三个供应商的原则，奉行以竞标和招标的方式来选择供应商，使得供应商关系中更多的是维护交易关系和利益关系。

贴近顾客的要求就是实现高效消费者反应，这是沃尔玛的做法：先来看顾客需要什么样的产品，需要什么样的价格，反过来再一起看哪些供应商能够满足这些要求，然后下订单付定金，按时付钱帮制造商把货销掉，因此在沃尔玛的概念里是"前店后厂"的关系，沃尔玛是制造厂的店面，而制造厂是沃尔玛的车间，双方是一个整体满足顾客的需求（见图6-2）。

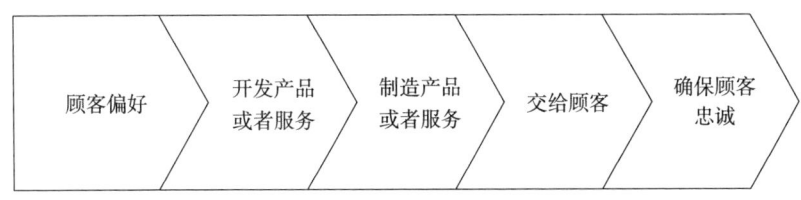

图 6-2

（5）价值组合替代产品与服务组合。最近几年来，营销领域流行产品与服务组合，企业一方面不断提高产品质量、推出新的产品、强化技术在产品中的作用和意义；另一方面不断强化服务，增加服务的价值，甚至不惜花费更高的成本把服务推到一个前所未有的高度。我承认企业在拓展产品和与服务组合方面的努力，为创新营销方式做出了巨大的贡献，也承认在这个组合的过程中企业得到了顾客的认知以及获得了看得见的市场份额。即使是这样，企业管理者还是需要冷静地分析，产品与服务组合的局限性在哪里？这种组合是否能够让企业真正获得顾客的忠诚和识别而不仅仅是顾客的认知，换句话说，产品与服务组合可能仅仅是解决了顾客的认知，并没有实现对于顾客需求的满足，因为这种组合的出发点仍然是产品和服务本身，还没有回到顾客导向上，因此新的变化是用价值组合替代产品与服务组合。价值组合是从顾客价值出发，寻求产品价值和服务价值的差异性来组成整体的顾客价值实现。

麦当劳和肯德基的做法具有借鉴意义。在美国，麦当劳或者肯德基都会建在高速公路的休息站里或者建在加油站的旁边。对于这两个企业而言，它们很清楚顾客的价值是什么，因此根据顾客所需要的价值做组合，既为顾客提供产品，又满足顾客的方便需求。再如星巴克咖啡店放在机场和商业中心，宜家家私公司所提供的拼装设计，等等，这些成功的企业不断运用价值组合得到顾客的忠诚和识别。事实上，做到价值组合就需要企业从根本上改变营销的思维方式，以往的营销思维更多关注创新产品和创新服务，更多关注产品的价值、服务的价值，这样做本身没有什么错误，但是如果仅仅是这样做，你会发现产品也在同质化，服务也在同质化，因此在这样的背景下，人们开始不断地创新，期望通过创新来提升自己的竞争力。但是大家没有去想想，这么多的创新产品和服务对于顾客来说是否真的具有价值，甚至这些层出不穷的创新对于顾客来说很可能是一场灾难，因为顾客被淹没在产品和服务的大海中，无法真正找到他需要的价值，看看今天饱和的市场和泛滥的消费以及资源的过度损耗，就能够说明这个问题。

新的营销思维方式是要求关注顾客价值，关注顾客价值满足的识别，不能够过于简单地理解顾客，过于主观地认为我们的理解就是顾客的需求，不要试图为自己的产品或者服务寻找一个独特的销售主张（你的产品或者服务不同于竞争对手、优于竞争对手的产品或者服务的理由）之后，不断在你的销售和推广中宣传你的独特的销售主张。这样做的结果是，你需要不断投入资源去传播，或许会引起顾客的反应，但是效果甚微。新的营销思维方式要求放弃寻找产品或者服务的不同点，转而寻找顾客需求的共同点，放弃强调自己销售的主张，转而是强调顾客需求的主张，在这样一个共同的原则下，与竞争对手或者供应商一起做价值组合，好更有效地为顾客价值服务。

（6）顾客管理替代营销管理。顾客管理替代营销管理应该是今天的竞争环境对于营销系统提出的最大挑战。从现实的意义上讲，营销管理已经是开始关注了市场规划、顾客需求、细分市场、渠道设计，或者直接用经典理论的演变来描述，从1964年提出的产品、价格、促销、渠道的4P理论，演变到1990年提出的顾客、成本、便利、沟通的4C理论，再到2004年营销界认同的建立、保持、推荐、挽回的4R理论，营销管理已经经历了从产品到渠道再到顾客的逐步提升、不断完善的过程，并且取得了前所未有的市场能力。但是如果认真地分析营销管理的投入和产出，你不难发现，相对于顾客的层面来说，营销力所产生的价值并没有营销本身理解那么高，最大的浪费来源于转换顾客所消耗的成本。我常常讲的一个例子，那是我到美国参观美国一流企业时的感受，我发现这些企业存活的时间非常长，被拜访的企业都超过70年，这么长寿的公司背后的机理是什么？在这一次的参观中我得到答案，这些美国公司一直关注两个经营指标，就如同我们关注销售额和利润一样，它们关注的是用户数和用户价值的贡献率。最典型的例子是美国联合饲料公司和可口可乐公司，前者一直致力于提升猪饲料的价值并为此不懈努力，这个公司用一个标准来衡量自己的能力，这个标准是养殖户的价值中联合饲料公司的贡献率。所以你参观这个公司的时候，最让你难忘的是它的养殖中心。它的种猪实验场以及被称为"疯狂博士"的创新价值研究人员，联合饲料也是第一个不卖饲料而卖养殖方案的饲料企业。可口可乐公司投入最大的资源和力量管理供应链和价值链，在可口可乐的战略中，成为价值链的管理者是它的根本战略，所以可口可乐公司努力做的是如何在保障顾客口感的前提下，实现各个价值链上的共同体的整体提升，确保给予顾客的价值不受影响。所以需要用顾客管理替代营销管理，就需要做到营销体系转换角色，这需要实现以下几点：第一，营销是顾客管理的一个部分而不是顾客管理是营销的一个部分；第二，最优秀的营销人才应放到顾客管理的活动中，确保高层营销管理人员从事的是顾客管理工作，确保营销资源投放到顾客管理的活动中；第三，撤销营销部门，用顾客管理部门替代。

面对这些变化，无论是制造商还是零售商都需要做出积极的改变，只有这样才能够适应这个巨变的市场环境，也才能够适应这个信息和技术飞速发展的社会。近来看到京东商城、苏宁易购、天猫之争，生产厂和零售商之间的纷争，让我觉得大家对于渠道的变化没有清晰和深刻地认识，没有感受到来自市场的挑战，还是停留在狭隘的故步自封的状态中，这是非常令人担心的事情，如果没有共同的战略认识和共同维护这个市场的认识，就会形成一种使大家拼个"你死我活"的氛围。在短期利益和长期利益的选择上，优秀的企业更多会选择长久的发展，更多选择的是合作；而大部分中国企业比较在乎一城一池、一朝一夕的得失，未来怎么样，没有人关心。

但是，如果只是注重短期利益没有长期的安排，企业是无法生存下来的，尤其是如果置顾客的价值于不顾，仅仅是终端之间、制造商和零售商之间的拼搏，一定会两败俱伤。我相信这些关系早晚会改，早晚要回到合作和共赢的路上，彼此的关系本身就不应该是一种博弈，而是一种合作。

科特勒说:"制造商希望渠道合作,该合作产生的整体渠道利润将高于各自为政的各个渠道成员的利润。"[3~5] "你死我活"不应该成为最后的结局。

渠道设计的关键是价值分享

在分销渠道中存在着一个非常令人困惑的现象:分销渠道成员的非分需求不断增多。分销渠道好像永远和"得寸进尺"连在一起。在制造商的眼里,分销渠道是永远吃不饱的孩子。原因何在呢?抛开终端竞争的激烈、区域市场业态的变化这个原因,造成这种现象的根本原因是:渠道设计中过于注重利益分享。

利字当头是区域市场中低素质、不具备战略眼光和完善经营管理思想的渠道成员的典型表现。这些渠道成员"利"字当头,唯利是图,不注重长期经营,只强调短期效应,什么赚钱卖什么,他们才不管什么合作伙伴、战略性伙伴的建立呢。谁返利高、政策好、广告投入大就跟谁跑,不注重品牌、产品、推广、客户关系、顾客满意等战略性问题,不注重渠道、分销以及终端管理。但是这样的渠道,只能够得到以下不好的结局:①分销渠道成员缺乏忠诚度。很多制造商发展到一定阶段,都会遇到分销渠道的流失、叛变问题。于是制造商就责怪渠道成员没有忠诚度。殊不知,凭什么分销渠道要忠诚制造商?分销渠道成员又不是制造商的员工,不拿年薪,制造商是没有理由要求分销渠道成员忠诚的,造成这个结果的是制造商自己的渠道设计出了问题。②低信用度。诚信是一个很大的概念——大到国策,小到制造商的经营理念和对待市场、消费者的态度。诚信需要法律、道德和社会环境、经济发达程度以及自律的制约。在中国市场上,信用度恶化是目前渠道网络较突出的问题。不少分销渠道成员不遵守协约,经常性地拖欠货款,占用、挪用货款,有的甚至卷款而逃,给诚信蒙上了阴影。

现实的分销过程中，众多企业面临艰难的选择，艰难的合作让厂商觉得十分头痛，如此众多的困惑让制造商对分销渠道又恨又爱。分销渠道的困惑正是渠道设计的困惑，解决之道，我认为是：渠道设计以价值分享为核心展开。如何做到这样的设计呢？关键是解决两个战略层面的问题。

1. 价值链总动员：渠道成员的生存共识

在中国市场发展中，制造商的诸多创新以及产品营销改善，推进着价值的持续增长。而经营活动中的下游环节，比如产品销售，则一直被视为是需要但却是次要的活动。人们普遍认为，在价值链中，只有生产制造才是创造价值的中心环节。1996年前后，中国市场进入买方市场阶段。制造商和分销商只有通过共同的分析成本和分销战略设计才能共同占领市场，它由价值链分析、战略地位分析、影响价值因素分析三要素构成。

（1）价值链分析。价值链是企业在供产销过程中，一系列有密切联系的能够创造出有形和无形价值的链式活动。它包括下列四方面的内容：

- 在供应过程中，企业与供应商之间的供应链中创造价值的过程；
- 在产品生产制造过程中，各环节、各单位创造价值的过程；
- 在产品销售过程中，企业与顾客的链式关系中创造价值的过程；
- 在市场的调查、研究、开发及产品的促销与分销等活动中创造价值的过程。

价值链有三个含义：其一，企业各项活动之间都有密切联系，如原材料供应的计划性、及时准确性和协调一致性与企业的生产制造有着密切的关系；其二，每项活动都能给企业创造有形或无形的价值，如"与顾客之间的关系"这个价值链，如果密切注意顾客所需或做好售后服务，就可以提高企业的信誉，从而带来无形的价值；其三，它不仅包括企业内部的各链式活动，而且更重要的是，还包括企业的外部活动，如与供应商之间的联系，与顾客之间的联系等。

（2）战略地位分析。确定战略地位，从长远来讲，是企业打算逐步在顾客中树立怎样的形象。它可以从企业或企业的产品在顾客心目中的形象上反映出来。而在渠道的层面上讲，就是解决渠道成员各自的定位问题。企业战略地位的确定，无疑与企业的长期竞争战略有着密切关系，更与渠道成员的长期发展设计有关。如追求低成本先导型战略的企业，其产品与其竞争对手的产品存在很少的差异性。因而在确定战略地位时，以相对高质量低价格来获得竞争优势是很重要的。而为了达到相对高质量低价格这个目标，要求渠道成员都能够进行成本管理，并形成严格标准的成本管理体系。相反，追求差异化竞争战略的企业，其产品相对其竞争对手产品有很大差异性（外观、设计、特性等方面的差异），因而应以高质高价来获得竞争优势。而要想使其产品与竞争对手产品产生差异性，建立一套支持这种战略的渠道体系至关重要，高质高价同样要求渠道成员一致保持创新。确定战略地位，从某种意义上讲，实际上就是确定渠道成员的顾客价值贡献。

（3）影响价值因素的分析。影响价值的因素很多，但大致分为两大类。第一类是与企业的"基本经济结构"有关的因素，可概括为以下四个方面。

- 规模大小。它可表明企业进行生产、制造、销售、市场和产品的研究开发等方面的投资有多少。
- 产品或服务的复杂性。企业向顾客能够提供多大范围的系列产品或服务，以及供应商能够向企业提供多大范围的原材料或服务。
- 技术（或者工艺）水平。
- 沟通范围。企业与多少供应商或顾客有联系，关系程度如何（供应商是否对企业有忠诚关系以及顾客对其产品是否建立了忠诚关系）。

第二类是企业实施其竞争战略时的有关因素，它包括下列内容。

- 忠诚于产品质量的习惯。
- 全面服务的管理。
- 对于顾客价值是否具有导入性贡献。
- 产品设计是否合理并容易制造。
- 各价值链是否使企业创值最高，尤其包括是否开发了与供应商或顾客之间的联系。

2. 共创价值链优势：渠道成员的生存之道

营销渠道是促使产品或服务顺利地被使用和消费的一整套相互依存的组织。由此可以看出，营销渠道的建立是为了在社会中形成一系列重要的经济职能，如产品的分销、服务的传递、信息的沟通、资金的流动等。从而弥合了介于生产者和消费者之间的时间与空间上的距离。同时，营销渠道是不同机构之间组织的集合体，它们同时扮演着追求自身利益和集体利益的角色。为了利益，它们之间既相互依赖，又相互排斥，从而产生了一种复杂的渠道关系，既竞争又合作的关系。

价值链作为一种分析的工具，在企业战略分析中，已超越企业的边界扩展到分析供应商和分销商，涵盖了企业外部价值链分析和内部价值链分析。外部价值链分析包括供应链分析和顾客链分析；内部价值链分析包括研发、生产和营销分析。一个企业要具有竞争力，必须创建自己高效的价值链。因为企业之间的竞争不单是企业单体之间的竞争，而是企业所处的价值链之间的竞争。同处一条价值链的企业之间应是一种战略合作的关系，而不仅仅是一种简单的买卖关系。

由于与供应商竞争状况下的 ROI（投资收益率）、ROS（销售利润率）和毛利均低于没有竞争状况下的相应的 ROI（投资收益率）、ROS（销售利润率）和毛利。因此，价值链竞争优势不仅在于价值链中每个企业的竞争优势，更重要的是通过企业之间的战略合作，塑造整个价值链的竞争优势。

价值链的竞争优势主要表现为两个方面：成本最低；向消费者提供与众不同的产品和服务。成本最低不仅要求生产厂家努力降低产品的成本，同时要求渠道中的每一个成员都不断降低成本。分销渠道是企业外部价值链中的顾客价值部分，其关系如下：制造商－分销商－经销商－消费者。分销过程不能增加产品本身的价值，只是通过产品的流通和提供的服务，提高产品的附加值。从消费者角度来讲，任何分销活动均属于非增值部分，分销活动所发生的费用只使他们付出了额外代价。分销渠道价值链的增值目的就是要尽量减少消费者付出的额外代价。

另一个是，渠道成员的合作优势。营销渠道内部经济活动的纵向安排或是渠道中的交易方式大致有三种。

- 可以独立拥有和管理通过市场进行交易的专业单位，这里讲的是依靠市场交易，市场交易主要依赖价格机制。
- 独资单位之间进行交换的全部纵向的整合（威廉姆森，1975）[6]，这种在集团内部的交易则依赖于管理机制。
- 在这两个极端的经济活动形式之间存在各种不同类型的结构，而在这其中所涉及的交易各方则通过正式和非正式的合同安排对市场机制进行调整。

经济学家认为企业之间通过签订协议或契约可以达到与一体化相似的结果。制造商和分销零售商合作就是一种处于两种极端的中间状态。随着市场的不断发展，渠道成员的地位也发生了变迁。中国市场营销渠道发展经历了从重视制造商阶段，到重视经销商阶段，最终进入重视消费者阶段的过程。

1997年11月，格力在湖北成立了第一家湖北格力销售公司。该销售公司是以资产为纽带，以品牌为旗帜的区域性销售公司。由格力出资200万控股，其余四家经销商"武汉航天""中南航运""国防科工委""省五金"各出资 160 万组建而成，从而开创了独具一格的制造商和分销零售商合作的专业化销售道路。这个渠道合作的模式使得格力至今依然是中国空调市场最强有力的领导者。制造商与分销零售商之间的环节是分销渠道价值链的关键环节，也是增值潜力最大的环节。制造商和分销零售商合作表现形式并没有改变传统的渠道结构，但本质上却将渠道成员中的制造商和分销零售商由松散的、利益相对的关系变为紧密的、利益融为一体的关系。这种公司式的合伙关系可以消除制造商和分销零售商为追求各自的利益而造成的冲突，制造商与分销零售商结成利益共同体，共同致力于市场营销网络的运行效率，由于优势互补，减少重复服务而增加经营利润。

具体优势表现在五个方面。第一，打开新市场。渠道成员的合作可以降低开发新市场的风险。在新市场建立直销组织成本同样高昂，销售代表和管理人员的招聘与培训是必不可少的，而且由于前期的投入比较大，销售额可能无法及时弥补投入，而导致经营初期处于严重的亏本状态。通过制造商和分销零售商的合作，制造商可以利用销售商已经建立起来的营销渠道网络将产品迅速地铺向市场。第二，降低供货源头成本。随着市场竞争的加剧，中国市场供求关系由卖方市场向买方市场的转变，许多领域都供大于求，商品价格日趋下滑，企业利润越来越薄，进入微利时代，渠道利润空间也相应地越来越小。在这种状况下，渠道成本的控制就显得举足轻重。第三，抵制新进入者进入，提高竞争优势。整合营销学代表人物 D. E. 舒尔茨曾说，20 世纪 90 年代，唯有"通路"和"传播"能产生差异化的竞争优势。在产品、价格乃至广告都无可奈何地同质化的今天，渠道的差异化竞争应是各企业用力的重点，因而市场决战在渠道。其核心是渠道资金的竞争，而落脚点则是对终端零售商的占领。制造商和分销零售商合作，使得制造商与分销零售商整合成销售联合体，实现了制造商对零售网点的占领，从而形成渠道竞争优势。第四，提高产品与服务质量。在一切以消费者为中心的今天，要求产品以最方便的途径让消费者购买，这就对制造商提出了一个巨大的挑战,即制造商要能对消费者的购买需求和评价做出最快捷的反应,否则,就难以在瞬息万变的市场上立足。然而,传统的制造商之间的关系是松散的、间接型的,它们之间的利益是相对独立的,属于买卖型而非合作型关系。制造商与消费者的直接沟通,受到了制造商与分销零售商在每个环节上的保价行为的影响使双方形成对立的制约,从而影响了渠道的效率。第五,降低渠道成本。渠道成员之间的充分合作有利于缩短渠道的长度,使得渠道变得更加扁平化,更加可控,减少了渠道冲突,降低了渠道成本。同时,渠道成员的合作也是一种风险共担的间接渠道形式,通过或预购,或集中采购,或商业资本向产业资本的渗透,都体现为制造商与分销零售商共同经营,共同承担市场经营风险。充分利用制造商和分销零售商的有利资源,有利于实现制造商和分销零售商双赢等优势,同时降低产品的成本,为消费者提供更好的产品与服务。

所以对于渠道各个成员而言,可以从各自的角色中发挥作用。对制造商而言,依据现有的资源优势选择适合自身发展的产业,寻找并确定自身在产业价值链中存在的价值与理由(能有效地给产业价值链中某个环节的相关制造商以及最终用户创造价值),确立其不可替代的竞争地位。然后在关键环节上发展其核心能力,并以此不断获取和整合更多更好的产业资源,提升整条价值链的效能,更好地为顾客创造价值,确保制造商持续成功。具体到制造商的经营活动,就是围绕着市场竞争展开制造商内部价值链研发、生产、分销等重要环节的协同和上、下游制造商的协同,并在此过程中,形成统一组织的意识、观念和行为,并从组织结构和形态上,在关键环节积累和发展其核心竞争能力,使制造商在难以预测的不确定的市场环境中,超越竞争对手以获得持续竞争优势,这就是制造商的整体竞争战略——基于制造商自身核心能力和主导产业价值链的能力。

对分销零售商而言,分销售零售商市场营销的本质就在于有组织地把握、接近、影响、渗透和维持市场，为商品在流通领域建立支配力与影响力，通过分销售零售商内部价值键各环节和产业价值链上下游，结合制造商争夺市场份额的共同要求进行整体协同，加速产品的生产与交易过程，分销零售商竞争力来自于整条价值链协同的效率，超越竞争对手，并对竞争格局与规则施加强有力的影响，赢得顾客，获得市场竞争的主动。

建立伙伴关系的渠道发展观

中国市场已经是一个形成全方位竞争格局的市场，而网络技术和电子商务技术的飞速发展，让人们在购买方式、顾客沟通方式，以及企业和企业之间的发展态势上，都发生了根本性的变化。在这样的市场巨变中，渠道也发生巨变。长久以来的渠道格局所发生的变化，对于每一个企业来说一方面需要应对这些变化，另一方面需要重新设计渠道，并有能力创新渠道，我主张对于渠道采用"建立伙伴关系的渠道发展观"，可以让企业应对这个巨变的市场格局。在这方面有一些非常好的成功企业的案例供大家参考。

三星的"星世界"[7]。2009年8月三星电子针对中国市场的全新渠道和市场拓展战略随着其"星世界"计划战略发布会的举行浮出水面。8月31日，三星电子在辽宁、河南、广东、云南、浙江五个地区同时举行了隆重的发布会，发布"星世界"计划。业内人士指出，这标志着三星在销售渠道上的布局和纵深拓展开始加速，而渠道优化、终端整合已成为消费电子行业的大势所趋，行业裂变将再次升级。

三星集团大中华区营销总裁金荣夏向记者表示，"星世界"计划是三星酝酿已久的一项渠道的开发计划。该计划旨在整合三星的产品、资源、管理，以及各地区的渠道、信息、人才优势，以最快的速度优化现有上下游资源，为终端渠道商提供资源垂直投放和一站式服务，从而增强为消费者提供快速便捷和更多增值服务的能力。

正所谓"大树底下好乘凉",要想提高效益,经销商最好也能找个"靠山",而"三星"这个金字招牌无疑是最佳选择。自进入中国市场以来,三星始终致力于为合作伙伴提供最大化的支持,合作共赢未来。此次"星世界"计划简化了渠道架构,以更高效、更优化的方式整合各产品的渠道资源,将三星的品牌、产品优势与各地经销商的能力实现优化组合,为消费者提供更加完善的个性化方案和服务。同时,渠道模式优化以后,与三星合作的经销商数量将会大量增加,渠道向纵深覆盖的能力显著增强,"星"罗密布的庞大立体销售网络,将为渠道共赢打下坚实的基础。据了解,三星将全面整合内部支持资源,包括产品支持、人员支持、物流配送、营销活动、技术培训等,为合作伙伴提供多项增值服务,与厂商之间达成有效沟通,使双方实现价值链和供应链的对接,从而提高渠道分销效率。随着'星世界'计划的实施,三星将建立纵贯全国、立体覆盖的品牌专卖体系,集合全部三星产品,实现产品展示、体验、销售、服务、增值平台等功能于一体的强大的品牌专卖网络,结合代理商给中国消费者以全新的消费体验。

宜家家居的价值网络[8]。构建价值网络是今天很多企业都在进行的活动,在理念的层面这已经是共识。但是如何在公司的战略和运营中形成有效的价值网络,则是一个极其困难的事情,因为价值网络主要涉及企业价值创造的外部支持,以补足和扩大企业自有资源。这些资源因在企业控制范围之外,使得价值网络管理成为极其困难的事情。而宜家公司做到了。

宜家在 32 个国家拥有 46 个贸易公司,各贸易公司作为独立的利益主体接受业绩考核,负责向总部争取订单和监控制造商生产。总部提出产品设计后,各贸易公司在辖区范围内搜寻最有价值的制造商,并以低成本、高质量赢得总部订单。为提高内部采购系统的竞争力,各贸易公司严格要求供应商提供国际化和标准化产品,除将供应商按合作层次分级外,还不断提出并评估制造商的生产成本压缩指标。这样一种合作关系,使得宜家的供应商与宜家之间构成了一种需要竞争与超越的关系，也因此构成一种特殊的合作关系，即设计团队与供应商在产品开发设计方面密切合作，以便找到更便宜的替代材料、更容易降低成本的款式等；在产品生产方面，为说服制造商对必要设备进行投资，宜家会承诺一定数量的订单。

为了更好地获得持续的供应商发展，宜家设立一种合作模式，称为合伙人。宜家和WWF（世界自然基金会）合作在印度和巴基斯坦开展项目，促进更好的棉花种植方式，宜家与深圳万科地产公司合作，推出为样板房量身设计的家居布置服务；宜家与中国家居连锁巨头红星美凯龙、土耳其商业巨子星摩尔携手合作，在沈阳市铁西区打造以"家"为主题的购物商区；宜家是2010年上海世博会瑞典馆指定合作伙伴，瑞典馆展示其特别设计的"未来生活岛——概念厨房"。

宜家除了关注互补性质的合作伙伴，更关注利益共同体的战略联盟者。宜家在全球的零售业务通过全资直辖店和特许经营连锁店两种模式展开，特许经营合伙人要经过严格审查和评估；宜家与戴尔达成全球合作协议，戴尔为宜家的各个子公司提供定制化方案，协助宜家打造业界领先的"仓库管理技术系统"；宜家与国际知名物流企业马士基长期合作，马士基承揽宜家在全球多种家具材料的物流任务；宜家与家电名企惠而浦建立业务联盟，惠而浦为宜家连锁店提供一整套内置式产品解决方案。

我曾有机会在顺德参加家具行业的战略研讨会，顺德家具行业的企业家们都非常羡慕宜家的模式，也在反问自己，为什么在中国没有一个像宜家一样的公司？其中有一位朋友问我："中国企业善于模仿学习，很多企业也在模仿宜家，为什么就没有出现一家类似于宜家的公司？"我试着回答他的问题。的确中国企业是在模仿、学习中创新和成长起来的，到今天为止，优秀的中国企业都可以找寻到它们模仿和学习的标杆，无论是之前的家电制造业，还是今天的互联网行业，每一个中国企业都在模仿学习标杆中获得成长。那么为什么宜家的经营模式没有学习到？我想一个核心的原因是，宜家经营模式中，涉及复杂的供应价值网络构建，涉及创意设计以及设计转化为产品的价值链打造，更涉及顾客理解和战略资源获取的能力问题，这些是非常难以模仿的。

宜家得以成功的各种要素有效的组合，形成创造和传递价值的精致系统。享受过宜家产品和购买过程的顾客，一定会感受到宜家独特的顾客认知和产品理解，从宜家独创的产品设计开始，如何积累和培育相应资源、如何运用这些资源支持企业的战略设计与实施，已经成为宜家独有的特色；而战略资源与价值网络的联系使得宜家能够协调自己供应和外部整合关系，能够借助互补企业为顾客创造更具竞争力的感知价值，而这恰恰是其他企业无法模仿的东西。

宜家作为一家私人公司，在彰显其社会责任部分也是独具魅力的，它不但高标准地打造自己的社会责任体系，更是做到像公众公司那样公布自己的财务报表，并愿意和大家一起分享自己的成长和经验。宜家公司不断提升产品设计竞争力，研发专利和设计技术具领先优势，并基于此整合供应制造、研发团队、零售终端、物流配送等产业链各环节。宜家公司全球产业价值链成为竞争者学习的标杆。

建立伙伴关系的渠道发展观。三星和宜家的成功可以帮助我们建立正确的认识，即企业需要确立新的渠道发展观。我把它称为建立伙伴关系的渠道发展观，包括以下几个方面。

第一，以战略为导向的分销渠道组合设计。由于市场环境变化较快，而且目前已经形成通过多种渠道进行分销的商业阶段，因而企业思考问题的重点应放在如下几处。

- 根据自身的战略要求来制定有针对性的渠道组合方案，即从各个渠道的自身发展潜力、对企业的销售额贡献、利润贡献、渠道利用水平和改进潜力等角度，对渠道进行分析，判断各个渠道对自身的价值，对渠道客户进行细分，制定与战略相匹配的渠道组合方案。
- 设计相关的机制和措施来协调各种渠道，以减少或避免渠道的冲突。
- 通过对渠道的控制和权重的优化来优化各渠道销售的结构和制造商内部的成本结构，不断优化各渠道的销售结构和对渠道进行控制，应该是营销管理的核心任务。
- 考虑对组织结构和流程进行调整以适应渠道管理的需要。

对现有分销渠道相对比较单一的行业来说，需要更加关注潜在的、新的分销渠道，即在传统的渠道之外选择具有战略意义的并适合于销售的新渠道，无论是网络平台还是虚拟社区。新渠道的开发不仅意味着获得目前的非客户群体，而且也可能使企业可以更快速、有效地应对市场需求的变化，或降低总体的交易成本，或改变现有的竞争劣势。以商品优势竞争的传统正逐渐消失，追求渠道的差异化是中国企业面临的难题。渠道是企业接触消费者的主要媒介，企业应根据渠道来重组营销架构，以渠道为核心的组织更具竞争力。

第二，加强渠道效率。长期以来，中国企业一直沿用传统的批发零售模式。这种金字塔式渠道的多层次框架降低了渠道的效率，延误了商品到达消费者手中的时间，导致企业对终端消费者的信息掌控不力，并且增加了营销成本。根据《麦肯锡高层管理论丛》的资料，分销渠道成本通常占一个行业商品和服务零售价格的15%～40%。由此可见，通过改善分销渠道，企业可以大大提高自己的竞争力和利润率。

Jack Li 在《世界经理人文摘》描述过这样一些案例 [9]。

1999 年中国汽车市场上流行多层次营销体系，这可能将一部分销售风险转移到分销商身上，但销售质量及服务难以监控，最终可能威胁到自身的形象。上海通用毅然决定引入美国通用的营销模式，建立自己扁平化的专营区域分销网络，使上海通用成为中国汽车行业专卖店模式的先驱。

为了确保渠道效率，迅速掌握消费者信息，提高品牌形象和服务质量，TCL 也致力于建立自己的销售网络。然而，随着商品向全国范围铺开，公司的销售网络越铺越大，在高峰时期公司拥有多达 1.2 万人的销售队伍。可想而知，销售的成本急升，而销售渠道效率却受到了严重的挑战。1996 年，公司开始了渠道的"精耕细作"，对各地区的人口和消费水平进行调查统计，将销售指标和分销商数量建立在科学的基础之上，提高单位销售量。

第三，避免渠道冲突。在开发市场的初期，跨区窜货、低价竞销等非正当竞争是与生俱来的产物，企业的态度和应对策略直接关系到渠道的质量。渠道冲突和窜货导致的直接后果是，互相杀价导致价格混乱，渠道体系遭受重创，最终是多败俱伤。因此规避冲突、创建渠道之间的有序竞争是各企业需要直面的问题。

富士施乐（中国）有限公司总裁张昆提出了"渠道生态系统"的概念。他认为，健康的渠道生态系统，需要具备扁平、高忠诚度等特点，而渠道之间有序竞争是健康的前提。为此，富士施乐从 1999 年开始，逐步规范内部的渠道网络，按照地域层层分区，中间构筑"防火墙"，严禁互相窜货。公司专门的监管队伍利用每台机器的系列号进行跟踪，对违章的分销商实行严厉惩罚，有效杜绝了窜货的发生。在渠道层次上，富士施乐拒绝和"托盘商"（即分销商）打交道，尤其是那些被戏称为"搬砖头"没有创造任何价值的渠道成员，削减了中间环节。

第四，建立伙伴关系。渠道效率的高低，很大程度上取决于渠道成员对制造商的忠诚度。而不容忽视的情况是，中国本地的销售渠道本身质量并不高：从国营体系转过来的往往模式僵化；私营成分分销商机智灵活，但很多是从小商店发展起来，没有受过系统专业的培训，自身的素质欠佳。如果他们在营销水平和服务质量方面得不到改善，必然会对品牌产生负面影响，从而损害制造商利益。

除了盈利政策之外，制造商和分销商之间应建立共同的远景，并为此而努力，使渠道成员获得长久成功而不仅仅是短期效益，这才是合作的最佳状态。制造商选择渠道伙伴的标准之一，应该是公司目标与制造商的宏观市场目标和价值观一致。因此，制造商的渠道管理人员同时也应是一名咨询员。他需要了解渠道伙伴的公司整体结构，并对此提出自己的改进意见。西安杨森在对分销商的支持方面主要有以下几点：一是界定经销区域，最大限度保证了分销商的利益；二是为渠道合作伙伴提供"造血机制"，西安杨森在培训渠道成员、提升其整体素质方面，出台了一系列举措。

第五，创造新渠道。在传统渠道开始变革的同时，我们有机会关注渠道在这个时期发展而形成的各种新趋势，制造商与分销商之间的合作是生产制造商直接和零售系统打交道，绕开渠道所有的中间环节，避免了渠道冲突，大幅降低了成本，是渠道扁平化的最佳体现。

同时，制造商与分销商合作也是一种风险共担的间接渠道形式，通过预购或集中采购，或商业资本向产业资本的渗透，都体现为制造商与商家共同经营，最大限度利用各方的资源，是社会分工的必然结果。在占据商场上风控制着消费终端的零售商眼里，今后渠道的理想模式，将是制造商、物流服务商和零售商的组合，人们谈论的将不是如何"建立渠道"而是如何"进入渠道"的话题。

建立伙伴关系的渠道发展观要求，营销渠道管理不仅是指销售或供给，当然它们也都非常重要，但更重要的，它是一种思维方式，一种与顾客建立新型联系以捕捉崭新商业机会的方式。一个公司与其顾客之间存在各种互动方式，包括顾客怎样及在何处购买商品或服务，又怎样及在何处使用这些商品或服务等，而建立伙伴关系的渠道发展观就是这些互动方式的本质。

我引用 Steven Wheeler、Evan Hirsh[10] 的观点做总结：

拥有好的产品不一定称霸市场，相反，有能力管理不同渠道及其带来的经验和关系，才能使自己与众不同，脱颖而出。

协 作 效 应

美国学者罗莎贝斯·莫斯·坎特（Rosabeth Moss Kanter）曾经提出的一个观点"协作优势"（collaborative advantage）[11]，在她看来，具备卓越的建立、保持广泛协作关系的能力，对提高公司的竞争实力有着重要的作用。的确如此，离开协作，任何一个公司无法独立地生存，它总是在一个明确的产业链条中，不同的企业联合起来，为顾客创造价值，这种关系被称为协作效应。一个公司可以加入多种关系当中，任何一种关系的合作者可能扮演许多不同的角色，最为强烈和密切的协作是价值链合作关系，这也正是我所关注的协作效应。

优势互补

在竞争激烈的商业环境中，人们相信各家公司在商业的各个领域都建立了伙伴关系联盟。当总体大于部分之和——一加一等于三时，要进行协作。每个联盟都力图通过建立伙伴关系达到这种效果。获得行业领先地位的企业都比那些默默无闻赢得微薄利益的小企业更明白，与别的机构建立伙伴关系是好的选择。苹果令人震惊的异军突起一方面源于乔布斯，而另外一方面源于苹果所搭建的商业平台，这个商业平台为众多的软件开发商开辟了全新的路径，获得与消费者直接互动的机会。而苹果也借此有无限的可能来满足消费者的需求，并具有了持续创新和变化的可能。

苹果和众多软件开发商之间的合作，是基于市场与技术的优势互补关系，平台化是战略联盟性质的商业利益共同体经营的重要原动力之一。对于软件开发商来说，与苹果的合作可以更多地获得其接触顾客的机会，而苹果则更多地在利用软件开发商的创新能力，快速而准确地满足顾客的需求。这些利益共同体之间，无论是从行业还是市场来说都属于原定的竞争对手的关系，它们为了应对挑战、寻求协力优势联合到一起。如果苹果在原有的基础上与惠普、戴尔、诺基亚、摩托罗拉进行竞争，无疑会陷入被动，而软件开发商如果仅仅以新进入者挑战成熟的通信行业，也会带来意想不到的困难。双方选择合作，从竞争对手变成协作关系，一方面可以避开双方所面对的困境，另一方面又可以带来全新的竞争格局，苹果对于通信行业的彻底变革所取得的成就，足以说明协作所带来的竞争优势。协作效应的条件和前提是，与具有互补竞争优势的伙伴建立联盟，通过彼此协作取得相互的利益。这之中，了解和共享彼此的可互补优势显得尤为重要。

跨业互补

另一种情况是，利益共同体之间没有竞争关系，也没有行业关系，但是合作双方的竞争优势合并以后可以形成共同利益优势。奥运项目应该是这样一种协作效应最好的注解。每一次的奥运主办方深度了解外部战略关系的利益共同体的合作目的和过程，借助于这些外部战略资源，一个全人类关注的活动得以完美呈现。

经过 12 年多的发展，今天的阿里巴巴集团已经成长为拥有超过 2.5 万名员工、年总收入达到 152 亿元人民币的大型企业。阿里巴巴的 B2B 业务平台 Alibaba.com，已经创造了 7970 万注册用户；阿里巴巴的 C2C 业务平台淘宝网，已经创造了超过 3.7 亿的注册用户，淘宝网 2010 年的交易总额达到了 4000 亿元人民币，相比 2007 年的 300 亿元是一个巨大的增长。更重要的是，到 2011 年 11 月 30 日，淘宝网已经帮助 246.3 万人直接就业，其中包含 2.034 万名伤残人士。淘宝商城（天猫）在 2011 年 6 月从淘宝网中分离出来成为专业的 B2C 平台，其单日的最高交易金额接近 10 亿元人民币，2011 年淘宝商城交易额为 1000 亿元，同比增长 3.5 倍。支付宝是阿里巴巴在 2004 年首创的安全便捷的第三方支付平台，现在已经有超过 6.5 亿的注册用户。关于市场表现，根据中国专业调查公司艾瑞的数据，C2C 是最受中国消费者欢迎的网络消费平台，淘宝网 2011 年第 1 季度在中国 C2C 市场上的份额为 90.5%，而淘宝商城也占到了中国 B2C 市场的 46.9%。阿里巴巴的商业模式是其获得如此增长的关键影响因素，而其商业模式的核心就是合作各方形成利益共同体。

跨行业的互动式营销中心

早在 2003 年，格兰仕、康宝、万信、名人、欧派、希贵、京东方、大自然、中电 SCT、快乐厨房十家知名企业在北京共同签订"互动联合营销联盟公约"，试水大规模互赠促销模式，进行价格杀手们的渠道整合。格兰仕带头策划这一全新的营销模式——联合互动营销。参与结盟的第一批企业有 10 家，这个数字已经变为几百家、上千家。现在还有 20 多家企业急切地等待加入这个联盟，从 IT 企业到牛奶生产商，各行各业都有，这个联盟体很快会扩张到上百家、上千家。在此次联合营销中，当消费者购买格兰仕的微波炉时，同时他可以获得厨具、商务通等其他九种产品的优惠，反之亦然，即使消费者购买一台 300 元的微波炉，也可以得到 5000 元的优惠券，以任意的组合方式，购买联合企业的产品。

事实上，这个被格兰仕喻为"跨行业的互动式营销中心"的最终模式就是寻找联盟企业的共同利益并且构筑和分享共同利益。许多国内名牌产品看中的是格兰仕在全国的 2 万个终端，如果彼此间能够相互合作，格兰仕利用自身的销售渠道，搭卖它们的产品，同时，它们的终端也能推广格兰仕的产品，几十家战略同盟企业同时推广，就会有几十万、上百万个终端，产品的推广与营销成本就能迅速降低。按照格兰仕的设想，格兰仕的产品内销数量每月在 80 万～100 万台，包括空调、光波炉、微波炉、电磁炉、电饭煲等小家电，如果每月发出 100 万张优惠券，这就是个非常可怕的数量。任何参与其间的联盟企业，可以利用这一巨大的销售网络迅速占领市场，甚至合作可以进一步加深，包括各合作企业甚至可以利用格兰仕海外营销渠道，将产品借船出海，销往海外市场。

这是中国第一次出现搭建在品牌地位之上的企业联盟行为，从这个层面上说，家电联盟，对业界以及竞争对手都颇具威慑力。众多商家联合出手，五花八门的各类产品，凭券优惠的折扣价大多比实际市场售价低 50%~70%，折扣力度相当大。而联盟成员不但要对自己负责，而且要接受整个联盟兄弟公司的监督，原先用于开拓市场的各种费用转化成为直接的销售，如果能充分利用联盟厂商的销售渠道，迅速将货铺到几万、几十万个终端，就可降低促销费用，节约出来的渠道成本与时间成本，足以获得价格上的绝对优势。

理论上说，这种互动式联合促销可以使原有的促销力量无限放大。假如，A、B、C 厂家联合促销，各自合法让利 100 元，则联合起来的每家企业可以新增加合法的 200 元促销资源为自己企业所用，而且品牌推广也是集中三家工厂的力量，一旦联合起来的工厂数量一多，其市场推广的力量也将呈几何级数地增长。例如，欧派橱柜与格兰仕在各自的行业都属于佼佼者，联手则是将单打独斗与联合促销融为一体，通过双方资源的有效配置和资本的优化组合实现规模效益，以求达到"1＋1＞2"的效应。

2012 年 6 月 29 日，当当网宣布正式独家入驻 QQ 网购商城的图书频道。QQ 用户将可以直接通过 QQ 账号登录 QQ 商城下单购买当当网在售的所有 80 万种图书，并享受相同的低廉价格。此外，7 月，当当网孕婴童频道也将全线入驻 QQ 网购，妈妈们将可以更方便地为宝宝选购相关商品。据了解，QQ 网购将主要为消费者提供购物平台，商品的打包、快递、售后服务等工作还是由当当网来完成的。通过 QQ 网购购买当当网图书的消费者依然可以享受货到付款、假一赔五、上门退款等服务。

一位来自北京的刘女士表示："现在每个人差不多都有五六个购物网站的账号，买不同的东西去不同的网站，如果以后能够实现账号的互通，这样将更加方便。"此外，刘女士也表示了对这种模式的担心，"如果一次在 QQ 网购购买了当当网的图书和一些其他商品，出现售后问题该怎么办，处理起来会不会很麻烦？"对此当当网相关负责人表示："对于在 QQ 网购下单购物的消费者，可以通过 QQ 网购的统一客服平台申请售后服务，对于涉及当当网销售的商品将依照当当网售后服务标准执行，其他商品将由 QQ 网购依照相关规定执行。对于消费者来说，只需与 QQ 网购客服单线联系即可，非常便捷。"[12]

据了解，对于在 QQ 网购同时购买图书及其他商品的订单，将采取分包递送的方式，当当网商品将以当当物流直接递送，其他商品由 QQ 网购负责递送。腾讯的这一策略目标并不是联合促销或者单纯地扩充品类，而是一种新的营销模式的诞生；更确切地说，是将联盟各方在渠道整合过程中节省下来的利润空间让给消费者。在竞争最为激烈的网络商城大战中，腾讯这个利益共同体通过规模化、专业化集中取得优势，将在营销手段上遥遥领先。

上面的两个例子是协作效应的表现，对于竞争而言，也许还需要再进一步判断如何形成能够脱离竞争的协作效应，但是显而易见的是协作效应最大的好处是更好地接近顾客和供应商。因此，在今天巨变的市场环境中，协作关系的培育是一项关键的管理技能，学会协作是必需的，也是必要的。由于协作效应所面对的是复杂的合作关系，所以需要企业的管理者对文化、战略、技术、组织等各个领域的问题保持清醒的认识。

IBM 全球整合之路

2008 年 8 月 6 日消息 [13]，IBM 面向中国企业发布了一份题为《通过全球化整合实现转型：中国公司真正成为全球企业》的报告，该报告深入分析了全球化整合的迫切性和中国公司需要通过全球整合实现突破性发展的必要性。出于对全球化整合的迫切性的理解，IBM在彭明盛时代开始了这一战略方向的转型，在2008年11月6日彭明盛告诫IBM的经理人，"我们在财务市场上面临的危机让我们清醒地认识到全球系统的高复杂性、现实性和危险性。但实际上，21世纪的第一个十年给我们敲响了一个个警钟，即全球整合的现实难度"。即便是这样，IBM还是坚持全球整合资源的战略，而背后的逻辑是什么，可以借助于在中国发布的这一报告梳理清楚。

报告认为全球整合背后有三项驱动因素：第一是经济力量，公司通过降低成本改善盈利能力，持续寻求进入新市场获得业务收入增长；第二是专业能力，公司放眼于国际市场，寻求人才、理念和创新，并增强提供全球解决方案与服务的能力；第三个是开放性，日益开放的业务标准、业务模式与系统使业务组件专业化成为可能，而组件的专业化可以带来最佳的工作分配和进一步整合。

全球整合公司与传统的跨国公司存在多方面差异。全球整合公司作为一个协作实体运营，不像传统的跨国企业以地理边界定义遍布全球的业务单元；全球整合企业以增长和效率为双中心，实现规模、效率和能力收益，不像传统的跨国公司以增长和建立规模为目标；在运营方面，全球整合公司在全球范围内是"整合"的而不是"互联"的，工作流向最适合完成它的位置。因此，全球整合是一项战略举措。通过全球整合，企业可以有效发掘全球协作机遇，获得发展资源、盈利和业务能力，并且建立若干全球"卓越中心"向自己的市场和客户提供本地相关的产品和服务。

报告特别针对中国企业进行全球化整合的必须性进行了分析。中国公司在全球化进程中要实现持续业务发展和真正的全球领导地位仍面临诸多挑战：它们需要拓宽和加深自己的全球触角，获取新的市场；它们需要加强管理规划和复杂性不断提高全球运营；它们需要持续关注效率问题，寻求更高的盈利能力；它们需要进一步在企业治理、管理和运营方面纳入最佳实践，融入全球商业社会中。在加速全球化之路上，中国公司有机会直接向全球整合方向转型，跳过很多发达经济体公司曾经经历过的跨国企业阶段，获取更为深入的商业与效率收益。

IBM在研究成功的全球整合经验中，概括了三个主要原则：在全球范围内选择最合适的地点开展运营，从而有效地利用技能和成本方面的差异获得收益；消除重复的业务环节和固定成本，从而建立规模经济，并提高运营效率；保持一个相对较低的组织上的"重心"，使决策始终贴近市场，从而能够灵活地响应本地市场变更和客户需求。

IBM致力于全球整合战略的推进，内容包括：转向高价值解决方案；转向基于价值的文化；降低决策重心；成为主要的全球整合企业；在保障重点的前提下进行重大市场转变；智慧的地球。IBM制订了周密的计划以保证转型成功，以IBM战略为导向，根植于公司的价值，兼顾业务流程、技术和文化的转型，重点加强增长、效率和文化变革领域，以维持IBM在全球市场的优势。在促增长的转型中，IBM关注客户价值的方式做出了"由外而内"的彻底改变，转型基于"由外而内"的方式进行。

- 客户行为驱动：客户购买行为；客户或行业价值主张。
- 基于客户的方式：客户价值评估；客户平衡评估。
- 客户优先的企业：适应行业的团队；全面为客户服务。
- 客户价值就绪团队：专门技术开发；及时的信息；联网的社区；端到端问题管理；基于价值的实例。

关注客户价值的行动方式改变，取得了全球整合的明显绩效。IBM的客户之一燕莎作为中国顶尖的零售商，通过结合供应链及ERP改善了竞争力，具体体现在下单时间由2.5天缩减到4.5个小时；供应商信息服务增长了50%；9个月内即实现ROI。同样的成功也体现在斯德哥尔摩市，其通过智能道路管理系统解决了交通阻塞：减少交通量25%；选择公交的市民增加了4万；减少了噪声和废气排放。我相信会有更多的客户，因为整合战略而获得极大的价值释放，IBM自己本身就是首先获益的公司。IBM建立了全球共享服务平台，为全球共享服务建立一致的流程、方式、系统和管理；全球部门所有人负责根据基准目标满足效率目标；向共享服务部门提供通用的机遇识别方式来改善效率和效果。通过这三个方面的努力，IBM在过去五年间减少花费达48亿美元；过去五年，供应链平均每年节约30亿～50亿美元；每个共享服务都促进了现有的效率和效果，财务周转时间从3%降到1%，房地产周转时间减少50%，人资、人员管理雇员与员工的比率由1∶122降低到1∶169。

2005年5月20日分析家会议上彭明盛说："我们无须在每个国家都克隆IBM。我们正为世界的各个地方优化关键运作（消除冗余机构和投入过多的部门）水平和全局地整合这些运作……也就是在正确的地点，用正确的方式，执行正确的任务。"[14]全球整合的持续努力，也让IBM获得了持续成长的绩效，2010年IBM财报数据如下：每股摊薄收益（EPS）11.52美元，增长15%，连续8年实现两位数增长；营收999亿美元，增长4%；实现创纪录净收入148亿美元，增长10%；毛利率46.1%，连续7年增长；自由现金流163亿美元，增加了12亿美元；2006～2010年支出200亿美元，收购了超过60家公司，收购成功率高达70%。2010年在美国获得5896项专利，连续18年名列世界第一，连续三年获得全球最具价值品牌第二名。

07
第 7 章
品牌的本质

品牌是能力而非梦想，品牌是结果而非资源。品牌之所以具有巨大的魅力，是源于品牌就是顾客体验的总和，是顾客内心所引发的共鸣。

品牌几乎是中国人骨子里的情结，我也拥有同样的品牌情结。但是拥有情结是一回事，创立品牌又是另外一回事。2005年之前，我倾向于渠道优先于品牌，明确地讲，对于那个阶段的中国企业而言，渠道驱动比品牌驱动更加重要，因为我们还不具备创立品牌的能力。太多的企业和企业家把品牌看得太重，太多的人愿意做品牌梦，但是成就品牌的不是梦想，而是实实在在的能力，一方面来源于企业的能力，另一方面来源于顾客的能力，离开了顾客和企业的能力，品牌是不会存在的。

品牌是顾客体验的总和

在过去的几年里，人们被繁多的词汇湮没，如品牌态度、品牌增效、品牌效应溢出、品牌稀释、品牌认知等，随处可见人们对品牌津津乐道，从中可以看到营销人和经理人对之追求，看到管理者和企业家对之热爱，看到专业人士对之关注，更看到消费者对于品牌的爱恨交错。这一切都在表明，品牌已经成为经济生活一个重要的元素，人们已经确信了品牌具有的强大魅力。看到一则新闻，《纽约时报》商业版的记者乔尔·夏基

（Joel Sharkey）写道："在1967年具有历史意义的电影《毕业生》中，有这样一个经典场面。在鸡尾酒会上，一个热心的、上了年纪的男人对乳臭未干、充满迷惑的达斯汀·霍夫曼（Dustin Hoffman）低声提了一条商业建议，就是一个词'Plastics'（塑料信用卡）。如果今天重拍此片，台词就要改成'品牌'了。"今天，品牌已经是每个人的词，尽管并非人人都真正理解其内涵。作为品牌的一个追随者，我个人对于这些不严谨的说法颇感不安，因为如果不能够真正理解品牌的真实含义，品牌本身的魅力就会变成商业的包装而失去力量。

定义品牌

关于品牌的定义，从相关的书籍上你可以非常容易得到，我选择《兰登书屋英语词典》（*Random House English Dictionary*）中，有一个词条对品牌进行的定义。

①一个词、名称或者符号等，尤其是指制造商或商人为了在同类产品中区别出自己产品的特色而合法注册的商标，通常十分明显地展示于商品或广告中。②品牌名称广为人知的一种产品或产品生产线。③（非正式）在某一领域的名人或重要人物。

这个定义有些过时，但是它可以让大家对品牌有一个相对清晰的认识，我说它过时是因为这个定义过多依赖于产品、服务、商标之类的有形物。不错，在一定程度上品牌是物质的，经常由产品、场所和人来代表。而当工业革命转变到技术革命的时候，整个世界从"有形世界"转变为"无形世界"的时候，那些无形的、常常是无重量的理念，如知识产权、创意、产品和服务等对财富的驱动力，要远远大于有形的物质。而在这一领域品牌显得更为突出，比如可口可乐的市场总价值中情感实体远大于物质实体，罐装饮料厂、卡车、原材料和建筑物这些有形物质资产对于可口可乐公司和华尔街来说，并没有全世界的顾客对这一品牌的好感重要。换句话说，可口可乐公司所创造的顾客忠诚度在未来难以估量，要量化这一部分的资产负债恐怕会使最出色的首席财务官都发狂，而价值的确就在那里。

所以品牌的全面定义应该是：品牌具有最基础的本质，这一本质不是外在的，也不是完全用产品或服务来定义的。就像柏拉图所认为的那样，我们在日常生活中所体验的任何具体事物的各个侧面都存在着该事物的"理念"，是"理念"使事物更长久，甚至拥有永久的意义。

也许我这样的表述方式不够概念化，其实我所想表达的意思是：品牌最终的体现是具体的事物，但是这个具体的事物本身并不代表品牌，而是这个具体事物在人们内心认知的外化表现而已。品牌概念，可以称为"柏拉图的理念"，人们可以并没有看到产品或者没有直接体验服务的情况下对其产生反应。试想一下，哈根达斯，其名称本身，甚至它的标志，都能够让人想起美好。是的，它代表冰激淋，但是更意味着美好。品牌承载的最突出的意义却是一种感觉以及对于这种感觉的期待。

顾客是品牌内核的来源

按照密歇根大学商学院教授普拉哈拉德及拉玛斯瓦米[1]的说法，权力钟摆向顾客的移动使产品"不过是一种顾客体验"。这一概念无疑意义深远。产品和服务总是要不断地更新，而其品牌却是永恒不变的。所以定义品牌应该是这些体验的总和，而非产品或者服务本身。事实上，从进入网络经济的那一天开始，顾客决定的力量就开始发生作用，企业与顾客之间成为战略伙伴而非交易关系或者服务关系，新的经济规律是商业世界围绕着顾客运转，而不是相反，商业最终会随着顾客而非那些最成功的分销商或者零售商而起起落落。正因为我们生活在这样一个经济时代，所以必须更加关注顾客的体验，必须认识到：在顾客与品牌的关系中，产品和企业本身只是一个载体而已。

我这样说应该是有些过分，但是如果理智地思考，应该可以理解产品和企业的功能到底是什么，我再一次引用彼得·德鲁克的观点：企业就是创造顾客[2]。如果没有顾客，企业和产品其实都没有存在的意义和缘由。就如耐克运动鞋，菲尔·奈特推出耐克品牌后，将运动健身的灵感与渴望达到世界级水平的创新性产品展示结合起来，如耐克的气垫运动鞋的展示。耐克本来可以花上千万美元宣扬产品的价值，这种运动鞋的中跟处薄而柔韧的膜中装了气垫，外面包着成型的脚框架，并附有一种动力健身系统。不过耐克只简单地展示了一下产品，却与顾客在更深、更鼓舞人心的层次上做了交流，让人在更广阔的运动健身世界里了解这一产品的真正意义。这超越了产品本身，让人感动。

有一次，我到一家公司调研，我问大家，公司最成功的地方是什么，他们自豪地告诉我说这家公司是行业内赚钱最多的公司。而我到另外一家公司调研，问了同样的问题，他们告诉我说他们最自豪的是这家公司是行业内最大的公司。我感觉到了一种危机，也许赚钱和规模最大能够说明企业所取得的成绩，可是我感到危机的是这些公司成员的自豪与顾客没有任何关系。我在很多地方讲过我自己的一个经历，在美国访问，我们中国的企业家常常问美国企业的规模有多大？而美国企业家常常问企业的用户是谁？有多少？一个不断关心用户以及用户数量变化的企业，我们有理由相信它们会一直存在，因此所参观的美国企业平均寿命是86年，一个拥有86年历史的公司，因有86年的顾客认同应该就是拥有品牌了。

这几年来中国企业在规模增长上表现神速，但是对于顾客价值的展示上并没有表现出应有的能力，所以可以看到一个非常奇特的现象：大量销售的实现是通过资源投放获得而非顾客认同获得，顾客与企业之间是完全的交易关系。这个现象表明我们的企业并没有真正地构建品牌，相反，距离品牌的核心内核相距甚远。如果这样下去，当资源耗尽的时候，顾客就会离开企业，企业也就失去了生存的空间。

所以，企业应该从关注产品回到关注顾客的身上来。在营销领域，人们对于"第一提及率"非常热心，可是如果仔细研究就会发现，"第一提及率"所显示的并不是顾客自身的努力，反而是企业所做的努力，"第一提及率"反映的是一种产品或者产品特征、一种品牌的自觉认知，但这并不代表人们一定会购买，就像人们可以在多种场合下不断地提及保时捷汽车，但这些人可能根本就没有意愿去真的拥有一辆保时捷汽车一样，因为在大多数人的消费习惯中，保时捷并不是与他相关联的产品。

回到顾客的层面，就会寻找到品牌的核心内核。品牌之所以成为品牌，就是因为它能够在顾客内心中产生共鸣，能够引发顾客的信任。品牌如果能够尊重顾客更高级的需求，能够在开发产品与服务的同时，开发可以巧妙调节产品与服务的营销交流途径，那么这样的品牌就可以高于产品，因为它更具有意义。对于顾客的理解，对于顾客情感需求的满足，对于顾客认知理念的理解和认同，可以引发顾客更为强烈的、更细微的、更复杂的原动力，正如需求理论所描述的那样：人们渴望有归属感、纽带关系、希望有所超越和自我实现、希望感受快乐和满足等。最成功的品牌总是能够激发起积极的情感，就如 DHL "使命必达"。每一次的新广告发布都会成为一个故事，而这个故事就像一部伟大的神话，永远也讲不完，因为故事的主人公是顾客，而不是公司自己。

品牌并不是企业核心竞争力

企业是要不断变化的，产品和服务也在周而复始地改变，而顾客体验最终会定义品牌。在我最初明确地写下这个观点的时候，刚好接到邮递员送来 2007 年第 3 期的《中国国家地理》杂志，封面标题是"江南专辑"。江南在不同人的眼里，是完全不同的，地理学家说：江南是丘陵；气象学家说：江南是梅雨；文学家说：江南是天堂。一个江南在不同的顾客感受里就有了不同的认知，之所以江南能够牵动那么多人的思绪，是因为那么多人都可以在江南体验到自己的感受，都可以表达自己对于生活意义的理解。我自己也曾写过一篇散文《西塘》[3]，在这篇散文中，我自己感受到的是清纯，"何以踏上这小镇的土地，我的心就有了一种如归的亲近？安静地坐在西塘的午后，我知道这是自己内心向往的生活状态，不需要繁华，不需要奢侈，只需要清纯的河水，只需要一缕箫音，在微微的风中思绪淡尽就可以了……"这就是我的江南。很多人都以为是江南的小桥流水、唐诗宋词的风韵构成它的品牌，其他的地方没有这些独到的历史和资源，所以也就无法构建品牌。但是我不同意这样的说法，江南之所以是江南，不是因为小桥流水，不是因为唐诗宋词，是因为江南切合了游人细腻、温柔的心，在江南的环境中能够呼应，能够服帖。

很多企业都基于企业核心竞争力来确定自己的品牌优势，这恰恰是错误的。企业确定品牌的关键是与顾客的价值需求相一致，简单地说就是品牌定位于顾客意图而非企业核心竞争力。我在一本书上曾经看到克林顿在1996年总统竞选上发表的一句著名的短语："经济，乏味透顶的东西。"每次克林顿提到此，他都提醒选民他所关心的是工作、失业、福利、税收以及所有老百姓正担忧的其他问题。"经济、乏味透顶的东西"这句话把克林顿定位成唯一一个关心老百姓疾苦的人，其他候选人力图抢回注意力，但是克林顿已经捷足先登，其实克林顿正是选择选民的意图来构建自己的品牌，而非自己的核心竞争优势：演说能力和领导能力。

所以，在开始考虑确定品牌的时候，首先需要确定的是顾客的意图，确定在顾客意图方面企业擅长什么？不擅长什么？企业所擅长的地方能否帮助实现顾客的意图？还是伤害了顾客的意图？或者根本与顾客意图的实现毫不相关。

企业核心竞争能力与品牌本质被混淆了，人们认为具有核心竞争能力的企业就能够构建品牌，更糟糕的是企业把营销投入也定位为品牌构建，因此不惜投放资源，不断地进行市场定位的调整和完善，花大量时间和资源来改善进入市场的营销策略，考虑在哪里获得原材料，怎样管理和分类产品，不断地调整产品组合，甚至开始创造更新的产品。企业认为这些努力都是在构建品牌。但是这些企业却忘记了品牌内涵所需要的东西，忘记了品牌内涵需要符合顾客的意愿，更加忘记了企业需要吸引顾客前来购买它们的商品。我同意企业核心竞争能力对于企业是非常重要的，但是也请大家明白，企业核心竞争能力是实现品牌构建的一种能力，并不是品牌内涵，品牌的内涵只有一个，那就是顾客意图，许多公司犯的错误，就是简单地把两者联系在一起，并不知道核心竞争能力与品牌不能等同。

斯科特·贝德伯里和斯蒂芬·芬尼契尔认为对于品牌而言，七种核心价值最为重要[4]：①简洁；②耐心；③关联性；④可接触性；⑤人性化；⑥无处不在；⑦创新。这七种核心价值正是顾客意图的体现，也许企业会在不同的行业有不同的规模，但是在构建品牌的时候，体现这些核心价值是所有品牌在创建以前都必须关注的，因为它们正是顾客所期望的价值。

构建品牌是一个需要回归顾客层面的过程，也许品牌有多种表述方式，我还是用顾客价值这个方向来定义品牌，从而使品牌构建的方向能够符合顾客成长的方向，也唯有这样，企业才能够真正构建自己的品牌。所以，再重复我对于品牌的定义：品牌是顾客体验的总和。

中国企业的品牌能力

品牌所产生的影响主要直接针对消费者和最终用户群，它强调的是品牌提供商的独立行为，并不与价值链上的其他成员构成直接利益。品牌的奥妙之处就在于品牌提供商可以在任何逆境下都仍然保持固定的市场份额和相对的品牌忠诚度。

这是一些人的观点，你是否同意？这个问题的实质是回答：品牌到底是怎样发挥作用的？品牌面向终端市场，好的品牌对品牌提供商产生拉力——有市场作为拉力的动力源，整个供应链都受到市场的拉力，供应商至零售商几乎可以抛开烦恼，不假思索地供货就行了。在美国、日本、欧洲，通用电气、IBM、西门子、微软等品牌早已深入人心，它们通过各种市场传媒手段和质量保证，取得并保持品牌的成功；这些企业侧重"品牌为先"，对它们来说开拓新的市场需求，并且实现品牌对市场的最大影响力才是最重要的，因为有了品牌就有了市场拉力，其他的就会随之而来。

品牌是能力而非梦想

品牌效应导致很多人，特别是一些中国的研究学者认为中国企业已经步入"品牌经济"时代，但我还是要提醒大家：目前阶段中国企业做品牌的能力还非常弱！

在中国企业构建品牌的过程中，蒙牛是一个最有代表性的企业。这家企业曾经在短短的五六年时间里，增长了几千倍，并成为市场中最具影响力的企业之一。这家企业从顾客认知最重要的环节做起，第一个在乳业强调"来自草原的牛"，用健康、绿色、环保作为主要的诉求，也因此获得了消费者的认同。蒙牛开创了产品与民族和国家发展之间的关联，当神五飞天的时候，人们也记住了"请举起你的右手，为中国加油！"的蒙牛；当人们关注民族未来的时候，"每天一杯奶，强壮一个民族"的蒙牛也获得了高度的认同；而"甜甜的、酸酸的"缔造了无数个"超女"梦想的时候，蒙牛已经开始收获了深入到人们日常生活而不可替代的乳业领先者的地位。但是，随之而来的是"三聚氰胺"事件，之后一些负面的情绪在消费者心中滋生，一系列无法建立诚信的事件把蒙牛从人们内心中最可信赖的位置中排除出去，这不得不让我们反思，到底如何去打造和构建品牌？中国企业是否有能力打造品牌？

一些企业认为，不断地做广告，进行事件营销，不断的营销策略以及市场投放，就是在为建立品牌做出努力了，看到这么多企业如此做品牌运作，让我感到很紧张，因为这是非常浪费的行为。如果把品牌看成企业追求的目标，那是极其错误的认识，同时也是不肯面对现实的认识，因为从某种意义上讲中国企业还不具备打造品牌的能力。

我同意品牌经营对一个企业在市场上获得成功起着重要的作用，而且中国的企业也真切地感受到了品牌所起到的不可替代的作用。然而，许多中国企业低估了品牌经营的难度，并且概念不清：将广告等同于品牌经营；产品等同于品牌；服务等同于品牌经营；市场占有率等同于顾客忠诚度；与竞争对手的区别等同于品牌的区别。这些误区导致了企业在构建品牌的过程中常常走到相反的路上。

可口可乐即使生产部门遭受火灾化为灰烬，但可乐还是能够畅销，可口可乐公司会利用周转的时间差寻找另一个饮料工厂继续生产。而秦池、三株等曾经的广告巨人仅仅因为一点微小的失误就会轰然倒地。广告是获取顾客认知和知名度的重要营销工具，但广告本身并不等同于品牌的建立。很多企业不顾一切地在中央电视台黄金时段播放广告，通过广告可以使某一名字广为人知并促使一个阶段内的销量增加。但过度的广告投放，过度的服务成本，过度的产品包装，以拼价格换市场，以适应竞争对手的变化为策略，这样做的结果不是构建品牌而是伤害品牌。

给出表7-1的目的是想让大家对商品、名字、品牌、强劲品牌有个清晰的认识。企业的产品进入市场后分为四种情况。第一种情况是商品，特征是顾客知道产品的名字，除了这个产品是"产品类别中的一个"之外，没有其他的内容，例如菜市场上的各种蔬菜。第二种情况是拥有了名字的商品，特征是顾客知道其名字，顾客认为其产品有别于竞争对手的产品，有一部分顾客想要这种差别，例如人们在超市看到的各种商品。第三种情况是拥有品牌的商品，除了具有有名字等产品所具有的特征外，还具有顾客指明需要其产品，顾客同意用更高的价格接受其产品，例如宝马。第四种情况是拥有了强劲品牌的商品，到了这个时候，除了具有品牌的特征外，品牌企业还可以拥有目标顾客，并且目标顾客将其品牌人格化并正面认同，同时品牌企业对于目标顾客而言无所不在，例如麦当劳。打造品牌的过程，应该是获得了在表7-1中所列明的各种条件。

表7-1 品牌、商品、名字

	商品	名字	品牌	强劲品牌
1. 顾客是否知道我们的名字	√	√	√	√
2. 除了"产品类别中的一个"之外，我们的名字是否别无其他	√			
3. 顾客是否认为我们的产品有别于我们的竞争对手的产品		√	√	√
4. 是否有一部分顾客想要这种差别		√	√	√
5. 顾客是否指名要我们的产品			√	√
6. 我们是否可以要求一个比较高的价格			√	√
7. 目标顾客是否将我们的品牌人格化并从正面角度与之认同				√
8. 我们的品牌是否对目标顾客而言无所不在				√

中国企业还不具备做品牌的能力，是因为中国企业的产品只是达到商品或者拥有名字的产品这个阶段，还没有能够拥有品牌或者强劲品牌的各种条件。对于大部分中国企业而言，顾客知道它们的名字，但是有关这个企业的产品是否有别于其竞争对手的产品，顾客没有太多的感受；对于顾客想要的差别，企业多数是没有能力给到，大部分的顾客不会很确定地指明要哪一个企业的产品；中国企业更多的是采用低价销售的市场策略；而企业的目标顾客是谁？他们的需求如何？这些问题很多企业回答不了，或者根本就不关心，也因此无法获得人格化的认同。

从本质上来说，构建品牌是关于定义有竞争力的强劲价值定位，并持之以恒地将此定位价值交付给顾客的过程。为了做到这一点，并做得出色，公司必须回到服务顾客的基本工作上，管理其业务运作。只有基于这个出发点，公司才会理解如何才能产生品牌。虽然中国企业在30年的市场奋斗中，诞生了很多产品，也拥有了丰富的商品市场，但中国企业没有一家可以算得上真正意义上的成功品牌，这不是悲观的论调。我只是想阐述一个事实，因为在我的逻辑中认为，品牌本身并不代表"优秀"，品牌是企业选择进入市场和取得市场的方式，依靠企业通过市场营销以及品牌提供商自身形象（产品/服务质量、价格、交货服务等）得以经营，最终能否获得市场和顾客的满意要看消费者对品牌本身的认知，能否获得顾客指定购买的殊荣。

构建品牌的时机

企业何时才能获得构建品牌的时机，取决于以下几个方面。第一，产品本身是否拥有独到的价值。产品是品牌的载体，没有好的产品是不可能产生品牌的。好的产品能够满足顾客的需求，能够提供可靠性和可追溯性，能够在相同的产品中给顾客独特的感受，例如，三星产品以质量、可靠性及服务著称。这是与三星管理人员强调产品质量的做法密切相关的。当顾客对三星手机的不足之处抱怨后，李健熙命令对其库存产品进行销毁。另外，三星公司还拥有一支研发队伍来不断改善产品质量，并提供满足顾客需求的产品型号。

第二，能否实现个性与可见度。当企业产品和企业的形象在个性化和可见度上都能够有所建树的时候，企业为品牌的构建奠定了一个基础。可口可乐虽然一直保持口感不变，但是不断推出新的包装，不断与各种活动紧密结合，迎合了消费者的眼光，成为人们无法忘怀的品牌。2012年伦敦奥运会，可口可乐不失时机地与奥运连接在一起，在中国市场先和麦当劳品牌互动，出品一套杯子，接着和中国奥运冠军刘翔、陈一冰、张继科等合作出一组全新的奥运产品。这些安排，让保持口感和红色标志的可口可乐一直彰显着自己的个性和可见度，无法让人忘怀。

第三，是否拥有稳定可靠的渠道。品牌的构建在更大的程度上取决于渠道的可靠性和稳定性。因此构建品牌的企业必须能够解决渠道的问题，才能够开始谈论品牌的构建问题，好的品牌无疑都是渠道创新者、渠道建设者。它们能够与渠道分享和创造价值，它们能够和渠道一起满足顾客的需求，渠道也因为品牌企业而充满了活力和成长。典型的案例就是汽车行业中的佼佼者，无论是宝马、奔驰还是奥迪，都是与渠道深度合作，从而获得稳定而持续的市场占有率，以维持品牌的覆盖率。

第四，是否具有向顾客传递并沟通价值的整个业务系统。这是最后的一个关键条件，因为品牌本身意味着顾客的忠诚度、顾客的价值定位、顾客对于产品价格的敏感性等，这些要素的获得不是企业哪一个方面做好就可以得到，需要企业整个业务系统支持才可以得到。海尔的服务、新产品研发、物流、供应链管理、市场化能力、传播以及与顾客的沟通，这一切的综合才构成了海尔的品牌。

构建品牌需要时机，正是基于上述这四个条件，违背这些条件或者不能够满足这些条件的，构建品牌只会是把企业葬送。秦池酒、三株口服液等一大批曾经辉煌的企业，因为不能够很好地理解构建品牌的时机，只是简单地理解为通过大量的广告就可以打造品牌，结果毁掉了企业本身。因此，需要管理者明白的是：品牌不是企业的目标，只是一个结果，企业需要构建上面四个条件，并寻找属于自己的一条品牌发展的道路，用时间去努力奠定构建品牌的基础，当时机成熟的时候，品牌自然为顾客所认同。

品牌的发展之路

一个品牌的构建，需要经历什么样的过程，需要什么样的关键点来完成，是需要认真理解的。否则企业所做的努力很可能只是品牌发展之路的一个点，其他点可能根本就没有经历过。那么品牌发展之路是如何展开的呢？借助于很多人的研究，我将其归纳为以下几步。

第一步：识别力量。品牌构建的第一步是能够让顾客识别，这种识别来源于企业所提供的产品本身，所提供的服务，所提供的标志。在这一步里，需要企业非常清晰地传递自己产品的价值主张，需要企业非常认真地贡献产品的质量，也需要企业很好地设计自己的标志系统，使得顾客可以清晰地认知，并且非常容易记忆和区别。可口可乐、奔驰、耐克、苹果等，这些公司识别的力量都是极其强大的。相反，中国的一些企业常常希望模仿，总是想让自己的标志与一个著名的商标类似，同时对于产品的质量给予的投入和关注程度也不够，所以在识别的力量上已经有所缺失。

第二步：价值链管理。对于价值链的管理，以及价值链成员之间的权力分配是构建品牌的第二步，这种权力的分配体现在供应商、制造商、销售商、顾客多方面的权力共享，没有所有品牌构成成员恰当的资源分配，不可能形成对于品牌的共识。因此需要品牌企业能够很好地协同价值链成员之间的价值分配，并能够很好地协调价值空间，使得每一个成员能够为顾客最终的价值做出贡献。最可以说明这个问题的是英特尔公司和微软公司，英特尔和微软是两个隐含在价值链中的成员，但是因为它们自身价值的贡献，会决定一台电脑的运行速度和操作有效性，因此无论是之前的IBM，还是现在的联想，以及戴尔、惠普，只要是生产PC的厂家，都需要在每一台PC上标注英特尔和微软的标志，因为这两个标志，可以确定PC厂家品牌的价值。因为英特尔和微软可以管理PC的价值链，也就获得了自己的品牌地位。

第三步：始终如一交付价值的经理人。必须确保产品、销售方法以及所确立的价值定位之间协调一致。为此，需要经理必须能够对从产品设计、生产到销售、分销和定价这一完整的业务流程进行管理。大部分企业的经理人并没有把自己和品牌打造联系在一起，经理人只是认为自己是一个管理者。事实上经理人是品牌能否成功的关键要素之一，因为经理人决定着产品的设计、品质等一系列决定产品价值的活动和资源分配。如果经理人能够保证始终如一的交付价值，顾客就会得到稳定、可靠的价值感。

如果经理人没有这样去工作，而是用很低的标准在工作，无法提供稳定和可靠的产品，无法保证产品的一致性，品牌打造就会成为空话。这也许是中国企业打造品牌过程中最容易出现问题的环节，当产品质量无法满足交付标准的时候，一些经理人为了完成自己的业绩，就会放弃质量标准而出货。当遇到竞争对手处于有利地位的时候，经理人会选择牺牲消费者的利益来换取自己一时的增长，以期夺回自己有利的市场地位。也许这些行为会获得暂时性的成功，但是长久的伤害隐藏在里面，就是对品牌的伤害。需要获得品牌就需要经理人始终如一的交付价值。

第四步：清晰沟通价值的员工。品牌的真正代言人是企业的一线员工，只有企业的一线员工能够清晰地表达企业价值追求以及价值主张，这个产品才会真正深入人心。如果企业的一线员工都无法了解产品的价值，那么企业就不会得到顾客对于产品价值的认可。我曾经到一家公司调研，发现了一个非常有意思的现象，这家企业的员工会很认真地对顾客说："购买我们公司的产品是非常划算的，因为我们竭尽全力降低成本，这是我们公司的价值理念。"而顾客因为员工这样的沟通，放弃选择这家公司的产品。我和顾客交流的时候，顾客告诉我说："我们担心这家公司的产品质量不够好，因为公司的员工说，公司会竭尽全力降低成本，也许会偷工减料。"我想这是员工在传递公司价值主张的时候，没有清晰地表达，引发了顾客不好的联想。另外一种情况也是我常常在调研中看到的，企业的员工并未从内心里认同自己公司的产品，甚至把这种不认同的情绪传递到顾客那里去，使得顾客对于企业产品认知有疑虑。如何让员工深刻地理解公司的价值理念和产品的价值主张，如何帮助员工认同公司的产品价值并呈现在日常的行动中，是需要构建品牌的企业必须回答并确保解决的问题。

第五步：可细分的忠诚的顾客。顾客被明确细分出来，并具有忠诚度是衡量品牌的一个关键指标，因此在经营过程中要不断诊断一些问题，这些问题能够帮助公司找出在品牌经营中的关键不足之处。例如，一个公司可能会发现，它所提供和推动的产品利益可能并不真正为目标消费者所看重。在这种情况下，为获得消费者对品牌的忠实度而重新确立产品的价值定位和市场战略是有必要的。作为奢侈品的品牌路易·威登了解到它的细分顾客，是那些希望彰显自己的优越、富有的人群，因此路易·威登总是把自己的"LV"的标志非常张扬地置于产品最明显的位置，也正是因为这样使得路易·威登的顾客忠诚度非常高。但是相对于另外一群顾客而言，他们希望的是低调的奢华，希望品位和财富被隐藏起来，路易·威登的产品就不适合这样的细分顾客，而爱马仕满足了这个细分的客群，并设计了更高的价格、更加独特性，以及产品类型的唯一性。爱马仕的这些努力，帮助到细分顾客更加明确自己的忠诚度，也让爱马仕本身获得了品牌的更高溢价。

第六步：能够承受的增长速度。增长本身是一个企业追求的目标，但是这个目标需要成为品牌的一个基础而不是相反，如果一个企业因增长而带来的是市场和顾客认同的损伤，那么这样的增长就不是能够承受得了的。2010 年丰田汽车的"质量门"事件对于丰田品牌的伤害是极其明显的。而当丰田公司自己在做反思的时候，它们理解到因为丰田追求全球汽车行业第一名的位置，不断进行扩充和增长，使得在最近 5 年来把增长放在企业战略的第一位，而忽略了丰田作为经营哲学的"质量"。一味地增长和扩张，使得丰田忽略了产品质量，忽略了技术创新与质量的关系，更是忽略了顾客对于丰田产品可靠性的信任和依赖。在丰田一味追求增长的过程中，因为质量缺失而导致大量召回汽车的经营现状，导致了人们对于丰田品牌的疑虑，再加上 2011 年的福岛海啸，给丰田公司造成极大的冲击，使得将全球汽车行业第一名保持了 20 年之久的丰田汽车在 2011 年被美国的通用汽车超越，也许日本经济持续低迷也是影响丰田发展的原因，但是过度增长和扩张而导致的质量问题，一定是影响品牌忠诚度的关键因素之一。

第七步：真正的利润增长。构建品牌需要大量的投入，从产品设计开始、供应商选择的标准、生产过程的标准控制，渠道有效性、交付的价值，最终到顾客感知的价值，在这个长长价值链的每个环节都需要投入，并以高标准来完成。因此，品牌产品一个显著的调整，就是拥有较高的价格体系。也正是因为在价值链的每一个环节的高投入，使得顾客在获取产品的时候，愿意支付高的价格，并感受到高的价值，而在这个时候，往往品牌已经深入顾客心中，或者说品牌已经打造成功。一个成功的品牌一定会获得高的价值认同，并让顾客愿意支付高价格，借此品牌可以创造出属于自己的价值，而不是单纯的产品价值，企业也因为品牌所创造的价值而获得真正的利润增长。无法提供高价格并且这个价格还是顾客所愿意接受的，那么企业就无法得到真正的利润增长，没有真正的利润增长，就无法构建真正的品牌。

经过这样的七步，才可以确认企业品牌发展的道路完成，之后循环反复、不断持续，企业才会得到一个真正的品牌。所以可以说，品牌发展之路也是企业发展之路，致力于构建品牌的企业，也往往会获得持续的发展，因为伴随着品牌发展之路，可以帮助企业从产品功能识别与形象识别，价值链各个成员的价值贡献，始终如一交付价值的经理，清晰沟通价值的员工，可以细分的忠诚的顾客，能够承受的增长速度到真正的利润增长，这七个阶段都有效地达成，的确可以让企业的基础夯实并获得强劲的品牌与发展。

品牌构建的环境

品牌的构建取决于消费者的认知，而不仅是企业自身的努力。我曾经花了一些时间来研究，为什么近200年来，大部分的品牌都源自欧洲？一种观点认为欧洲是早期资本主义国家，经济发达，所以可以诞生很多品牌；另一种观点认为欧洲有着深厚的文化底蕴，可以很细腻地表达，并获得共鸣。也许这些观点都可以成立。但是，深入地思考之后，我发现，欧洲之所以在近 200 年里诞生这样多的品牌，和欧洲人的消费习惯有非常大的关系。在欧洲，人们消费并不是简单地为了生活，而是表达一种立场，做出一种选择，也正是因为这样的缘故，为品牌诞生构建了坚实的基础。

新奢侈主义者

2008 年秋我在南京大学为 EMBA 的学生讲课，一个学生告诉我说，他只住香格里拉酒店，我内心感到快乐，毕竟我遇到了新奢侈主义者。我喜欢新奢侈主义者的原因是，他们并不是富有的一族，他们所展示的也绝不是社会地位，他们所展示的却是真情流露。曾经看到一个这样的故事：杰夫是一个年薪 5 万美元的美国建筑工人，他花了一年时间攒钱，买了一整套的卡罗韦（Callaway）高尔夫球杆。在为期 8 个月的芝加哥高尔夫赛季期间，杰夫 6 点起床，下午 4 点赶到高尔夫球场，打上 18 个洞。他说："买这套球杆的原因是，它让我感到富有。你可以经营世界上最大的公司，成为世界上最有钱的人，但是你买不到比这更好的球杆。当我在球场上把你们打得一败涂地，我的感觉好极了，感到平等，我挣的钱比你们少，可我的日子比你们好。"这也是一个标准的新奢侈主义者。

奢侈品一直以来是作为商业时代的标签以及品牌的标签，成了个人美好生活与社会身份的象征，所以我们看到很多人为了标签他的富有，无节制地炫耀，如摇滚明星猫王曾驾驶私人飞机，耗费 5500 加仑⊖汽油，只为买一个三明治，这是老派的摆阔。新派的做法如 1998 年甲骨文亿万富翁埃里森硬要参加海洋帆船比赛，那次比赛有 6 名水手死于高 40 英尺⊜的大浪和时速 90 英里的强风中。在美国经济学家索尔斯坦·凡勃伦的《有闲阶级论》[5] 里，他们都是"招摇式的挥霍"，"对有闲阶级而言，价格标

⊖ 1 英加仑 = 4.546 立方分米；1 美加仑 = 3.785 立方分米。

⊜ 1 英尺 = 0.305 米。

签与地位的关系极为重要，要表现财力并借此取得或者维持名声，手段就是招摇式的挥霍行为"。这种行为最为直接的好处，就是让他们与穷人区别开来。这样的奢侈是我所不屑的，而庆幸的是今天我也不屑这样的奢华。

近来中国刮起了一阵紧过一阵的奢侈品浪潮，在上海一场奢华展览，欧洲人惊呼"中国的富人真是一掷千金"，我也惊讶于富人对于奢侈品的偏爱。改革开放只有30多年的中国已经是全球第一大奢侈品消费市场。我的内心中还是有些隐隐地说不出的感受，记得前一阵在网上看到一场大辩论，一个自称为"上等人"的人对于"下等人"不屑一顾，甚至认为这些"下等人"影响了市容市貌，结果引起轩然大波。好在出现一个"更加上等"的人出来告诉这个人说，你根本就不知道什么才是真正的"上等人"，这个人提出几个"上等人"的问题，比如：你穿什么牌子的衣服？你拥有什么品牌的汽车？你到哪里度假？你喜欢什么样的红酒？哪个年份的？什么品牌？你养什么样的狗？等等，问这个人之后，得出结论这个人不是"上等人"。辩论才算是收场。其实追踪完这场网上的大辩论，我仍然还是不知道"上等人"到底是什么样的，但是我更关心的是，如果一个人以他能够消费奢侈品作为标准而把人分为"上等人""下等人"，这是非常奇怪的论调，这些人充其量只能够称为"有闲阶级"。因为他在消费奢侈品牌的时候，除了感受到价格不菲之外，除了可以标榜自己能够购买之外，对于这个品牌的本质，对于这个品牌的切实认同应该是没有了解的，一个只是以品牌的外在来区分产品的人，无法对品牌给予绝对忠诚度的贡献，也就无所谓品牌的构建基础了。

我一直以为，如果不能够有真正的新奢侈主义者，恐怕就不会有真正的品牌，我会把这两者放在一起来看待。国庆假期我和全家人到坝上看塞外风光，去看将军泡子的时候，需要骑马，便与马夫上路了。一路上，我发现小伙子拿了一个最新的诺基亚手机，我问他这里的人是否很有钱，他笑着说没有，但是他告诉我他喜爱诺基亚，只要是新款出来，他会把租马的钱拿出来买手机，他说这是他最爱的事情。我看着他晒得黑黝黝的面孔，简朴的衣着，甚至很旧的鞋子，知道他也是新奢侈主义者，他也许没有什么其他的东西，他也许不在意很多东西，但是他对于自己喜欢的品牌手机却是全心全意地追求，这份追求让他显得很富有和满足。这让我想起了 2005 年夏天的"超女现象"，超女的出现恐怕是新奢侈主义者一次很好的见证，上海 74 岁的老奶奶可以买一张机票从上海飞到长沙为自己喜欢的超女拉票，没有别的原因，只是因为喜欢李宇春的帅气。人们从各个角度来分析"超女现象"，我反而认为这是标准的人们奢侈行为的一次释放，没有这样奢侈的冲动，也不会酿成一场声势浩大的"超女运动"。

新奢侈主义者与奢侈主义者的区别在于：前者更为关心自己内心与品牌的共鸣，后者更关心品牌对于自己身份的显示。也许正是因为这样，英国"下午四点因茶而停"诞生了"立顿"红茶，因为旅途的绅士般生活依靠而诞生了"LV"箱包。如果没有这种真正内心的共鸣，也许我们看不到这两个深入人心的品牌的存在。在我的内心中，我一直渴望能够看到中国品牌的深入人心，但我还是没有看到，人们在不断努力和不断寻找原因的时候，会把原因归结为产品、技术或者产品的沟通，但是我认为更重要的原因可能不是这些，更根本的原因是我们还没有一个新奢侈主义者群体的出现，我们已经有了奢侈主义者群体，所以中国不乏超级消费者，但是我们还没有新奢侈主义者。人们还没有从内心中追随一个品牌，并没有真正渴望与这个品牌走在一起，不为显示，不为张扬，甚至不为名利，如果达到这个境界，品牌应该就是可以诞生了。

我有时会想起去重新翻看一本书，书里介绍法国作家保罗·克罗蒂尔对于创作心态的描述，那是我认为最出色的部分，在他的《诗》中，诗人被询问灵感自何处而来？为什么他光是滔滔而言不加诠释，所有的东西能够明白了然？诗人回答说：

> 我说的非我所思，而是我的梦语，
> 我无法解释它何在，因为牵起灵感的
> 非我，而是灵魂牵起我自己
> 我舒展内在的空白，张开嘴
> 让灵息吹入，灵息吹出
> 我把它再现成理性的文辞
> 通过语言才聆悟自己所言语

这里所表达的见解，恰恰是我所要表达的想法，品牌创造的道理也是如此，没有对于人的生命的真实的理解，没有那样一种被不可知的力量从人的体内吸干抽尽的感受，创造又怎会出现；没有类似于对于生命的理解和执着，类似于对于生命的热爱和追求，品牌是无法诞生的。我常常把品牌创造列入艺术创造之列，没有把它看成产品或者技术，我固执地认为品牌和技术、和产品的关联度没有与艺术的关联度大，甚至更固执地认为，以技术和产品无法成就品牌。

艺术作品是神妙之物，它具有感染力，不同于机械，不同于技术，它有能力感化与之相识的人，使其趋近于把作品创造出来时能表达艺术家的创造心态。我们在体会到与创作者一样的心态时，我们所迷醉的是一样的创造的世界，就像我常常感受到贝多芬"命运"之门所叩响的音符，那种激动和震撼，很可能没有达到贝多芬那样的高度，但是，毕竟透过音乐，感染在我与贝多芬之间产生了，某种东西流了过来，我被感化趋于他的创作心态，他召唤我超越我自己。我关注新奢侈主义者，因为他们更容易进入这样感染的状态，他们对于品牌的偏爱可以超越他们自身，而这正是构建品牌顾客的基本前提。

时尚

一直认为时尚离我很远，因为在我的生活里更多的是读书、写书和看自然，当我这样生活的时候，学生告诉我说：率性的生活正是他们内心中的时尚。我忽然被搞糊涂了，到底什么是时尚呢？柏林的时尚是平底靴，自由舒适而不要太吸引眼球；伦敦的风格是搞怪和新潮，能够吸引世人驻足才最重要。这两种截然不同的风格，却都代表了时尚。

《名利场》杂志的前时装总监朱利亚·弗赖塔格（Julia Freitag）说："我的时尚座右铭就是——我最喜欢的时刻，就是你处于对与错的一线之间而不能确定的时候。因为这种时刻孕育着新的概念和可能性，而一个惧怕犯错的人永远也体会不到成功的喜悦。"[6]这个被誉为最时尚的人，却坚持喜欢"特立独行"的圈外人的感觉，而这感觉所形成的风格被称为时尚。看来需要弄清时尚的确不容易，它太"个性"、太"独立"、太"主观"，也正因为此，我甚至认为没有足够智慧的人是无法理解时尚的，更加难以把握时尚。

真的让我开始认识时尚，是和亚敏的结识。那是在新加坡国立大学学校课程的海报上，我知道亚敏被称为"时尚教母"，看来这一次我可以了解什么是时尚了。课程的时间并不长，但是亚敏很认真地告诉我她会跟随我的课程，之后新加坡国立大学在广州开设巡回课程，由我来主讲，亚敏和智安就真的一个从中国台湾，一个从新加坡飞到广州。我终于明白她的认真。这个课程之后，亚敏开始把她代理的产品、她的经营和设计理念，以及她的作品寄来给我，通过这些，我开始隐约了解到时尚内核的元素。

时尚就是一种感觉，一种生活方式，知道自己想要的，并努力去实现它。用亚敏给我的感受可以给出时尚定义："由内而外的认真喜好。"

时尚是一个时代认同的喜好。久远的是丝绸，那时，丝绸成为罗马人狂热追求的对象。古罗马的市场上丝绸的价格曾上扬至每磅㊀约 12 两黄金的天价,造成罗马帝国黄金大量外流。这迫使元老院断然制定法令禁止人们穿着丝衣,而理由除了黄金外流以外则是丝织品被认为是不道德的。"我所看到的丝绸衣服,如果它的材质不能遮掩人的躯体,也不能令人显得庄重,这也能叫作衣服?"然而到了1953 年,克里斯蒂安·迪奥(Christian Dior)先生大胆地将裙下摆提至离地 40 厘米的位置,而当时女装都是及地长裙,这不只是对传统女装的革新,他的这一举动成为当时时尚界的轰动事件,更成为了一个时代永远的象征。

时尚是一个个人的立场。小巧的"iPod"使得苹果公司扭亏为盈,之后的"iPhone"则成为时尚的代言并引领着潮流。如果你也是"iPhone"一族的话,你肯定相信其时尚设计因素的加入,让年轻人的立场有了代言人,从而创造出市场的神话。我常常喜欢去看汽车设计的变化,一代代的元素,引领的正是这一时代人的立场和选择。每季的时装发布会,不仅是向大家传达时尚界的流行信息,还蕴涵了设计师的观点和个人立场。

亚敏选择 Camper,是因为她出国期间看到了 Camper 推出的一款可爱娃娃鞋,由于太喜欢了,令她兴起了代理的念头,采用"毛笔"手写企划书,不说能替 Camper 卖多少双鞋子,而是强调她的喜好,她对于鞋子和走路的认知,因此获得赏识并取得了代理权,亚敏将 Camper 中文名,译为"看步"。

亚敏认真地对待 Camper,认真对待 Camper 和每一个接触 Camper 的人,这就是她对于我的态度,为了给我选择一个适合的 Camper 鞋子,她会很认真地把说明书和产品册子连同鞋子一起寄给我,甚至多次确认我的尺寸。她的同事说"她是不放过别人,也不放过自己的人"。就算是要做 Camper 的名片,或者是信封上的 LOGO 时,她也一定要求要跟

㊀ 1 磅 = 0.454 千克。

Camper 产品的颜色完全一样,"光为了调整名片上小 LOGO 的色差,就修改了无数次"。在亚敏的眼里,没有一样事情是可以马虎的,不论是橱窗摆设的角度,还是灯光明暗。这些细节无不彰显 Camper 的风格,而这些风格把顾客和 Camper 联结起来,成为一体的 Camper 时尚。

中国自古就有"诚于中而形于外"的说法,这告诉我们,真正的形象就是借助于修饰和改造来突出你的个人气质,使得他人能够更好、更准确地通过你的外在形象收集有关你的"内在"信息,这种"内与外"的交融,通过认真、细致的安排,表明了纯粹的立场,这就是时尚了。

时尚是充满内心选择和激情的,这一点让我喜欢它。而正是这份内心的选择和激情让自己可以借由品牌表达自己的立场和喜好。每一个时尚的出现,都是一个品牌引领变化和表达欣喜的时刻,正如苹果公司 iPad 的出现,引领了平板电脑的华丽转型,这一波时尚潮流的出现,已经无法用语言来形容。张爱玲说"对于不会说话的人,衣服是一种暗语,随身带着的一种袖珍戏剧"。脚上的 Camper 的鞋子传递给我的是亚敏所传递给我的时尚认知。因为亚敏,我理解了时尚其实是通过人的外在反映人的内心,是一种属于自己的选择。时尚很宽容,很细腻,它允许你自己做出取舍;它允许你用自己的方式来表达、沟通;它允许你自己设立生存的空间,自由选择属于你自己的快乐和幸福。只要你愿意,你内心呼唤,你认真、执着地喜好,时尚就在了,就是你生活的一部分,就是你。借用一句别人的话:"我们无法预测时尚,但你可以创造时尚。"当一系列的时尚展示着人们的喜好和选择的时候,品牌作为时尚的表征元素,就嵌入了人们的生活当中。

概念化能力

2010 年的上半年有两件事情让中国企业再一次被大家关注。一个是英国《金融时报》发布全球市值最大五百强企业排名,中石油首次超过美国埃克森石油公司,成为全球市值最大的企业,埃克森石油排在第二,微软名列第三。一个是美国《财富》杂志发布了2010年度《财富》世界500强企业最新排名,有三家中国企业进入前十名,分别是中国石化、国家电网和中国石油。这两件事并没有让我们特别开心,因为入榜的中国企业都有其特别的竞争优势,这也就引申出一个问题,企业真正的竞争力到底是什么?是市场规模、盈利能力还是其他?

如果仔细分析被公认的具有市场竞争力的企业,不难发现这些企业除了市场规模、盈利能力,还具有一个非常特殊的地位:行业领导者的地位,品牌深入人心。具有市场竞争力的企业能够引领行业的进步和变化,创造出产业的全新理解和潮流,能够超越顾客的期望价值,能够发现并创造性地实现顾客的价值,并能够界定和厘清顾客和企业之间的沟通。这些企业也因此被称为行业领导者和全球企业领袖,而此时企业也就拥有这个行业的领导者品牌的地位,这让我可以从领导技能中获得启示:这些企业具有概念化能力。

概念化能力就是复杂问题简单化。2005年当我卸任公司总裁回归到研究与教学岗位的时候,记者在采访中问了一个这样的问题:教授与总裁这两个身份有什么区别?我的回答是这样的:做教授的时候,一句话变八句话说,而做总裁的时候,八句话变一句话说。管理实践强调复杂问题简单化,需要概念能力,需要在纷繁的影响因素中寻找到关键因素,通过关键因素的把握和解决来提升整体的竞争力;而研究学者的思维方式是习惯于穷尽所有要素,寻找到因素之间的关联,并力图把这些关联整理清楚,从而获得完整的、体系性的认识和结论。

从管理的本身看,没有概念能力是无法真正成为领导者并引领变化的。从20世纪70年代开始,美国意识到经济发展需要全球的资源,倡导"生态一体化"。在这个概念下,世界开始了全新的改变,之后的"经济一体化"到"全球化"的概念,把技术、生态、变化以及区域的发展资源、不同地域的文化等所有的复杂性都统一起来，将全球统一到一体的认识之中。借助于概念能力，美国成为全球资源的管理者，并引领着世界朝着美国所引导的方向发展。

近几年来中国一直谋求在世界体系中的话语权，很多人认为只要中国的经济实力强大就应该具有世界话语权，这样的想法有一定的道理，但是大家还需要理解另外一个关键：是否具备解决复杂问题的能力，没有概念能力，所谓的世界体系中的话语权只能是一个愿望或者空想。对于世界格局来说，其变化程度和复杂性更加剧烈，并不是单纯经济实力可以解决的，其中最关键的是如何达成共识，共识的基础就是明确的概念的理解，而这就是复杂问题简单化的能力。

概念力是领先品牌的核心要素。一直以来很多管理者希望借鉴先进的企业经验，把它们的管理体系复制过来；但是这样的努力并没有带来实质上的效果，其原因是只了解这些优秀企业的体系，并没有了解这些企业管理中的关键要素，也就是核心概念。当我们不断地学习和分析美国西南航空公司（简称"西南航"）的案例的时候，并没有了解到美国西南航空公司之所以可以用总成本领先的战略持续成功，其关键概念是"尽可能最少地占用顾客的时间"。中国大部分企业都是以成本战略为选择，但是并没有诞生出像美国西南航空公司这样优秀的公司，其背后的原因就是关键概念不同。中国企业的成本优势来源于劳动力、土地资源、政策和原材料，而美国西南航空公司的成本优势来源于时间效率，而时间效率是顾客看重的最重要的价值诉求。当美国西南航空公司可以满足顾客这个价值诉求的时候，其品牌也就根植于顾客心中。

管理的关键之一就是如何达成共识，共识的基础就是拥有对概念的明确理解，这就是复杂问题简单化的能力。正如西蒙[7]所说的："管理理论的首要任务，就是要建立一系列概念，让人们能用这些与该理论相关的术语来描述管理状况。"在大部分情况下，人们会在管理领域探讨概念化的问题，但是我借用概念化来表达企业与顾客达成共识的基础和条件。那些获得顾客认同的企业在概念化能力上，一定是卓越和超群的。如联邦快递的"使命必达"，招商银行的"因您而变"等，这些清晰的概念非常容易获得顾客内心的共鸣，从而认同和确认企业的品牌。

结　语

谁会被抛弃

　　环境的不确定影响着企业的发展，但是总有企业无论在什么环境下都可以获得发展和持续。能够超越环境，自己决定增长和持续的企业一定是具有创新能力的企业，时代会抛弃一切落伍者。

　　2012年5月，应新加坡国立大学管理学院EMBA15班同学的邀请，我参加了该年度的同学聚会。在座谈会上，同学们问得最多的问题是：这样的经济环境下企业该如何做？的确，这是目前困扰大家的根本性问题。外部环境的持续低迷给企业经营带来了很多困难，无论是国际市场，还是中国本土市场，较之2008年的金融危机，似乎更加困难。在我看来，2008年的金融危机中企业依然可以保持增长，因为那个时间，中国本土市场以及消费者，特别是中国政府所动用的资源，使得人们并没有失去对于市场的信心。温家宝总理明确道出"信心比黄金更重要"的观点，更加让人们确信危机中依然可以实现增长。但是2012年所遭遇的情况是：人们失去了信心，形势下行、欧债危机、美国复苏迟缓、通胀的压力，各国换届的不稳定因素等，成为人们日常生活中的基本共识。这样的共识导致了信心危机，而这也正是比2008年更加困难的主要原因。

　　然而，不管环境如何变化，企业自身的发展是无法停滞的，在回答同学们问题的同时，我自己也必须回答在不确定环境下，企业如何发展的问题。面对这样复杂的挑战，就需要企业在多个方面做出努力和改变，具体集中在以下四个方面。

（1）可持续性的安排。过去的 30 年，因为外部环境和自身能力的提升，增长成为一个可持续的事实，人们习惯于用增长来表现持续，事实上也是增长拉动了持续性。因为习惯于增长，导致了企业管理者把增长与持续性等同起来，而没有真的在持续性上奠定基础。一个企业的持续主要来源于三个基本的层面。第一，企业的商业模式符合顾客的期望。对于顾客的理解，成本构成的合理性，供应链的管理以及盈利模式的安排，特别是竞争力的可持续性安排，都能够获取顾客的认同。第二，拥有超越自我的能力。企业需要不断调整自己以适应环境的变化，而不是紧抱着自己的优势不放。大部分情况下，企业的优势是随着时间变化而调整的，如果不能够与时俱进，优势将会成为企业发展的障碍。第三，与环境互动的能力。社会化与互动，这是目前环境的一个基本特征，这就要求企业具有与环境互动的能力，借助于环境带来持续性。因此，增长并不是可持续性的根本原因，是一个阶段性的特征而已，企业管理者需要了解到如何保持可持续性，要求企业自己具备一些基本的能力。

（2）夯实企业基础。当外部环境多变和不确定的时候，企业自身的能力显得尤为重要，往往在这样的条件下，企业之间不再是谁具有竞争优势，而是谁具有不犯错或者少犯错的能力，一方面市场不再给犯错误企业新机会，另一方面资源和时间也不再允许企业犯错。因此，企业需要增强自己的基础，减少犯错误的机会。一个强基础的企业会在三个部分展现出能力：计划管理、流程管理和组织管理。企业需要了解目标与资源之间的关系，以确保计划管理有效地整合资源，并有效地运用资源以达成目标。企业需要发挥流程的效率，快速决策并有效决策，能够借助于流程使得企业成员做出有效的判断，并保障每一个业务事项顺利展开，并获得相应的支持。企业还需要借助于组织系统的能力，把责任与权力组合起来，让组织可以真正匹配到战略实现之中，确保战略能够转化为企业实际的竞争能力和经营结果。这也许就是人们平常所说的企业内功，我也倾向于用企业内功来表达，需要明确的是，企业内功需要呈现在计划管理、流程管理和组织管理的有效性上。

（3）持续的创新与创业。创新与创业是我最近思考最多的话题，相信大家都很熟悉创新与创业的基本内涵。所谓创新，就是将远见、知识和冒险精神转化为财富的能力；所谓创业，就是把创新放在一个组织中。重复这两个词的内在含义，就是要表达这样一个想法，面对不确定性持续的创新与创业是一个非常有效的、必要的途径。观察市场中卓越的企业，一定会看到这些企业创新与创业的努力和成效，三年前我们惊讶于苹果公司的成功的时候，想不到今天三星对于苹果的挑战和超越。所以无论在任何环境、任何时代，只要持续创新和创业，就一定会取得令人意想不到的成功，具有创新与创业能力的企业，是不会受环境约束的。

（4）回归经营的基本层面。企业经营的基本层面是由四个元素构成，它们分别是：顾客价值、成本、规模和盈利。当企业管理者能够围绕着这四个基本元素展开工作的时候，也许外部环境提供的机会不足够，但是因为持续的顾客价值实现，合理的有竞争的成本，有效的规模，以及具有人性关怀的盈利，可以保证企业能够超越环境获得市场的认可，从而获得自己的持续性和发展。

可持续性的安排、夯实企业基础、持续的创新与创业和回归经营的基本层面，针对这四个方面的努力，可以帮助在今天如此复杂与不确定性环境下的企业。因此我和同学们交流自己的这些想法的时候强调，在今天的环境中，让企业保持内在的动力，发展自己的能力是极其重要的，并不是环境是否提供机会，而是企业能够做好一切准备接受全新的挑战。

在人们不断地想确认未来经济何时复苏的时候，2012年却出现了奇迹，那就是三星手机超越诺基亚、苹果一跃成为世界第一，三星突破了亚洲企业代工的宿命，一个 1998 年才刚刚进入手机领域的全新品牌（那时候诺基亚已经超越摩托罗拉，成为世界上最大的手机制造商），在 2012 年首季手机销量首次超过诺基亚，结束了后者 14 年的领先地位。为什么如此？

创新是最有效的途径。三星不同于亚洲企业那样以价廉取胜，三星的智能手机并不比苹果便宜，但速度更快，屏幕质量更好。三星向西方企业学习注重创新、市场和设计，把自己定位为高端产品，这样使得三星可以脱离价格和成本控制的束缚。同时三星又具有亚洲企业控制成本的习惯，它既想方设法压低成本，提高利润率，又注重打造自己的高端形象，使得消费者不介意它较高的价格。三星研发费用占到它收入的 9%，把其他亚洲企业甚至欧美企业都甩在后面。三星的研发不仅注重产品设计技术，对改进生产流程也很重视。员工可以在不同部门、产品、流程技术之间流动。和苹果公司封闭的技术平台、利润率至上的文化不同，三星推的是开放平台，多元业务经营，三星博采众长，又做大又做强。三星也曾是苹果最大的代工商之一，通过跑量它降低了自己零部件的成本，又学到了本领。三星把一个亚洲企业成功地转型为创新型企业，并具有西方优秀企业的品牌和设计能力，这就是其创造奇迹的内在因素。

从三星所创造的奇迹之中，我们清醒地看到，唯有创新并持续累积自己独特的能力，才会不受环境的约束，缔造属于自己的辉煌。苹果如此、三星如此、华为如此、西门子也是如此。这些增长的企业都会围绕着创新展开自己的战略，并清晰地界定创新的定义，西门子中国研究院 SMART 创新战略中[1]，用"SMART"确定其创新的含义：simple（简单易用）、maintenance friendly（维护方便）、affordable（价格适当）、reliable（可靠耐用）、timely to market（及时上市）。这五个维度都是顾客所关注的最直接的价值创新，也是这些企业获得增长的根本原因。

乔布斯曾经这样引用毕加索的观点："'好的艺术家抄，伟大的艺术家偷'。[2] 我们从不为窃取奇思妙想而感到羞愧……"我认为，令麦金托什电脑（简称 Mac）变得伟大的部分原因是，在它身上倾注心血的是音乐家、诗人、艺术家、动物学家和历史学家，而他们恰恰又是世界上最棒的电脑科学家。由此我们可以看出苹果为什么可以成功，因为从思维方式上，乔布斯已经为苹果注入了全新的产品概念，难怪日本评论家嘲讽说："我们可以为一部 iPhone 提供 60% 的零部件，却再无能力奉献 walkman。"[3] 这真是需要中国企业反思并做出改变的行动。

时代会抛弃一切落伍者。实际上，在柯达之前，很多摄影器材的佼佼者也破产了，如美能达、爱克发等，柯达应该了解到这个产业发展的趋势，以及技术带来的根本性的消费习惯的改变，但是为什么依然没有逃离同样的宿命。如果分析柯达的目前的困境，正所谓"成也胶片，败也胶片"，正是陶醉于胶片业务的巨大利润，在数码影像产品蜂拥而至后，柯达的转型显得沉痛而缓慢。在错失转型的最佳时机后，柯达如今已不得不通过抛售专利等方式卖血求生。

回顾最近短短的十几年的时间，可以看到很多曾经是行业巨头的企业无法延续自己以往的风光，柯达、黑莓、索尼、松下等，相反苹果、三星、华为等为什么会增长？失去辉煌的一定不是市场的原因，一定是企业自己故步自封，自我陶醉，看不到危机，甚至满足于自己所具有的核心优势。创造奇迹的，也一定不是市场的原因，一定是企业自己不断地超越自己，不断地转型和调整，时时让自己具有高度的危机意识。这样巨大的反差，源于企业自己是否愿意做出转型，并为此付出极大的努力和倾注足够的热情。转型对于今天的企业而言是如此重要，如果不愿意为转型做出努力，就会被淘汰。德国媒体评论认为："在科技面前，没有人能一直高高在上，时代会抛弃一切落伍者。"[4]

注　　释

第 1 章

[1] 财经网. 哈佛笔记：曼昆的经济学第一课 [EB/OL]. 财经网文化频道，http://culture.caixin.com/2007-11-10/100053415.html，2007-11-10.

[2] 彼得·德鲁克. 管理的实践（珍藏版）[M]. 齐若兰，译. 北京：机械工业出版社，2009.

[3] 孙进. 腾讯 360 之战扩大化 谁在霸权？[EB/OL]. 第一财经日报，http://tech.china.com/zh_cn/news/net/domestic/11066127/20101105/16228340.html，2010-11-05.

[4] Levitt T. Marketing Myopia[J]. Harvard Business Review，1960，54（5）：45-56.

[5] Porter M E. What Is Strategy[J]. Harvard Business Review，1996，74（6）：61-78.

[6] Prahalad C K，Ramaswamy V. Co-opting Customer Competence[J]. Harvard Business Review，2000，78（1）：79-87.

[7] 普拉哈拉德，拉马斯瓦米. 消费者王朝：与顾客共创价值 [M]. 王永贵，译. 北京：机械工业出版社，2005.

[8] Prahalad C K, Ramaswamy V. Co-creation Experiences: The Next Practice In Value Creation[J]. Journal of Interactive Marketing, 2004, 18 (3): 5-14.

[9] Prahalad C K, Ramaswamy V. Co-creating Unique Value With Customers[J]. Strategy & Leadership, 2004, 32 (3): 4-9.

[10] 陈春花. 超越竞争：微利时代的经营模式 [M]. 北京：机械工业出版社，2007.

[11] 美国国家品质奖官方网页：http://www.nist.gov/public_affairs/factsheet/mbnqa.cfm.

[12] Treacy M，Wiersema F. The Discipline of Market Leaders：Choose Your Customers，Narrow Your Focus，Dominate Your Market[M]. New York：Harper Collins

Publisher, 1997.

[13] 汪洋. 富士康给生产线工人加薪 30%[EB/OL]. 全景网新闻频道, http://www.p5w.net/news/gncj/201006/t3011942.htm, 2010-06-03.

[14] 王如晨, 李娟. 富士康再加薪 66% 一年或新增 50 亿元成本 [EB/OL]. 第一财经日报, http://it.people.com.cn/GB/42891/ 42893/ 11810250.html, 2010-06-08.

[15] 李学诗. 美国西南航空公司案例分析 [EB/OL]. 中华英才网, http: //blog.chinahr.com/blog/lxs7000/post/37837, 2007-06-03.

[16] 大野耐一. 丰田生产方式 [M]. 谢克俭, 李颖秋, 译. 北京: 中国铁道出版社, 2006.

[17] 萨姆·沃尔顿, 约翰·休伊. 富甲美国——沃尔玛创始人自传 [M]. 沈志彦, 等译. 上海: 上海译文出版社, 2001.

[18] 李延龙. 麦当劳传奇 [M]. 北京: 中国铁道出版社, 2007.

[19] 经济观察报. 过冬法则: 40 家杰出企业渡过金融危机的策略 [M]. 北京: 中国纺织出版社, 2009.

[20] 陈春花. 管理的常识: 让管理发挥绩效的七个基本概念 [M]. 北京: 机械工业出版社, 2010.

[21] 石川康. 稻盛和夫的经营哲学 [M]. 北京: 电子工业出版社, 2011.

[22] 大野耐一. 丰田生产方式 [M]. 谢克俭, 李颖秋, 译. 北京: 中国铁道出版社, 2006.

[23] 任正非. 让听得见炮声的人来决策 [EB/OL]. 网易财经, http://money.163.com/09/0318/11/54MENIJ2002524TH.html, 2009-03-18.

[24] 陈春花. 中国企业的下一个机会: 成为价值型企业 [M]. 北京: 机械工业出版社, 2008.

[25] 21 世纪经济报道. 比亚迪进入三年调整期 王传福认错员工安心 [EB/OL]. 网易财经, http://money.163.com/11/0914/ 03/ 7DSPVG 1300253 B0H.html, 2011-09-14.

[26] 北京晨报. 王传福认错 比亚迪检讨盲目扩张销售网络 [EB/OL]. 腾讯财经, http://finance.qq.com/a/20120427/007964.htm, 2012-04-17.

[27] 理查德·弥尼特. 市场份额的神话 [M]. 欧阳昱, 译. 北京: 北京师范大学出版社, 2006.

[28] 丰田章男. 丰田章男社长发言稿 [EB/OL]. 丰田官方网站, http://www.toyota.com.cn/information/show.php?newsid=450, 2010-03-01.

[29] 杰弗里·扬, 威廉·西蒙. 活着就为改变世界: 史蒂夫·乔布斯传 [M]. 蒋永军, 译. 北京: 中信出版社, 2010.

[30] 威廉·大内. Z 理论 [M]. 朱雁斌，译. 北京：机械工业出版社，2007.

[31] 查尔斯·汉迪. 饥饿的灵魂 [M]. 赵永芬，译. 北京：中国人民大学出版社，2006.

第 2 章

[1] 罗伯特·伯格曼. 战略就是命运 [M]. 高梓萍，彭文新，邹立尧，等译. 北京：机械工业出版社，2004.

[2] 财经网. 哈佛笔记：曼昆的经济学第一课 [EB/OL]. 财经网文化频道，http://culture.caixin.com/2007-11-10/100053415.html，2007-11-10.

[3] Johnson M W, Christensen C W, Kagermann H, Mundt T. Reinventing Your Business Model [M]. Boston：Harvard Business School Publishing，2008.

[4] Porter M E. What Is Strategy[J]. Harvard Business Review，1996，74（6）：61-78.

[5] 郭士纳. 谁说大象不能跳舞？（珍藏版）[M]. 张秀琴，音正权，译. 北京：中信出版社，2010.

[6] 彼得·德鲁克. 下一个社会的管理（珍藏版）[M]. 蔡文燕，译. 北京：机械工业出版社，2009.

[7] 华夏时报. 工信部未明提反对 联通 iPhone4 新政软着陆 [EB/OL]. 腾讯科技，http://tech.qq.com/a/20101204/000178.htm，2010-12-04.

[8] 托马斯·希贝. 客户至上：Siebel 总裁解析十大成功案例 [M]. 罗惟正，译. 北京：机械工业出版社，2002.

[9] 托马斯·弗里德曼. 世界是平的：21 世纪简史 [M]. 何帆，译. 长沙：湖南科学技术出版社，2006.

[10] 腾讯专访. 可口可乐 Kiger：数字营销关键是讲好故事 [EB/OL]. 腾讯科技，http://tech.qq.com/a/20100623/000084.htm，2010-06-23.

[11] 琳达 S. 桑福德，戴夫·泰勒. 开放性成长：商业大趋势（从价值链到价值网络）[M]. 刘曦，译. 北京：东方出版社，2008.

[12] 琳达 S. 桑福德，戴夫·泰勒. 开放性成长：商业大趋势（从价值链到价值网络）[M]. 刘曦，译. 北京：东方出版社，2008.

[13] 孙维晨. 万通地产与首开股份五年来首现亏损 [EB/OL]. 中国经济周刊，http://finance.ifeng.com/news/house/20120508/6424929.shtml，2012-05-08.

[14] 《财富》中文版. 2011 年世界 500 强排行榜（企业名单）[EB/OL]. 财富中文官方网站，http://www.fortunechina.com/fortune500/c/2011-07-07/content_62335.htm，2011-07-07.

[15] 陈春花，赵海然. 争夺价值链 [M]. 北京：中信出版社，2004.

[16] Kotler P，Levy S J. The Concept of Marketing[J]. Journal of Marketing, 1969，33（1）：10-15.

[17] Kotler P. A Generic Concept of Marketing[J]. Journal of Marketing, 1972，36（2）：46-54.

[18] 曹艳爱.厂商合作带来的渠道价值链增值[J].家用电器科技，2002（4）：56-58.

[19] Nokia-Press Release. Nokia Outlines New Strategy，Introduces New Leadership，Operational Structure[EB/OL]. 诺基亚官方网站，http://press.nokia.com/2011/02/11/nokia-provides-financial-targets-and-forecasts-linked-to-new-strategy/，2011-02-11.

[20] Nokia-Press Release. Nokia and Microsoft Announce Plans for a Broad Strategic Partnership to Build a New Global Ecosystem[EB/OL]. 诺基亚官方网站，http://press.nokia.com/2011/02/11/nokia-provides-financial-targets-and-forecasts-linked-to-new-strategy/，2011-02-11.

[21] Ormerod P. Why Most Things Fail[M]. London: Faber & Faber，2005.

[22] Solomon M R. Consumer Behavior[M]. New Jersey: Pearson Education，2006.

[23] 菲利普·科特勒.科特勒：经济衰退时期的差异化竞争[EB/OL].中国家电网，http://news.cheaa.com/2009/1012/202560.shtml，2009-10-12.

[24] 财经网.哈佛笔记：曼昆的经济学第一课[EB/OL].财经网文化频道，http://culture.caixin.com/2007-11-10/100053415.html，2007-11-10.

第 3 章

[1] 陈春花.回归基本层面：中国营销问题的思考[M].北京：机械工业出版社，2006.

[2] 陈春花.冬天的作为：金融危机下的企业如何逆势增长[M].北京：机械工业出版社，2009.

[3] 彼得·德鲁克.德鲁克文集[M].王伯言，沈国华，译.上海：上海财经大学出版社，2006.

[4] 黄沙，饶宇锋.财经时报：阿里巴巴背后的资本力量[EB/OL].阿里巴巴贸易资讯，http://info.china.alibaba.com/news/detail/v0-d1001112853.html，2007-11-02.

[5] 托马斯·弗里德曼.世界是平的：21世纪简史[M].何帆，译.长沙：湖南科学技术出版社，2006.

[6] 中华工商时报.中国美国商会发布年度调查报告 美企业竞争力愈加依赖在华表现[EB/OL].网易财经频道，http://money.163.com/07/ 0428/23/3D71J10F00251OBD.html，2007-04-28.

[7] 葛鑫.愤怒的小鸟如何赢得世界[EB/OL].商业价值，http://content.businessvalue.

com.cn/post/3027.html, 2011-01-14.

[8] 刘逸之. 靠文化卖出"喜羊羊"[J]. 企业文化, 2010（4）: 57-58.

[9] 菲利普·科特勒, 何麻温·卡塔加雅, 伊万·塞蒂亚万. 营销革命3.0: 从产品到顾客, 再到人文精神[M]. 毕崇毅, 译. 北京: 机械工业出版社, 2011.

[10] 斯科特·贝德伯里, 斯蒂芬·芬尼契尔. 品牌新世界[M]. 苑爱玲, 译. 北京: 中信出版社, 2004.

[11] 陈春花. 管理的常识: 让管理发挥绩效的七个基本概念[M]. 北京: 机械工业出版社, 2010.

[12] 陈春花. 从理念到行为习惯: 企业文化管理[M]. 北京: 机械工业出版社, 2010.

[13] 约瑟夫·熊彼特. 经济发展理论: 对于利润、资本、信贷、利息和经济周期的考察[M]. 何畏, 易家详, 译. 北京: 商务印书馆, 1990.

[14] 亚德里安·斯莱沃斯基, 大卫·莫里森, 劳伦斯·艾伯茨, 等. 发现利润区（白金版）[M]. 凌晓东, 译. 北京: 中信出版社, 2010.

第4章

[1] 刘世锦. 中国国有企业的性质与改革逻辑[J]. 经济研究, 1995（4）: 29-36.

[2] 经济日报. 李健熙: "除了老婆孩子 一切都要变"[EB/OL]. 新华网财经频道, http://news.xinhuanet.com/fortune/2003-06/30/content_944984.html, 2003-06-30.

[3] Cherry. 致敬乔布斯: 乔布斯经典语录之生存成长篇[EB/OL]. eNet硅谷动力, http://www.enet.com.cn/article/1011/1009/A20111009921128.html, 2011-10-09.

[4] Hamel G, Prahalad C K. Strategic Intent [J]. Harvard Business Review, 1989, 83（7）: 148-161.

[5] Hamel G, Prahalad C K. Strategic Intent [J]. Harvard Business Review, 1989, 83（7）: 148-161.

[6] 小米公司官方网站（关于小米）: http://www.xiaomi.com/about.

[7] 经济观察网. 品牌活动文章: 北京小米科技有限责任公司[EB/OL]. 经济观察网品牌活动, http://www.eeo.com.cn/2012/0427/225344.shtml, 2012-04-07.

[8] 创业帮. 40岁雷军重新开始二次创业: 人因梦想而伟大[EB/OL]. 创业帮互联网人物, http://news.cyzone.cn/news/2011/07/13/206445.html, 2011-07-13.

[9] 夏勇峰. 揭秘小米: 雷军重新发明手机[EB/OL]. 商业价值（北京）, http://tech.163.com/11/0809/17/7B1HD0D1000940FL.html, 2011-08-09.

[10] 段晓燕. 专访雷军: 小米, "火山口"上的竞赛[EB/OL]. http://www.21cbh.com/HTML/2011-10-9/zMMDcyXzM2OTkzMA.html, 2011-10-09.

[11] 小米公司官方网站（发展经历）：http://www.xiaomi.com/about/history.

[12] 田小红. 该向许振超学什么 [EB/OL]. 学习时报，http://www.china.com.cn/xxsb/txt/2007-05/28/content_8312636.html，2004-03-25.

[13] Jensen R. The Dream Society：How the Coming Shift from Information to Imagination Will Transform Your Business [M]. New York：McGraw-Hill Professional，2001.

[14] 西部超导材料科技股份有限公司官方网站（公司简介）：http://www.c-wst.com/GongSiJianJie/GongSiJianJie.asp.

[15] 陕西日报. 西部超导"人造太阳"计划的"西安元素"——来自西安经开区中小企业的报道 [EB/OL]. 陕西日报经济频道，http://www.sxdaily.com.cn/data/jjxw/20110729_86716656_2.html，2011-07-29.

[16] 西安日报. 西部超导"人造太阳"计划完成 立志做百年老店 [EB/OL]. 华商新闻，http://news.hsw.cn/system/2011/07/21/051044203_02.shtml，2011-07-21.

[17] 普拉哈拉德，拉马斯瓦米. 消费者王朝：与顾客共创价值 [M]. 王永贵，译. 北京：机械工业出版社，2005.

第 5 章

[1] B 约瑟夫·派恩，詹姆斯 H 吉尔摩. 体验经济（更新版）[M]. 毕崇毅，译. 北京：机械工业出版社，2012.

[2] 孙海蓝. 管理文化到文化管理——打造服务企业的文化营销 [EB/OL]. 搜狐博客，http://moonshl.blog.sohu.com/116398349.html，2009-05-14.

[3] 孙海蓝. 向海景花园大酒店学服务！[EB/OL]. 谷逸人力资源专业博客，http://space.goiee.com/html/79/48779-60335.html，2007-12-06.

[4] 黄铁鹰，梁钧平，潘洋. "海底捞"的管理智慧 [J]. 哈佛商业评论（中文版），2009（4）：82-91.

[5] B 约瑟夫·派恩，詹姆斯 H 吉尔摩. 体验经济（更新版）[M]. 毕崇毅，译. 北京：机械工业出版社，2012.

[6] 萨姆·沃尔顿，约翰·休伊. 富甲美国——沃尔玛创始人自传 [M]. 沈志彦，等译. 上海：上海译文出版社，2001.

[7] 李红柳. 西南航空：强大企业凝聚力保障高效率 [EB/OL]. 效率专家，http://blog.sina.com.cn/s/blog_72037e530100ploy.html，2011-03-01.

[8] 陈春花. 回归基本层面：中国营销问题的思考 [M]. 北京：机械工业出版社，2006.

[9] 梁美娜. 上汽通用金融公司总经理：高利率带来高质服务 [EB/OL]. 中国经营报，

http://data.book.hexun.com/1037168.shtml，2005-02-18.

[10] Nayar V，蔡威.管理应重新回归一线员工[J].管理@人，2010（12）：16-19.

[11] 赵珊珊.外企与国企培训战略对比[J].运筹与管理，2003，12（5）：124-126.

[12] 赵珊珊.外企与国企培训战略对比[J].运筹与管理，2003，12（5）：124-126.

[13] 任正非.让一线来呼唤炮火[EB/OL].中国企业家（北京），http://tech.163.com/09/0318/11/54ME5HMA0009387B.html，2009-03-18.

第 6 章

[1] 迈克尔·波特.竞争优势[M].陈小悦，译.北京：华夏出版社，2005.

[2] 袁磊.什么是价值链[EB/OL].深圳商报，http://paper.sznews.com/n1/ca1233549.htm，2004-10-27.

[3] Kotler P，Levy S J. The Concept of Marketing[J]. Journal of Marketing，1969，33（1）：0~15.

[4] Kotler P. A Generic Concept of Marketing[J]. Journal of Marketing，1972，36（2）：46~54.

[5] 曹艳爱.厂商合作带来的渠道价值链增值[J].家用电器科技，2002（4）：56-58.

[6] Williamson O. Markets and Hierarchies[M]. New York：Free Press，1975.

[7] 陈尚云.三星"星世界"立足渠道共赢未来[EB/OL].MSN中文网首页科技频道，http://it.msn.com.cn/network/118672/153852532946.shtml，2010-04-13.

[8] 李志刚，孙秀梅，张萧.宜家家居的经营模式分析[J].企业管理，2010（10）：56-58.

[9] Jack Li.善用渠道创造新优势[EB/OL].世界经理人网站，http://www.ceconline.com/sales_marketing/ma/8800021942/01/，2002-04-01.

[10] Steven Wheeler Evan Hirsh.寻求渠道差异化优势[J].企业标准化，2002（3）：40-41.

[11] Kanter R M. Collaborative Advantage：The Art of Alliances[J]. Harvard Business Review，1994，72（4）：96-108.

[12] 王雪.腾讯开卖当当图书QQ用户可直接下单购买[EB/OL]. eNet硅谷动力，http://www.enet.com.cn/article/2012/0702/A20120702130322.shtml，2012-07-02.

[13] 计世网.IBM商业价值研究院发布中国公司发展观点[EB/OL].计世网资讯频道，http://www.ccw.com.cn/work2/news/pinglun/htm2008/ 20080807_480118.htm，2008-08-07.

[14] Hamm S. Master Plan for a Big Blue World[EB/OL].商业周刊，http://www.businessweek.com/stories/2005-05-22/master-plan-for-a-big-blue-world，2005-05-02.

第 7 章

[1] 普拉哈拉德，拉马斯瓦米．消费者王朝：与顾客共创价值 [M]．王永贵，译．北京：机械工业出版社，2005．

[2] 财经网．哈佛笔记：曼昆的经济学第一课 [EB/OL]．财经网文化频道，http://culture.caixin.com/2007-11-10/100053415.html，2007-11-10．

[3] 陈春花．在苍茫中点灯 [M]．北京：机械工业出版社，2008．

[4] 斯科特·贝德伯里，斯蒂芬·芬尼契尔．品牌新世界 [M]．苑爱玲，译．北京：中信出版社，2004．

[5] 凡勃伦．有闲阶级论 [M]．蔡受百，译．北京：商务印书馆，1964．

[6] 严军．Julia Freitag：时尚圈中的多角色人生 [EB/OL]．优家网，http://uplus.metroer.com/people/content/10626-1，2009-07-09．

[7] 普拉哈拉德，拉马斯瓦米．消费者王朝：与顾客共创价值 [M]．王永贵，译．北京：机械工业出版社，2005．

结语

[1] 石磊．西门子变 Smart[EB/OL]．第一财经周刊，http://tech.qq.com/a/20100107/000383.htm，2010-01-07．

[2] 大公报．日本电子业大败局：错失互联网大潮 [EB/OL]．大公网财经频道，http://www.takungpao.com/finance/content/2012-04-23/content_42697.htm，2012-04-23．

[3] 新华国际．外媒：乔布斯经典语录 [EB/OL]．新华网，http://news.xinhuanet.com/world/2011-10/07/c_122124095.htm，2011-10-07．

[4] 马想斌．柯达落败 时代抛弃落伍者 [EB/OL]．每日经济新闻，http://www.21cbh.com/HTML/2012-1-21/3NMDM2XzM5Njk3Nw.html，2012-01-21．